U0750945

三峡大学法学与
公共管理研究文库

古代婚姻禁制与中国法律传统研究

陈秀平 著

厦门大学出版社
XIAMEN UNIVERSITY PRESS
国家一级出版社
全国百佳图书出版单位

图书在版编目(CIP)数据

古代婚姻禁制与中国法律传统研究/陈秀平著.—厦门:厦门大学出版社,2021.12
(三峡大学法学与公共管理研究文库)
ISBN 978-7-5615-8413-2

Ⅰ.①古… Ⅱ.①陈… Ⅲ.①婚姻制度—研究—中国—古代 Ⅳ.①D691.91

中国版本图书馆 CIP 数据核字(2021)第 258273 号

出 版 人 郑文礼
责任编辑 李 宁 郑晓曦

出版发行 厦门大学出版社
社　　址 厦门市软件园二期望海路 39 号
邮政编码 361008
总　　机 0592-2181111 0592-2181406(传真)
营销中心 0592-2184458 0592-2181365
网　　址 http://www.xmupress.com
邮　　箱 xmup@xmupress.com
印　　刷 厦门市金凯龙印刷有限公司

开本 720 mm×1 020 mm 1/16
印张 14.25
插页 2
字数 240 千字
版次 2021 年 12 月第 1 版
印次 2021 年 12 月第 1 次印刷
定价 78.00 元

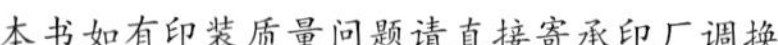

厦门大学出版社
微信二维码

厦门大学出版社
微博二维码

前 言

本书以古代的婚姻禁制，即缔结婚姻的禁止性条件为研究切入点，系统梳理了中国历史上各个时期的婚姻禁制。从先秦时期的婚姻禁忌到秦汉以后的婚姻禁制，从仅仅作为礼制的婚姻禁止条件到上升为法律规范的婚姻障碍条件，从传统中国的婚姻禁制到近现代中国的婚姻禁制一直到现行《中华人民共和国婚姻法》所规定的婚姻禁止条件，全面再现了中国历史上丰富多彩、变化多端的婚姻禁制内容。古代的婚姻禁制体现了中国法律传统的家族本位特征，体现了中国法律传统的礼法结合的伦理属性，同时也体现了中国农耕社会的封闭性。中国历史上侧重维护家族利益、国家利益以及伦理道德的婚姻禁制，是中国法制历史上一道独具特色的风景线，也是当下中国修改婚姻禁止条件时可资借鉴的宝贵的本土资源。

本书结构由导论、正文两部分组成。其中，正文共分为五章。第一章主要论述早期中国的婚姻观念及婚姻禁制的形成；第二章主要论述传统中国的婚姻禁制；第三章主要论述近现代中国的婚姻禁制；第四章主要从古代婚姻禁制看中国法律传统；第五章探讨当代中国之婚姻乱象与婚姻禁制之立法完善。

导论部分主要由五个方面的内容组成，即本书的背景及意义、本课题的研究现状、几个重要概念的界定、本书的研究方法与使用的材料以及本书的研究范围。本书源于对瞿同祖先生的《中国法律与中国社会》中探讨的中国历史上的婚姻禁忌内容的思考，也源于对学界普遍使用的“婚姻禁忌”用语的质疑，在此基础上提出“婚姻禁制”这个相对宽泛的用语，并据此对中国历史上历朝历代形成的婚姻禁止条件进行梳理，最后反思中国法律传统。为本书研究之需要，导论部分对婚姻、禁忌、禁制以及制度变迁等几个重要概念进行了界定和区分。本书主要采用历史分析法和法社会学的研究方法，研究范围贯穿传统中国、近现代中国，同时结合典型西方国家的相关制度进行比较、研究。

第一章主要论述早期中国的婚姻观念与习俗，以及早期中国婚姻禁制的形成，为后文论述婚姻禁制打下了前期背景铺垫。远古时期，在最初的“群居”状态下，男女两性的关系没有任何禁忌，男女之间的性关系是自由、松散、混乱的，没有固定的婚姻关系。随着生产力的发展和人类思维能力的不断进步，逐步产生了以禁止纵向不同辈分男女交媾为特征的血缘群婚制，两性关系只能发生在同辈分的男女之间，这是人类历史上第一个直系血亲的禁忌规则。后来，亚血缘群婚逐步取代了血缘群婚，开始排除同胞兄弟姐妹的两性关系，最后还禁止旁系兄弟姐妹之间的两性关系。随着这些婚姻形态的变化，人类早期的族内婚发展为族外婚。商朝建立以后，确立了一夫一妻制的主导婚姻形态，但也不乏以天子为首的王公贵族们的一夫一妻多妾的现象。西周至春秋战国时期出现了抢婚习俗、烝报婚现象以及忘年婚姻等现象，但是夏商时期开始形成近亲不婚的婚俗，西周时期开始确立同姓不婚的婚姻禁制，早期中国婚姻禁制逐步形成。

第二章主要论述传统中国的婚姻禁制。依据婚姻禁制所维护的社会关系和社会秩序，本书将传统中国的婚姻禁制分为基于血缘宗法关系的婚姻禁制、基于身份等级关系的婚姻禁制、基于人伦义务的婚姻禁制、基于政治义务的婚姻禁制以及其他情形的婚姻禁制等。

基于血缘宗法关系的婚姻禁制包括同姓不婚、尊卑不婚、中表不婚、收继婚禁等内容。植根于周代宗法制基础上的“同姓不婚”原则，到了春秋战国时期，社会发生的大变革使宗法制基础发生动摇，殷、周、汉、晋四代，是同姓不婚制演变的几个关键时期。唐代代之以“同宗共姓不婚”，宋、元、明、清延续这一禁制。唐以前，时有尊卑为婚的现象出现。自初唐以后，开始明文禁止尊卑为婚。宋、明、清延续此条禁制，但社会实际中仍有尊卑为婚的现象存在。中国古代中表婚广泛盛行，三国时期开始禁止中表婚。隋唐不禁中表婚，中表婚既存在于社会上层，也出现在民间社会。宋代立法不禁中表婚，但中表婚遭到士大夫阶层的明确反对。明、清时代也一度禁止中表婚，但最后也以解禁告终。收继婚禁包括三种情形：一是禁兄死弟娶嫂，二是禁父死子娶庶母或叔伯死侄子娶婶，三是禁娶宗亲妻妾。

基于身份等级关系的婚姻禁制包括良贱不婚、士庶不婚、贵贱不婚、族际不婚等内容。“良民”是指“自由民”，一般包括士、农、工、商等阶层；“贱民”是指“贱人”，一般包括倡、优、卒等阶层。北魏道武帝时禁止家僮娶民女为妻，唐代严禁良民与贱民结婚。宋代承袭唐代，以法律的形式明文禁止良贱为婚，而且日益严格。元代明令禁止驱口与良人之间的“驱良婚”，明代律文明文禁止奴婢与良人为婚，大清律户婚“良贱为婚姻”条的内容与大明律相同。士庶不婚、贵贱不婚主要是指婚姻区分身份贵贱、门第高下，禁止士族与庶族通婚，禁止官民与娼妓、戏子通婚。中国历史上由于民族偏见、民族歧视以及边防治安等原因，宋、清等朝代实行族际不婚。

基于人伦义务的婚姻禁制包括居丧不得嫁娶、尊亲囚禁期间不得嫁娶、有妻不得更娶等内容。居丧不得嫁娶，包括居父母及夫丧不得嫁娶、居周亲丧不得嫁娶以及居君主丧不得嫁娶。尊亲囚禁期间也不得嫁娶，这里的“尊亲”，主要指祖父母及父母。关于此禁制，可以见到的最早的资料是在唐代律令之中，《宋刑统》沿袭唐代律令，明代律典专设有此禁制。宗法制度要求严格区分嫡庶和长幼，在婚姻上对男子的要求就是“有妻不得更娶”“不得以妾为妻”，这也是宗法制在规范夫妻人伦关系方面的一个体现。

基于政治义务的婚姻禁制包括涉及品官、宦官以及监临官的婚姻禁制，涉及僧道的婚姻禁制，涉及军人的婚姻禁制以及涉及奸逃的婚姻禁制等内容。其中，“监临官与百姓不得通婚”是指在任官员，不得与所辖区域的妻女通婚，主要是为了防止在任官员利用职权强娶民女。《唐律》《宋刑统》除禁止监临官娶监临女为妻妾外，还禁止“以妻女行求”，也就是禁止部民慑于监临官手中职权或企图从监临官手里得到好处，主动以“奉送”妻子或女儿为条件。至于僧道不得娶妻，尼及女冠不得嫁人，这一戒律主要是出于国家为加强对宗教的管理而作出的规定，“不畜妻子者，使其事简累轻，道业易成也”。为加强对军人的管理，强化军队的建设，提高军队的战斗力，历史上唐、元等朝代都重视对军人这一特殊团体的婚姻的保护，形成了一些特殊的婚姻禁制。另外，还有宦官不得娶妻妾、品官妻妾不许再嫁、相奸不得为婚、在逃不得嫁娶等情形的婚姻禁制。

第三章主要论述近现代中国的婚姻禁制的变迁，重点考察了清末、北洋时期的婚姻禁制，南京国民政府时期的婚姻禁制，革命根据地和新中国的婚姻禁制，同时还考察了同时期西方国家的主要婚姻禁制，以进行比较。近现代中国婚姻禁制既有对古代中国婚姻禁制的承继之处，又有随着时代和社会的变迁而发生的重大变革之处。比如，同姓不婚的逐渐废止，禁婚亲属范围的变化，禁止结婚的疾病条件的增加等。从近现代西方国家婚姻禁制来看，以德、日、法为代表的大陆法系国家的婚姻法以及“十月革命”后的苏俄婚姻法，无论是在禁止结婚的亲属范围上，还是在禁止结婚的疾病方面，对我国近现代婚姻法的影响较大。

第四章主要探讨古代婚姻禁制所体现的中国法律传统。古代婚姻禁制体现出中国法律传统的家族本位特征，古代婚姻禁制体现出中国法律传统的礼法结合的伦理属性，古代婚姻禁制体现出中国农耕社会的封闭性。

第五章针对当代中国之婚姻乱象，建议大力限制“包二奶”，保障一夫一妻制；严厉打击“性贿赂”，保证国家机关的廉洁性；适当调整禁婚亲属范围，维护传统伦理道德；合理限定特殊婚姻关系，维护国家和社会管理秩序。2013年以来，婚姻家庭领域仍然存在文中论及的一些“婚姻乱象”，而《民法总则》颁行以及《民法典》通过以后，这些问题未能根本解决。婚姻家庭领域立法的完善，比如婚姻禁制的设立，应该汲取传统婚姻理念中的精髓，在强调婚姻当事人的个体权利与自由时，不忽视传统伦理道德，不损害国家、社会的利益，合理修改婚姻法中的相关条款，促进和加快婚姻法的现代化进程。

目　录

导 论

一、选题的背景及意义

(一)选题的背景

法律作为一种社会规则,是由国家立法机关制定或认可,由以军队、警察、监狱等为标志的国家强制力来保证实施,以规定当事人权利和义务为主要内容,对社会具有普遍约束力的行为规范。法律不是一个孤立的存在,是社会发展到一定历史阶段的产物,因此,法律与社会的关系相当密切。

任何一个社会的法律,都是为了巩固一定的社会制度和维护一定的社会秩序而制定的,在"家国同构"的中国古代社会,婚姻是古代社会构建的重要基础,婚姻制度是古代法律的重要内容,所以,我们研究任何法律,都必须密切关注法律与社会的关系,婚姻制度当然也不例外。在这个方面,值得我们学习的榜样,当力推中国著名历史学家——瞿同祖先生。

瞿同祖先生(1910—2008),本是学习社会史出身,却在法学界鼎鼎有名,他以独特的社会学的观点和方法研究中国历史,著有《中国封建社会》《中国法律与中国社会》《清代地方政府》《汉代社会》等代表性著作。其中,作为他一生中最重要的著作,也是他在国内外法律史学界产生重要影响的著作,就是他在20世纪40年代撰写的《中国法律与中国社会》。对于这一本著作,瞿同祖先生自己都认为,"它既是一部法律史,也是一部社会史"。

在《中国法律与中国社会》一书中,瞿同祖先生指出,家族主义和阶级概念这二者是儒家意识形态的核心和中国社会的基础,也是中国法律所着重维护的社会制度和社会秩序。[①] 中国古代法律的主要特征就表现在家族主义和阶级概念上。为阐释这样一个论断,瞿同祖先生从家族、婚姻、阶级、巫术与宗教以及儒家思想与法家思想等五个大的方面进行了论证。文章结尾处,瞿同祖先生进行了这样的总结,"家族主义及阶级概念始终是中国古代法律的基本精神和主要特征,它们代表法律和道德、伦理所共同维护的社会

① 瞿同祖:《中国法律与中国社会》,中华书局出版社1981年版,导论。

制度和价值观念，亦即古人所谓纲常名教”[①]。

《中国法律与中国社会》的第二章、第三章以及第四章主要是涉及婚姻制度的内容。该书的第二章——婚姻，分别从婚姻的意义、婚姻的禁忌、婚姻的缔结、妻的地位、夫家、婚姻的解除六个方面讨论婚姻，在瞿同祖先生看来，中国古代的婚姻禁忌主要体现在三个方面：(1)族内婚，主要指同姓不婚。(2)姻亲，主要指尊卑不婚、中表不婚。(3)娶亲属妻妾，主要指亲属的妻妾与其夫家亲属禁止结婚。该书在第三章、第四章这两章中专门论述阶级，主要从婚姻制度、良贱身份、种族差异来反映法律制度的阶级性，其中的婚姻制度谈到了贵贱不婚，士庶、良贱不婚制度。

在瞿同祖先生的这本著作当中，他把婚姻制度作为一个考察传统中国社会的基本考察点。婚姻关系是传统中国国家制度所要维护的重要社会关系，婚姻制度也是传统中国国家法律制度的重要内容。在传统中国，婚姻的意义仅在于宗族的延续和祖先的祭祀。那么，什么样的婚姻是为国家和社会所认可的，什么样的婚姻是为国家和社会所禁止的，婚姻的禁止性条件有哪些，这就是瞿同祖先生在本书第二章所概括的“婚姻的禁忌”所包含的三点内容：族内婚、姻亲和娶亲属妻妾。但是，婚姻的禁止性条件应该不只是“婚姻的禁忌”中所包含的内容，如瞿同祖先生在其他章节中提到的贵贱不婚，士庶、良贱不婚等制度，严格意义上来讲，应该也属于婚姻的禁止性条件。由此，我们首先考虑一个问题：婚姻禁忌与婚姻禁制有没有区别？如果两者有区别，它们各自的内涵与外延是怎样的？其次，如何看待婚姻关系？婚姻关系的缔结必须具备哪些条件？人类社会的不同时期对婚姻关系的认识是不一样的。美国著名的民族学家、人类学家摩尔根在他的《古代社会》一书中，将人类社会划分为蒙昧、野蛮和文明三个阶段。人类在蒙昧、野蛮时代，所谓的婚姻关系实质上就是男女两性关系。人类社会进入文明时代以后，婚姻关系具有了社会属性，男女两性关系的禁忌随着时间的推移逐渐形成，并为国家法律、礼仪制度所规制，婚姻禁止条件的内容不断完善，形成了内容丰富的婚姻禁制。再次，婚姻禁制在不同时代有着不同的内容，原因何在？这些与中国社会的法律传统有无关联？如果有关联，有何关联？最后，当代中国婚姻禁制的内容，有没有需要进一步完善的地方？如果有，如何完善？基于对以上这些问题的思考，笔者试图“小题大做”，选择考察古代

---

① 瞿同祖：《中国法律与中国社会》，中华书局出版社 1981 年版，第 327 页。

婚姻禁制与中国法律传统之间关联性的论题。

（二）选题的意义

婚姻观念与婚姻制度问题，既是社会学领域也是法学领域的重要研究课题。笔者认为，本选题至少具有以下理论与现实意义：

1.考察古代婚姻禁制与中国法律传统的关联性，可以更加丰富目前学术界对中国古代婚姻制度研究的内容。

在上下五千年的历史长河中，中华民族形成了内容丰富、独具特色的婚姻制度，造就了中华民族独有的法律文化。中国古代的婚姻制度，从“禹传子启”的夏朝开始，中间历经汉唐，一直到清末变法修律，都体现出中华法系浓厚的宗法色彩。但是，在这个共性之外，中国古代的婚姻制度又随着时代的不同、地域的不同、民族或种族的不同等因素的变化而发生变迁。婚姻制度包含结婚制度、离婚制度以及因为结婚或离婚而产生的人身、财产关系等内容，研究不同时代的婚姻制度，揭示不同时代婚姻制度的内容、特点及其变化，发现其特征和规律，有着极为重要的意义。目前，专门研究中国历史上各个朝代的婚姻制度的专著和博士论文中，考察先秦时期的婚姻制度的有高兵的博士论文《周代婚姻制度研究》，考察秦汉时期的婚姻制度的有彭卫的专著《汉代婚姻形态》，考察中华法系定型时期的唐代婚姻制度的有金眉的专著《唐代婚姻家庭继承法研究——兼与西方法比较》和刘玉堂的博士论文《唐代婚姻立法若干问题研究》，考察宋代婚姻制度的有张邦炜的专著《宋代婚姻家族史论》，考察元代婚姻制度的有王晓清的专著《元代社会婚姻形态》，考察清代婚姻制度的有张晓蓓的博士论文《清代婚姻制度研究》等。这些论文或专著比较全面、详细地介绍了各个朝代的婚姻制度的内容，为我们清晰地理顺中国古代婚姻制度的脉络提供了较为充分的资料，有的论文或专著还将婚姻制度与其特定的社会背景相结合，突出了这个特定时代婚姻制度的等级性、民族性等特色。但是，在浩如烟海的婚姻制度史里面，系统地考察古代婚姻禁制的内容，进而在此过程中发现法律、礼俗、传统三者关系的论文或专著暂时没有。

2.考察古代婚姻禁制与中国法律传统的关联性，有助于进一步厘清中国法律与中国社会的关系，加深对中国法律文化传统的理解。

婚姻禁制，即结婚禁止条件，又称为婚姻的障碍条件，也就是不允许缔结婚姻的诸种情形。人类社会在其繁衍、发展的过程中，基于最初的宗教信仰或伦理道德观念等原因，逐渐形成了种类繁多、内容丰富的结婚禁止条件。

根据19世纪美国人类学家、民族学家摩尔根的研究，人类社会从蒙昧时代发展到野蛮时代再到文明时代，经历了群婚制、对偶婚制、专偶婚制等三种婚姻形态，形成了血缘家庭、普那路亚家庭、对偶制家庭、专偶制家庭等四种家庭形式。

在血缘家庭时代，婚姻集团一般按照辈分来划分，"在家庭范围以内的所有祖父和祖母，都互为夫妻；他们的子女，即父亲和母亲，也是如此；同样，后者的子女，构成第三个共同夫妻圈子。而他们的子女，即第一个集团的曾孙子女们，又构成第四个圈子。这样，这一家庭形式中，仅仅排斥了祖先和子孙之间、双亲和子女之间互为夫妻的权利和义务(用现代的说法)"①。这就排除了父母和子女之间相互的性关系，也排除了祖父母、外祖父母与孙子女、外孙子女之间相互的性关系，这是人类婚姻史上的第一个婚姻禁制。相关学者的研究表明，我国的"长阳人""丁村人"大致生活在这个时期，已经形成了这样的婚姻禁止惯例。

到了普那路亚家庭时代，进一步排除了兄弟姊妹间的两性关系。"这一进步是逐渐实现的，大概先从排除同胞的(即母方的)兄弟姊妹之间的性关系开始，起初是在个别场合，以后逐渐成为惯例(在夏威夷群岛上，在20世纪尚有例外)，最后禁止旁系兄弟姊妹之间的结婚，用现代的称谓来说，就是禁止同胞兄弟姊妹的子女、孙子女以及曾孙子女之间结婚……"②相关研究表明，我国的"河套人""山顶洞人"大致生活在这个时期，已经形成了这样的婚姻禁止惯例。

随着社会的进步，到了对偶制家庭和专偶制家庭时期，越来越排除血缘亲属结婚，"在他们的亲属制度所点到的一切亲属之间都禁止结婚，其数多至几百种"③。在恩格斯看来，这是一种自然选择的效果，用摩尔根的话说就是："把没有血缘关系的人带入婚姻关系之中……它有利于创造一种在体力和智力两个方面都更强健的种族。"④

中国古代社会的结婚禁止条件，种类繁多，内容丰富，经历了一个由简

---

① 《马克思恩格斯选集》(第4卷)，人民出版社1972年版，第33页。

② 《马克思恩格斯选集》(第4卷)，人民出版社1972年版，第34～35页。

③ 《马克思恩格斯选集》(第4卷)，人民出版社1972年版，第43页。

④ [美]摩尔根：《古代社会》，杨东莼、张栗原、冯汉骥译，商务印书馆1971年版，第332页。

到繁、由礼入法的发展过程。比如,中国古代社会从周代开始实行同姓不婚,即禁止同一个姓氏的男女通婚,“夏殷不嫌一族之婚,周世始绝同姓之娶”[①]。《唐律·户婚》明确规定,“诸同姓为婚者,各徒两年。缌麻以上以奸论”。《宋刑统》《大明律》《大清律例》等律典一直沿袭这一规范。这一婚姻禁制,最初属于礼制规范,到盛唐时期正式写入法典,由礼制演变为法制,一直到明清时期都将这一禁制明确载入律典。但是,社会与法律之间往往有一段距离,社会上存在一些同姓通婚的事实,甚至在明清时期一度盛行。法律与礼制作为调整社会关系的重要行为规范,必须要应对社会,不断地进行及时自我调整,以不断适应和推进社会的发展。对于“同姓不婚”条,《唐律疏议》作了新的解释,“同宗同姓,皆不得为婚,违者各徒两年……若同姓缌麻以上为婚者,各依《杂律》奸条科罪”。这就把“同姓不婚”解释为“同宗同姓不婚”,相对缩小了“同姓不婚”的范围。宋代继承唐制,明清时期规定:“凡同姓为婚者,各杖六十,离异”[②]、“凡娶同宗无服之亲……各杖一百”[③]。明清时期将“同宗”与“同姓”予以区分,实际上是扩大了“同姓不婚”的范围。从中国古代婚姻制度中“同姓不婚”这一婚姻禁制内容的变化过程中,我们可以看到,婚姻禁制的内容一方面来源于人们的宗教信仰、伦理道德观念;另一方面更是出于维护传统的宗法等级秩序,巩固社会长久统治地位的需要。

除了“同姓不婚”之外,中国古代社会还有“尊卑不婚”“良贱不婚”“宗亲不婚”“族际不婚”等婚姻禁制内容。系统地考察古代婚姻禁制的内容与中国法律传统的关联性,从把握法律与社会的关系的角度,更深层次领会古代婚姻禁制所体现出来的中国法律文化传统,具有重要的意义。

3.考察古代婚姻禁制与中国法律传统的关联性,有助于适当修改《中华人民共和国婚姻法》(以下简称《婚姻法》)中的结婚禁止条件,进一步完善《婚姻法》,促进当下社会主义法治建设。

美国著名学者诺斯说过:“历史是至关重要的。它的重要性不仅仅在于我们可以向过去取经,而且还因为现在和未来是通过一个社会制度的连续性与过去连接起来的,今天和明天的选择是由过去决定的,过去只有在被视

---

① (北齐)魏收:《魏书》卷七《高祖纪》,中华书局1974年版,第153页。

② 《大明律》卷六《户律·婚姻》,怀效锋点校,法律出版社1999年版,第62页。

③ 《大清律例》卷十《户律·婚姻》,田涛、郑秦点校,法律出版社1998年版,第209页。

为一个制度演进的历程时才可以理解。”①

古代婚姻禁制的内容，是我国历史悠久的法律文化宝库中的一个重要组成部分。我国1980年《婚姻法》中的结婚禁止条件主要包括亲属关系和生理疾病两个方面，《婚姻法》第7条规定的禁止结婚的情形包括：(1)直系血亲和三代以内的旁系血亲；(2)患有医学上认为不应该结婚的疾病。这一条规定，主要是基于伦理学和优生学的角度，固然不乏其合理性。但是，随着社会上“公公娶儿媳”“岳母嫁女婿”以及“包二奶”等现象的出现，人们开始质疑结婚禁止条件的周密性。有些双方当事人缔结的婚姻虽是伦理道德所不认可的婚姻，但是他们之间的关系不属于《婚姻法》禁止的关系范围；有些亲属关系虽然不属于《婚姻法》禁止的关系范围，但是，在司法实践中，如果不予以禁止，往往会损害当事人的利益。所以，如何全面领会中国法律文化传统，切实结合我国国情，借鉴历史上的经验和教训，在婚姻关系和婚姻制度层面，有效地协调和处理好伦理道德、风俗习惯与国家法律的关系，不断修改和完善《婚姻法》，对于加快当下社会主义法治进程具有重要的理论及现实意义。

二、研究现状

婚姻制度是综合反映各个国家、各个民族的自身文化的一个侧面，它集中体现出人们对于包括婚姻在内的各种社会关系的态度和看法。研究婚姻制度，必然涉及政治、法律、历史、民俗等多个学科领域，也必然需要运用历史学、法学、社会学、民俗学等多种研究方法。

综观目前国内外学界，与婚姻禁制问题相关的研究成果，具体归纳如下：

第一类是关于古代婚姻和家庭史的研究成果。国内学术界对婚姻史和家庭史的研究始于二十世纪三四十年代，其中具有代表性的著作有吕思勉的《中国婚姻制度小史》、张绅的《中国婚姻法综论》、陈顾远的《中国婚姻史》、郭沫若的《中国古代社会研究》、陶希圣的《婚姻与家族》、胡厚宣的《殷代婚姻家族宗法生育制度考》、陈鹏的《中国婚姻史稿》等。其中，张绅的《中国婚姻法综论》叙述了我国历代婚姻制度沿革以及婚约、结婚或离婚条件、

① [美]道格拉斯·C.诺斯：《制度、制度变迁与经济绩效》，刘守英译，三联书店1994年版，前言。

婚姻效力、夫妻财产制度等问题；陈顾远的《中国婚姻史》从婚姻范围、婚姻人数、婚姻方法、婚姻成立、婚姻效力、婚姻消灭等六个方面探讨了中国古代的婚姻制度；陈鹏的《中国婚姻史稿》从婚姻的形态、结婚、离婚、媵妾等方面研究了中国古代婚姻史，这是一部集学术性与资料性于一体的专著，运用律令、礼法、司法判牍等丰富的历史文献考察中国古代婚姻制度。陈鹏先生认为，“中国婚姻制度，导源于礼，而范之以令，裁之以律。违礼则犯令，犯令则入律，入律则有刑”[①]。《中国婚姻史》和《中国婚姻史稿》是我们研究古代婚姻史不可或缺的必备书。这些著作主要探讨我国婚姻制度的历史以及与婚姻相伴而生的家庭、家族等问题。值得一提的是，这一时期的台湾学者戴炎辉先生专门研究了我国古代婚姻制度中的“同姓不婚”制度，他分析了古代中国之所以规定“同姓不婚”的原因，他认为古代中国惧怕同姓结婚会断子绝孙是基于同姓的男女原为一物，由同一物交配不能产生新物的朴素观念。

新中国成立以后的一段时期，虽然婚姻观念、婚姻习俗都在不断改变，婚姻领域的变化也是日新月异，但是这一时期关于婚姻方面的著作不多。改革开放之后，随着中国婚姻问题研究会和中国婚姻家庭法学会的建立，我国逐步形成婚姻家庭制度史的学术团体，婚姻家庭的学术研究也随之蓬勃发展。比如，史凤仪的《中国古代婚姻与家庭》，刘英、薛素珍的《中国婚姻家庭研究》，张树栋、李秀领的《中国婚姻家庭的嬗变》，陶毅、明欣的《中国婚姻家庭制度史》，孟昭华等编著的《中国婚姻和婚姻管理史》，董家遵的《中国古代婚姻史研究》，祝瑞开主编的《中国婚姻家庭史》，陈苇的《中国婚姻家庭立法研究》，汪玢玲的《中国婚姻史》，王立萍的《婚姻家庭法律制度研究》，张迎秀的《结婚制度研究》等，这些著作使我们对中国婚姻和家庭制度史有了详细、全面的了解。与此同时，国内许多学者也纷纷将国外学者的相关著作翻译过来介绍到国内，大大开阔了国内学术界的研究视野。比如，李彬等翻译的芬兰著名社会学家、人类学家和哲学家 E.A.韦斯特马克的著作《人类婚姻史》，杨东莼等翻译的美国人类学家摩尔根的《古代社会》，赵克非翻译的法国学者让-克洛德·布洛涅的著作《西方婚姻史》，还有恩格斯的《家庭、私有制和国家的起源》等，这些马克思主义经典作家和西方学者的著作使我们对于西方国家乃至整个人类的婚姻制度史有了进一步的了解。上述国内外有关婚姻家庭制度史的著作为系统梳理婚姻制度中婚姻禁制的内容提供了

① 陈鹏：《中国婚姻史稿》，中华书局 1990 年版，例言。

资料保障。

第二类是与结婚制度相关联的社会学、人类学等方面的研究成果。这些成果的出现为探究婚姻禁制的成因提供了可资借鉴的角度和方法。比如,费成康的《中国的家法族规》,瞿同祖的《中国法律与中国社会》,刘广明的《宗法中国》,还有日本学者滋贺秀三的《中国家族法原理》等,这些著作为宏观上分析传统中国婚姻禁制的成因提供了社会学、人类学的视角。又如,彭卫的《汉代婚姻形态》,金眉的《唐代婚姻家庭继承法研究——兼与西方法比较》,张邦炜的《宋代婚姻家族史论》,郭松义的《伦理与生活:清代的婚姻关系》,梁治平的《清代习惯法:社会与国家》等专著,这些著作为微观上分析传统中国婚姻禁制的成因提供了可资借鉴的范例。

第三类是关于伦理思想史和伦理学的研究成果。近些年来,学术界出现了大量颇有建树的伦理学著作,使得学者们对婚姻制度方面问题的研究,不再局限于婚姻领域的理论研究,而是可以将视野扩大到影响婚姻制度的诸方面来进行综合研究。代表性的伦理学著作有:张锡勤等人编著的《中国伦理思想通史》,张岂之、陈国庆的《近代伦理思想的变迁》,王海明的《伦理学原则》,王正平的《中国传统道德论探微》,强昌文的《权利的伦理基础》等。还有一些将伦理学与法学、法律文化相结合的著作,如盛义的《中国婚俗文化》,林端的《儒家伦理与法律文化》,石文龙的《法伦理学》,李桂梅的《冲突与融合:中国传统家庭伦理的现代转向及现代价值》,陈华文等人的《婚姻习俗与文化》,王歌雅的《中国婚姻伦理嬗变研究》,还有法国学者爱弥尔·涂尔干的《乱伦禁忌及其起源》等。这些著作为探寻传统中国婚姻禁制的伦理依据提供了理论参考。

这里需要着重指出的是以下著作:史凤仪的《中国古代婚姻与家庭》,是以马克思主义的辩证唯物观研究中国古代婚姻家庭制度的大作。该著作全面探讨了中国古代婚姻家庭制度、婚姻的意义与形式、成婚、婚姻的效力、婚姻的消亡、宗族制度、家庭制度,其中作者从经济基础、上层建筑(政治、礼制、法律、宗教、风俗习惯等)诸多方面来考察中国古代的婚姻家庭制度,为研究传统中国婚姻禁制提供了研究范本。陶毅、明欣的《中国婚姻家庭制度史》,系统地探讨了原始婚姻家庭形态、古代婚姻家庭制度、宗法制度与婚姻家庭、古代亲属制度等内容,其中的古代婚姻家庭制度、宗法制度与婚姻家庭为分析婚姻禁制形成的背景及成因提供了资料保证。张锡勤的《中国伦理思想通史》,李桂梅的《冲突与融合:中国传统家庭伦理的现代转向及现代价值》，林端的《儒家伦理与法律文化》，这些著作都谈到了婚姻家庭伦理的转向、变迁；还有王歌雅的《中国婚姻伦理嬗变研究》对婚姻伦理的内涵、适用、思想变革、理念超越等进行了全方位的研究，这些著作为界定和评析婚姻禁制的伦理依据提供了资料印证和理论依据。

总体看来，在婚姻家庭制度研究领域，关于中西方婚姻家庭制度史的著作不少，但是主要以综合研究为主，把婚姻与家庭史放在一起研究；从社会学、伦理学、民俗学角度研究中国古代婚姻家庭制度的高水平著作也有，但是都是比较宏观地研究婚姻家庭制度，把婚姻家庭作为国家制度的一个组成部分，从而论述国家制度与社会、伦理、风俗等要素的关系；即使是具体考察婚姻禁制的学术论文也主要是集中关注某一朝代或某一制度层面，考察范围比较狭窄。

如何运用法社会学方法系统地研究中国古代的婚姻制度，尤其是以婚姻禁制为切入点，研究婚姻制度与中国社会、中国法律传统的关系问题，应该尚有讨论的一些空间，这也是笔者试图努力的方向。

三、几个重要概念的界定

（一）婚姻

婚姻是社会发展到一定历史阶段的产物，作为人类社会共有的文明成果，婚姻具有很多共性。但是，由于婚姻承载着重要的社会功能，所以在不同历史时期，不同的社会制度下，婚姻有着不同的概念、属性和形态。

1.婚姻的概念

什么是婚姻？婚姻之名，在我国历史上曾以“昏因”或“昏姻”相称。《毛诗注疏》曰：“婚姻之道，谓之嫁娶之礼。”《白虎通》解释：“婚姻者何谓也？昏时行礼，故谓之婚也。妇人因夫而成，故曰姻。”《仪礼注疏》说：“男曰婚，女曰姻。”《尔雅·释亲》曰：“婿之父为姻，妇之父为婚……妇之父母、婿之父母相谓为婚姻。”《礼记·昏义》中写道：“婚姻者，将合二姓之好，上以事宗庙，下以继后世也。”

婚姻作为一种社会关系，最初只是人类本性的一种反应，是一种纯粹的男女两性关系，而且是一种杂乱的、没有限制的男女两性关系，“昔太古尝无君矣，其民聚生群处，知母不知父，无亲戚、兄弟、夫妻、男女之别，无上下、长幼之道，无进退、揖让之礼……”[①]。随着人类文明的进步，对混乱的男女两性关系开始进行限制和约束，婚姻关系发展为男女两性结合、男女两家族的关系，“婿之父为姻，妇之父为婚……妇之父母，婿之父母，相谓为婚姻”[②]。婚，妇家也。姻，婿家也。妇之党为婚兄弟，婿之党为姻兄弟。[③] 有学者认为，在中国古代社会，真正意义上的法律产生以前，所谓的“婚姻”只是一种社会现象，“婚姻为当时社会制度所确认的男女两性的结合。此结合所形成的特定的两性关系即为夫妻关系，又称之为婚姻关系或配偶关系”[④]。进入近现代社会以后，人们开始从婚姻与社会的关系的角度认识婚姻，有些学者认为：“婚姻是指为当时的社会制度所确认的一男一女互为配偶的结合。”[⑤]也有学者认为“婚姻是男女两性的结合，这种结合形成了为当时社会制度所确认的夫妻关系”[⑥]。还有学者认为，上述几种定义，在解释婚姻时使用“配偶或夫妻关系”一语，而在解释“配偶或夫妻关系”时又使用“婚姻”一词，大有循环定义之嫌，所以提出一个新的定义：“婚姻是一定社会制度认可的男女两性结合的社会普遍形式；婚姻关系则是指基于这种两性结合所形成的男女之间的关系。”[⑦]

在古代西方社会，古罗马共和国时期十分注重婚姻的宗教祭祀色彩，把婚姻定义为：“婚姻是男女间的结合，是终生的结合，是神法与人法的结合。”[⑧]随着社会的发展，到了查士丁尼帝国时期，人们则更注重婚姻的社会功能，《法学阶梯》这样描述婚姻，“婚姻或结婚是男与女的结合，包含有一种彼此不能分离的生活方式”。近代大陆法系国家的婚姻立法，以个人为本位，既强调婚姻缔结时男女双方的主观意思，又强调婚姻的社会功能。大陆法系学者认为，“婚姻是男女双方以永久共同生活为目的的结合”[⑨]。英美法系的学者把婚姻定义为“婚姻是一男一女排他的自愿结合”，甚至认为，婚

---

① 《吕氏春秋·恃君览》。

② 《尔雅·释亲》。

③ (汉)许慎：《说文解字注》，(清)段玉裁注，上海古籍出版社 1981 年版，第 614 页。

④ 巫昌祯：《婚姻家庭法新论》，中国政法大学出版社 2002 年版，第 37 页。

⑤ 巫昌祯：《婚姻与继承法学》，中国政法大学出版社 2001 年版，第 26 页。

⑥ 杨大文：《婚姻法教程》，法律出版社 1992 年版，第 2 页。

⑦ 杨遂全：《婚姻家庭法新论》，法律出版社 2003 年版，第 7～8 页。

⑧ 杨振山：《罗马法、中国法与民法法典化》，中国政法大学出版社 1995 年版，第 475 页。

⑨ 杨怀英：《中国婚姻法论》，重庆出版社 1989 年版，第 8 页。

姻是指固定化的性结合单位。[①] 英国思想家爱理斯说:“婚姻就是合法的同居关系”,“在文明状态下,婚姻是一国风俗或道德习惯的一部分,从而成为一种契约关系”。德国哲学家黑格尔反对把婚姻看成是一种契约关系,认为那样的看法很粗鲁,“因为根据这种观念,双方彼此任意地以个人为订约的对象,婚姻也就降格为按照契约而相互利用的形式”[②]。他说,“婚姻是具有法的意义的伦理性的爱”[③]。

目前,学术界对婚姻的概念没有一个统一的、大家共同认可的定义,但是,从上述中西方国家对婚姻的定义来看,婚姻经历了一个由“纯粹的男女两性关系”到“社会认可的男女结合的关系”的过程。

2.婚姻的属性

婚姻是基于男女两性关系而产生的一种社会现象,它具有双重属性,既具有自然属性,又具有社会属性。

(1)婚姻的自然属性

所谓婚姻的自然属性,是指婚姻赖以形成的自然因素,这些因素是与生俱来、客观存在的。婚姻是以男女两性关系为基础而形成的一种社会关系,这是婚姻关系区别于其他社会关系的重要特征。男女两性的性别差异、人类固有的性本能和性需求是婚姻产生的生理基础,另外,生物学中的某些自然规律也对婚姻产生了重要影响。婚姻最初就是一种纯粹的男女两性关系,是一种自然选择的必然结果。任何时代、任何国家的婚姻制度,都不能忽视婚姻的自然属性。例如,关于结婚年龄的规定,对禁止结婚亲属范围、疾病种类的规定等,都是基于对婚姻自然属性的考虑。婚姻的自然属性对国家、社会的发展起着不容忽视的作用。

(2)婚姻的社会属性

所谓婚姻的社会属性,是指社会制度赋予婚姻的一些属性。作为社会关系的特定形式,婚姻与社会诸多因素有着密切的内在联系。它依存于一定的社会结构,具有一定的社会内容。婚姻是一定的物质社会关系和一定的思想社会关系的结合。只有从社会制度及其发展变化中,才能使婚姻的本质和发展规律得到最科学的解释。

---

① 李志敏:《比较家庭法》,北京大学出版社 1988 年版,第 3 页。

② [德]黑格尔:《法哲学原理》,范扬、张企泰译,商务印书馆 1961 年版,第 207 页。

③ [德]黑格尔:《法哲学原理》,范扬、张企泰译,商务印书馆 1961 年版,第 207 页。

婚姻的社会属性是由以下因素决定的:第一,人的社会属性决定了婚姻的社会属性。婚姻的主体是人,马克思说:“人的本质并不是单个人所固有的抽象物,实际上,它是一切社会关系的总和。”[①]什么是社会?社会就是以共同物质条件为纽带的人群。“力不若牛,走不若马,而牛马为用,何也?曰人能群,彼不能群也。”[②]劳动创造了人类,人在从事物质资料生产和人口再生产的过程中形成了包括婚姻关系在内的各种社会关系,婚姻关系从形成之时就具备了社会属性。第二,婚姻关系作为一种特殊的社会关系,其存在和发展取决于一定的社会生产关系,并受一定社会上层建筑、意识形态等因素的影响和制约,其发展演变是各种社会条件和因素综合作用的结果。人类社会从最初的杂乱的两性关系逐渐发展到文明阶段的一夫一妻制,它的形成、发展和变化,都取决于一定的社会关系。有什么样的社会制度,就会有什么样的婚姻制度。

正是因为婚姻具有自然属性和社会属性的双重属性,所以我们在研究婚姻关系和婚姻制度的过程中,不能忽视它的任何一种属性。研究传统中国婚姻禁制的内容及变迁,必须既要注意传统中国婚姻禁制体现出来的婚姻的自然属性,又要注意传统中国婚姻禁制体现出来的婚姻的社会属性,把婚姻制度与特定社会的政治、经济、伦理、风俗习惯等社会要素结合起来进行分析、考察,才有可能得出正确的认识和判断。

3.婚姻的形态

婚姻的形态也就是婚姻的存在形式,婚姻的存在形式多种多样。在不同的社会历史条件下,婚姻的形态发生了种种不同的演变和进化。婚姻作为一种生活方式,必然由一定的生产方式决定,但是,婚姻形态还有其相对的独立性,受其内在因素的制约。此外,政治因素、社会意识、自然环境等因素也会对婚姻形态产生影响。所以,人类的婚姻形态随着经济的发展,社会的进步,也在不断地进步。

19世纪美国著名人类学家、社会学家摩尔根依据他所接触和了解的易洛魁人的一手资料,提出了著名的婚姻进化观念和基本模式。在《家庭、私有制和国家的起源》中,恩格斯根据摩尔根理论建构起一套人类婚姻形态的进化模式。“这样,我们便有了三种主要的婚姻形式,这三种婚姻形式大体

---

① 《马克思恩格斯全集》(第3卷),人民出版社1960年版,第5页。

② 《荀子・王制》。

上与人类发展的三个主要阶段相适应。"[①]"群婚制是与蒙昧时代相适应的，对偶婚制是与野蛮时代相适应的，以通奸和卖淫为补充的专偶制是与文明时代相适应的。"[②]"在野蛮时代高级阶段，在对偶婚制和专偶制之间，插入了男子对女奴隶的统治和多妻制。"[③]

根据民族学和人类文化学的相关研究，中国古代的婚姻形态大致分为一般婚姻形态和特殊婚姻形态两种。

第一大类是一般婚姻形态，依次为：(1)原始群婚。"男女杂游，不媒不聘"[④]，这是一种杂乱的两性关系。(2)血缘群婚、族内婚。据《后汉书·南蛮》记载："昔高辛氏有犬戎之寇……帝不得已，乃以女配盘古……经三年，生子一十二人，六男六女。盘古死后，因自相夫妻。"这个时期，一对配偶的子孙中每一代都互为兄弟姊妹也互为夫妻。马克思说："在原始时代，姊妹曾经是妻子，而这是合乎道德的。"[⑤](3)亚血缘婚、族外婚。氏族禁止族内通婚，禁止同胞兄弟姊妹之间的性关系，形成一定范围内的共夫或共妻现象，父亲是集体的父辈，母亲是集体的母辈。《周礼注疏》载："诸父守贵宫贵室。"(贾疏：同族诸为父行者。)《礼记》载："嫂叔不通问，诸母不漱裳。"(4)对偶婚。每个男子在若干妻子中，有一个主妻；反过来说女子也是如此。传说中的大禹与涂山氏的婚媾就属于这种形态，它是婚姻形态向一夫一妻制过渡的一种形态。(5)一夫一妻制，又称为个体婚制。它是伴随着私有制的产生而形成的文明社会的一种婚姻形态。

第二大类是特殊婚姻形态，主要有：(1)媵妾制。《公羊传》曰："媵者何？诸侯娶一国，则二国往媵之，以侄娣从。"《尸子》一书推测，尧将娥皇、女英二女嫁给舜，就是属于媵妾制，"为媵如女英随娥皇事舜是也"。(2)烝报婚，又称收继婚、转房制，是指子、弟在父、兄死后，娶嫡嫂或庶母为妻的婚姻形态。《左传》里面有很多这样的记载，卫宣公烝庶母夷姜，晋献公烝庶母齐姜，从战国到清末，烝报婚一直不绝于史。(3)掠夺婚，又称劫夺婚，是指以掠夺的方式成婚。"屯如邅如，乘马班如，匪寇，婚媾。"[⑥]这里描述的就是掠夺婚的

① 《马克思恩格斯选集》(第4卷)，人民出版社1972年版，第73页。
② 《马克思恩格斯选集》(第4卷)，人民出版社1972年版，第73页。
③ 《马克思恩格斯选集》(第4卷)，人民出版社1972年版，第73页。
④ 《列子·汤问》。
⑤ 《马克思恩格斯选集》(第4卷)，人民出版社1972年版，第33页。
⑥ 《易经·爻辞》。

情形。这种婚姻形态盛行于奴隶制时代,随着社会的发展,掠夺婚最终成为历史的陈迹。

全面了解婚姻形态及其发展阶段,对于深入理解传统中国婚姻禁制的内容及其变迁有着重要的理论意义。

(二)禁忌与禁制

为了更好地理解文中的婚姻禁制,有必要对禁忌与禁制作出合理的解释和区分。

1.禁忌

"禁忌"(taboo)一词源于波利尼西亚语,原意指"神圣的"和"非凡的",后引申为"神秘的、危险的、禁止的、不洁的"。[①] 林惠祥在他的《文化人类学》中把禁忌概括为:"禁忌是教人不应当怎样做,以避免所不想要的结果。"简单地说,心理上以为忌讳的和言行上规定为不能说和不能做的就是禁忌。危险和具有惩罚作用是禁忌的两个主要特征,"触犯禁忌的人,本身也将成为禁忌……"[②]。

禁忌是人们为自身的功利目的而从心理上、言行上采取的自卫措施,是从鬼魂崇拜中产生的。禁忌大致分为原初阶段、次生阶段与转化消亡三个阶段。丧葬禁忌与祭祖是禁忌的原初形态,与鬼魂信仰的联系最直接。次生阶段,人们继承了原始时期的鬼魂崇拜所出现的禁忌,将它们制度化、礼仪化,并作出烦琐的规定。在人们的生活中,无论是礼仪、节日、行业等,凡认为不吉利的,几乎都在禁忌之列。从解放思想、破除迷信的近代开始,科学逐渐深入人心,禁忌自然转化、消亡。

一般来讲,禁忌主要有以下几层含义:

(1)忌讳、避忌的事物

①(汉)王符《潜夫论·忠贵》:"贵戚惧家之不吉而聚诸令名,惧门之不坚而为铁枢,卒其所以败者,非苦禁忌少而门枢朽也,常苦崇财货而行骄僭,虐百姓而失民心尔。"

②(汉)应劭《风俗通·正失·彭城相袁元服》:"今俗间多有禁忌,生三子者、五月生者,以为妨害父母,服中子犯礼伤孝,莫肯收举。"

③《后汉书·郎顗传》:"臣生长草野,不晓禁忌,披露肝胆,书不择言。"

---

① [奥]弗洛伊德:《图腾与禁忌》,文良文化译,中央编译出版社2005年版,第19页。

② [奥]弗洛伊德:《图腾与禁忌》,文良文化译,中央编译出版社2005年版,第22页。

④(唐)苏拯《明禁忌》诗:"阴阳家有书,卜筑多禁忌。"

(2)禁令或戒条

《后汉书·杨终传》:"汉兴,诸侯王不力教诲,多触禁忌。"

由于禁忌是人类普遍具有的文化现象,对禁忌的认识又是多学科、多角度的,所以禁忌的分类在理论上也就有了多种方法,有许多不同的类别。例如,陶立璠先生在《民俗学概论》中有论述"禁忌的分类"的专门章节,他将禁忌分为宗教禁忌、生产禁忌、语言禁忌和一般生活禁忌。虽然这种分法比较笼统,有欠严整,但他却是最早讨论这一问题的学者之一。又如,英国班尼女士在《民俗学概论》中认为,禁忌按其性质可分为宗教信仰的禁忌和社会习惯的禁忌。源于宗教信仰的禁忌,产生得很早,是先民受"玛那"(manna,一种超自然力)影响所自发地遵从的。源于社会习惯的禁忌,产生得较晚,是古人受生活经验及心理等因素的影响所自觉地恪守的。

总的来说,禁忌主要是民间禁忌,是基于宗教信仰或社会习惯的一种观念,它与规范化的道德或制度化的法律不是同一个概念。比如,谈到婚姻的禁忌,民间常有关于结婚男女的生肖是否相克的禁忌。如生肖相克,所谓"白马畏青牛""猪猴不到头""龙虎相斗,虾鳖遭灾"等则不能通婚。有相克也有相生,如"红蛇白猴满堂红,福寿双全多康宁""青兔黄狗古来有,万贯家财捉北斗"等,这些都是好姻缘,可以通婚。

2.禁制

当禁忌中的"禁止"的成分加强到道德规范化或者法律制度化的时候,禁忌就脱离了"民间"二字,而这时的禁忌,也就不称其为禁忌了,这时就应当称之为禁制(forbiddance)。

日本的滋贺秀三先生在《中国家族法原理》中谈到了同姓不婚、异姓不养的问题,把同姓不婚作为中国古代通婚的禁忌来讲。瞿同祖先生在《中国法律与中国社会》中设有专门的章节讲到中国古代社会婚姻的禁忌,陈顾远先生在《中国婚姻史》中谈论了婚姻之故障问题,陈鹏先生在《中国婚姻史稿》第九卷中谈到了结婚的限制问题。凡此种种,他们都关注到了中国古代社会关于结婚的禁止性规定。那么,关于结婚的禁止性规定是以"婚姻禁忌"还是以"婚姻禁制"概括之?笔者以为,婚姻禁制似乎更为合适,借用弗洛伊德的一句话,"禁忌随着文化形态的不断转变,逐渐形成为一种有它自己特性的力量,同时也慢慢地远离了魔鬼迷信而独立。它逐渐发展成为一种习惯、传统,而最后则变成了法律"[①]。

禁制,本意为禁阻、制约,在本书中是指禁止性制度,包括来自社会风俗习惯、礼仪道德、法律规范中的诸多禁止性内容。

(三)传统

什么是"传统"? 中西方学者对此有不同的解释。我国当代著名哲学家高清海先生认为,传统就是人类生活中前后相继、主导人类文明的文化灵魂和精神整体,是在历史进程中延伸着的思想纲领和生活主题。[②] 台湾社会学家杨启政先生认为,传统是指"一个特定社会之中,经过长期延续而形成的一套特定的文化和行为模式"。美国著名学者希尔斯认为,传统是围绕人类的不同活动领域而形成的代代相传的行事方式,是一种对社会行为具有规范作用和道德感召力的文化力量,同时也是人类在历史长河中的创造性想象的沉淀。[③] 综合以上学者从不同角度对"传统"的界定,我们可以将"传统"简单地界定为:传统就是一个民族或国度在历史长河中形成的、在特定领域的一套行为模式及思想观念等。

(四)制度变迁

美国经济史学者诺思教授在对美国经济史的研究中归纳出有关制度变迁的一般理论和原则,他指出,"制度"是一系列被制定出来的规则、守法程序和行为的伦理道德规范。[④] "变迁"一词是指制度创立、变化及随着时间变更而逐渐被打破的方式。[⑤]

通俗地讲,制度变迁就是新制度产生并否定、扬弃或改变旧制度的一个过程。经济学家们的研究结果显示,制度变迁的方式一般分为以下几种类型:第一,增添型。原有各种制度依然保存,产生一些新的制度。第二,减少型。原有制度结构中的一些制度因失去存在意义而消亡。第三,全变型。原有制度完全演变成新制度。第四,位移型。在现有的制度结构中,制度的性质种类不变,但相对地位发生了变化,从而使制度结构发生了变化。

---

① [奥]弗洛伊德:《图腾与禁忌》,文良文化译,中央编译出版社 2005 年版,第 26 页。

② 高清海、胡海波:《文化传统的当代意义》,载《烟台大学学报》1998 年第 1 期。

③ [美]希尔斯:《论传统》,吕乐等译,上海人民出版社 1991 年版,第 3 页。

④ [美]道格拉斯·C.诺思:《经济史中的结构与变迁》,陈郁等译,上海三联书店、上海人民出版社 1994 年版,第 225~226 页。

⑤ [美]道格拉斯·C.诺思:《经济史中的结构与变迁》,陈郁等译,上海三联书店、上海人民出版社 1994 年版,第 225 页。

制度变迁的研究往往需要一种意识形态理论作支撑。在诺思教授看来，意识形态是一种行为方式，这种行为方式通过提供给人们一种“世界观”而使行为决策更为经济，同时，它不可避免地与人们有关世界是否公平的道德和伦理方面的评判交织在一起，人们一旦发现其经验与它不符，就会试图改变其意识形态。①

四、本书的研究方法和使用的材料

（一）本书的研究方法

本书以历史唯物主义的理论与方法为指导，同时还采用了以下研究方法：

1.历史分析法

历史分析法是运用动态的观点，通过对与研究对象有关的历史资料进行科学的分析，发现它在历史上是怎样产生、发展的，也就是具体分析研究对象的历史和现状的关系，包括历史与现状的一致方面以及由于环境、社会条件的变化而造成的不一致的方面。历史分析的目的，是为了弄清楚研究对象在发生和发展过程中的脉络，从中发现问题，启发思考，以便认清研究对象的过去、现状和预测其未来的发展趋势。

法律史学者胡旭晟老师认为，“法史研究不能满足于对既往法律现象的描述，而必须以新的学术角度重新审视、解释和阐发一切旧有的法律文化现象，并力求从历史的流变中探究出普遍意义，甚至从往昔的经验里厘定出某些现代文明秩序中一般性的原则和规律，以便为当代之法律文明提供必要的参照视镜和有益的建设资源”②。

本书通过对古代婚姻禁制的形成、发展和变化的考察，以图厘清中国古代婚姻禁制的来龙去脉，总结其发展规律，思考其在历史进程中得以继承和据以变迁的原因和理由，力求为当今婚姻法治的完善提供一些合理性建议。

2.历史比较法

运用历史比较法，可以从历史现象的同一性中发现人类生活发展的某

---

① ［美］道格拉斯·C.诺思：《经济史中的结构与变迁》，陈郁等译，上海三联书店、上海人民出版社1994年版，第15～16页。

② 胡旭晟：《解释性的法史学——以中国传统法律文化的研究为侧重点》，中国政法大学出版社2005年版，第6页。

些共性，也可以从历史现象的差异性中发现人类社会生活的某些个性。概言之，主要从以下三个方面进行比较：(1)时间比较，即同一空间在不同历史时期的比较；(2)空间比较，即同一历史时期中不同地域的比较；(3)不同时间范围内不同地域的比较。本书在比较不同历史时期的婚姻禁制的内容时，大量运用此种历史比较法。

3.法社会学方法

法国社会学家涂尔干说过："法律、道德和宗教是三种重要的社会调控功能，这三类现象必须通过社会学的专门分支来研究。"[①]

法社会学是一门法学和社会学的交叉学科，对法律的社会语境的探讨是这一学科研究的核心问题，"法社会学是一门研究法律与社会之间关系的学科，其重点不在于从规范上分析法律本身，而在于研究法律是怎样受到社会关系制约的，在于研究国家制定的法律在什么程度上能够改变社会，在于研究法律运作的过程中受到哪些因素的制约，法律运行的结果在多大的程度上符合立法者要达到的目的"[②]。正如奥地利著名法学家尤根·埃利希所言，法社会学必须是一门观察的科学，法律史与法社会学关系尤其密切，"法律史首先负有责任为法社会学提供资料"[③]。所以，法律史的研究必须运用法社会学的方法，才能明白"法条和法律制度是从整体的民族生活、从整个社会体制和经济体制中成长而来的"[④]。

本书考察近现代中国的婚姻禁制及其变革，运用了法社会学的研究方法。例如，本书不仅考察婚姻禁制继承及其变革的内容，而且结合各个时代的政治、经济、文化等社会背景分析其成因，探究社会风俗、礼仪等对法律的影响等问题。

此外，本书为了更加准确和全面地把握古代婚姻禁制与法律传统的关系，还引入了一些相关概念，如婚姻形态、婚姻禁忌、婚姻禁制等。

---

① [法]爱弥尔·涂尔干：《乱伦禁忌及其起源》，汲喆、付德根、渠东译，上海人民出版社2006年版，第100页。

② 朱景文：《法社会学》，中国人民大学出版社2005年版，第5页。

③ [奥]尤根·埃利希：《法社会学原理》，徐国滢译，中国大百科全书出版社2009年版，第525页。

④ [奥]尤根·埃利希：《法社会学原理》，徐国滢译，中国大百科全书出版社2009年版，第525页。

(二)本书使用的材料

中国作为世界上四大文明古国之一,与其他的文明古国相比,一个最大的特点就是它的历史从未中断,所以中国的历史文献与法律史料可谓浩如烟海。

中国的历史文献大体上可分为两类:其一是传世的文字记载的历史文献,其中又可依体裁的不同而分为正史、野史、史料笔记、契约文书、族规村约等;其二是地下考古所出土的历史文献及实物形态的文物,如甲骨文、碑刻、墓志铭等,往往对法史研究具有重要价值。

在古代中国人心目中尚无现今各类部门法的明确划分,礼仪习俗也无不包含在法律规范之中,故中国古代的法律史料多弥散于经、史、子、集等各类历史体裁之中。所以,经、史、子、集等各类历史体裁是本书大量运用的材料。

1.关于先秦时期的《楚辞章句》《春秋》《诗经》《国语》《孔子家语》《礼记》《战国策》《楚辞补注》《春秋列国志传》《东周列国志》《封神演义》等。

2.关于秦汉时期的《白虎通义》《大戴礼记》《东观汉记》《风俗通义》《汉书》《后汉书》《淮南子》《列女传》《全汉文》《全后汉文》等。

3.关于魏晋时期的《晋书》《全晋文》《全三国文》《三国志》等。

4.关于南北朝时期的《北齐书》《北史》《陈书》《梁书》《弘明集》《南齐书》《南史》《全后魏文》《全后周文》《水经注疏》《文心雕龙》《颜氏家训》《北史演义》《南史演义》等。

5.关于隋唐五代时期的《初学记》《大唐新语》《独异志》《旧唐书》《旧五代史》《全隋文》《隋书》《唐会要》《唐令拾遗》《唐六典》《新唐书》《新五代史》《贞观政要》等。

6.关于宋辽金时期的《册府元龟》《东京梦华录注》《建炎以来朝野杂记》《金史》《辽代石刻文编》《辽史》《梦溪笔谈》《宋大诏令集》《涑水记闻》《太平广记》《太平御览》《续资治通鉴长编》等。

7.关于元代的《元典章》《归潜志》《国朝文类》《南村辍耕录》《通制条格》《文献通考》《元代奏议集录》《新元史》等。

8.关于明代的"三言二拍"《包龙图判百家公案》《皇明本纪》《今古奇观》《明镜公案》《明刻话本四种》《明史》《万历野获编》《王阳明全集》等。

9.关于清代的《池北偶谈》《重修台湾府志》《大清会典事例》《陔余丛考》《古文辞类纂》《归田琐记》《皇朝经世文编》《鲒埼亭集选辑》《经学通论》《满

清外史》《乾隆南巡记》《清朝文献通考》《清代野记》《清实录》《清史稿》《日知录》《盛世危言》《台湾府志》《文史通义》《续文献通考》《异辞录》《永历实录》《幼学琼林》《资政要览》等。

历史文献资料是本书写作的基础，只有依靠大量的第一手历史文献资料，才有可能尽量保证论文观点的全面性和客观性。在中国这样一个保存有数千年历史文献的国度，关于历代王朝的典章制度也相当完备。本书除了大量采用历史文献资料之外，还采用历代统治者制定的典章制度等法律规定，也结合运用了一些史料笔记和话本小说等，努力追求“回到历史现场”的境界。

五、本书的研究范围

上海交通大学的程兆奇教授认为，“传统中国”不是西方“黑暗的中世纪”，封建制和再早的奴隶制的东方国家的历史发展证实了这一点。“我们特以‘传统中国’为名，是为了表示西潮袭来前的中国，是与西方经验不同的历史文化形态，而非以西方尺度可以衡量的低级‘历史阶段’。”[①]法国比较学家勒内·达维德说过，“在法的问题上并无真理可言，每个国家依照各自的传统自定制度与规范是适当的。但传统并非老一套的同义语，很多改进可以在别人已有的经验中吸取源泉”[②]。近现代转型之前的中国社会的婚姻禁制是本书的主要研究范围，同时，为了全面把握古代婚姻禁制的形成、发展及演变规律，近现代中国的婚姻禁制以及近现代史上域外婚姻禁制的一些重要内容也都纳入本书的研究范围。

① 程兆奇：《传统中国的意义》，载《社会科学》2006年第2期。

② [法]勒内·达维德：《当代主要法律体系》，漆竹生译，上海译文出版社1984年版，第2页。

第一章　早期中国的婚姻观念及婚姻禁制的形成

第一节　早期中国的婚姻观念与习俗

所谓婚姻观念，是一种用以支配人们处理婚姻关系的准则，它是一种社会意识形态，它随着社会经济、政治、文化的发展和变化而发展、变化。

此处所说的“早期”，是指我们史学界通常说的先秦时期，主要包括远古时期和奴隶制社会的夏、商、西周时期以及社会变革阶段的春秋战国时期。

早期中国的婚姻观念与习俗对传统中国婚姻禁制的形成有着深远的影响。

一、远古时期的婚姻观念与习俗

远古时期，是指我国原始社会阶段，从距今约 170 万年的元谋人开始，中间有距今约 70 万年的北京人，迄止于大约公元前 2070 年夏王朝的建立。关于这个时期，没有可靠的史料，只有大量的神话和传说流传下来，我们从这些神话和传说中大致可以揣测一下当时的社会状况。恩格斯这样描述这个时期，“这种十分单纯质朴的氏族制度，是一种多么美妙的制度啊！没有军队、宪兵和警察，没有贵族、国王、总督、地方官和法官，没有监狱，没有诉讼，而一切都是有条理的。一切争端和纠纷，都由当事人的全体即氏族或部落来解决，或者由各个氏族相互解决。……在大多数情况下，历来的习俗就把一切调整好了”①。关于这个时期，中国有“三皇五帝”之说，中国古代圣哲们认为，这是一个没有国家、没有法律的时期，《孝经钩命决》曰：“三皇设言而民不违。”②《商君书》曰：“黄帝之世……官无供备之民。”“神农之世，男

① ［德］恩格斯：《家庭、私有制和国家的起源》，载《马克思恩格斯选集》（第 4 卷），人民出版社 1972 年版，第 155 页。

② 《孝经纬·孝经钩命决》。

耕而食，妇织而衣。刑政不用而治，甲兵不起而王。”[①]《淮南子》曰：“神农无制令而民从。”[②]这些都是中国古代圣贤们对我国原始社会或者氏族社会“群居”状态的林林总总的描述。

在最初的“群居”状态下，人们的生活方式尚未与禽兽完全区分开来。“古者未有君臣上下之别，未有夫妇妃匹之合，兽处群居，以力相征。”[③]“昔太古尝无君矣，其民聚生群处，知母不知父，无亲戚、兄弟、夫妻男女之别，无上下、长幼之道。”[④]与此状态相适应，男女两性的关系没有任何禁忌，不仅“允许父母和子女之间的性交关系”，而且“每个女子属于每个男子，同样，每个男子也属于每个女子”[⑤]。这就是民俗学上推断的最古老的原始群婚制。民间流传的许多神话传说就间接地反映了原始群婚制的一些状况，如《尚书注疏》载：“舜母曰握登，见大虹，感而生舜。”[⑥]又如《诗经》载：“天命玄鸟，降而生商。”[⑦]这些看似荒诞离奇的神话传说，多多少少反映出原始群婚阶段“只知其母，不知其父”的特征。原始群婚阶段“只知其母，不知其父”的特征在国外的民族学研究中也得到了证实。西方学者罗素说：“马林诺夫斯基业已证明：特罗布里恩德岛民不知道自己有父亲，这是一个无可置疑的事实。例如，他观察到，当一个人外出一年或数年回来后，看见他妻子有了一个新生的孩子后，他是非常高兴的。这种人完全无法理解欧洲人的思想，因为欧洲人是一定会对他的妻子的道德产生怀疑的……人们认为，她的丈夫与孩子是毫无血缘关系的。”[⑧]由此可见，原始群婚阶段，男女之间的性关系是自由、松散、混乱的，没有固定的婚姻关系。

随着生产力的发展，随着人类思维能力的不断进步，不同年龄段的男女在生理等方面的差异逐步拉大，男女两性关系的长幼之别日趋明显，这样就产生了以禁止纵向不同辈分男女交媾为特征的血缘群婚制。血缘群婚制排除了纵向的父母与子女、(外)祖父母与(外)孙子女之间的两性关系，两性关

① 《商君书·画策》。

② 《淮南子·氾论训》。

③ 《管子·君臣下》。

④ 《吕氏春秋·恃君览》。

⑤ 《马克思恩格斯选集》(第4卷)，人民出版社1972年版，第25页。

⑥ 《尚书注疏》，(汉)孔安国注，(唐)孔颖达疏，上海古籍出版社。

⑦ 《诗·商颂·玄鸟》。

⑧ [英]伯特兰·罗素：《婚姻革命》，靳建国译，东方出版社1988年版，第11～12页。

系只能发生在同辈分的男女之间，这是人类历史上第一个直系血亲的禁忌规则。“在这里，婚姻集团是按照辈数来划分的：在家庭范围内的所有祖父和祖母，都互为夫妻；他们的子女，即所有的父亲和母亲也是如此；同样，后者的子女，又构成第三个共同夫妻圈子；而他们的子女，即第一个集团的曾孙子和曾孙女们，又构成第四个圈子。这样，这一家庭形式中，仅仅排除了祖先和子孙之间、双亲和子女之间互为夫妻的权利和义务。同胞兄弟姐妹和血缘更远一些的兄弟姐妹，都互为兄弟姐妹，正因为如此，也一概互为夫妻。”①在血缘群婚阶段，很多婚姻都是发生在同胞兄弟姐妹或从兄弟姐妹之间的族内婚。我们从一些传世文献和口头传承的故事中就可以找到很多例子，比如大家熟知的伏羲和女娲的故事，他们就是从兄妹关系变成夫妻关系的。伏羲和女娲原本是兄妹关系，《春秋世谱》云：“华胥生男子为伏羲，女子为女娲。”《风俗通义》云：“女娲，伏希（羲）之妹。”由于遭遇洪水，人烟断绝，只剩下他们兄妹二人，他们有意成为夫妻，但是感觉有点羞耻，于是二人在昆仑山上点燃烟火并口念咒语：“天若遣我兄妹二人为夫妻，而烟悉合；若不，使烟散。”结果两缕烟合在了一起，于是“其妹即来就兄”，二人结为了夫妻。其他民族也有很多类似的传说，比如苗族的《伏羲姊妹制人烟》、壮族的《盘古》、纳西族的《创世纪》等都是描述兄弟姐妹互为夫妻的状况。后世出土的汉墓石刻上的“人首蛇身，两尾相交”的造型，再次印证了伏羲与女娲夫妻媾和的传说。历史遗留的痕迹证明，我国的“丁村人”“长阳人”“马坝人”大致生活在这个阶段。禁止纵向不同辈分的男女通婚，是人类婚姻史上的一个进步，从此，男女两性关系的随意性、混乱性受到限制，男女通婚行为逐步具有了社会属性。

在长期的生产生活过程中，人们基于偶然的机会和原因，发现不同氏族集团的男女结合所生育的后代，其体力和智商都比族内婚所生育的后代要高，同胞兄弟姐妹间的两性关系开始被人们有意识地进行限制，“自一切兄弟和姊妹间，甚至母亲最远的旁系亲属间的性交关系的禁例一经确立，上述的集团便转化为氏族了”②。这样，亚血缘群婚逐步取代了血缘群婚。亚血

① 孟令志、曹诗权、麻昌华：《婚姻家庭与继承法》，北京大学出版社 2012 年版，第 21 页。

② 《马克思恩格斯选集》(第 4 卷)，人民出版社 1972 年版，第 34 页。

缘群婚，就是摩尔根所说的普那路亚家庭，又称“伙婚”。[①] 普那路亚家庭的发展也经历了一个漫长的历史，它首先排除了同胞兄弟姐妹的两性关系，由个别场合适用到形成惯例，最后还禁止旁系兄弟姐妹之间的两性关系。据《史记·五帝本纪》载，尧看重舜的才能，把娥皇、女英两个女儿同时嫁给了舜，这体现了亚血缘群婚制下姐妹可以共夫的特征。大量相关历史文献证明，我国的“河套人”“山顶洞人”大致生活在亚血缘群婚时代。亚血缘群婚形态直接排除了同胞兄弟姐妹之间的两性关系，使婚姻缔结的禁止范围由原来的直系血亲扩大到旁系血亲(同辈分)，它是人类婚姻史上的又一重大进步。恩格斯这么评价：“如果说家庭组织上的第一个进化在于排除了父母和子女之间相互的两性关系，那么，第二个进步就在于对姐妹和兄弟也排除了这种关系。这一进步由于当事者的年龄比较接近，所以比第一个进步重要得多，但也困难得多。……不容置疑，凡血亲婚配因这一进步受到限制的部落，其发展一定要比那些依然把兄弟姐妹之间的婚姻当作惯例和义务的部落更加迅速，更加完全。”[②]随着这些婚姻禁止范围的变化，人类早期的族内婚发展为族外婚。人类学家韦斯特马克这样评价这一禁婚规则的变化：“在外婚诸规则中，以禁止子与母、父与女通婚的规则的应用为最广。事实上此种规则，似普遍通行于人类”，而“禁止同一父母所生的兄弟姊妹通婚的外婚规则，殆与上述的规则同样普遍通行”[③]。

二、夏商时期的婚姻观念与习俗

公元前21世纪，夏朝建立以后，到殷墟甲骨文出土以前的1000多年的那段时期，其文献和史料也包含许多的传说，有些年代已无法考证，中国现代著名的史学家徐旭生先生将这段时期称为中国古史的传说时代。[④] 学界通常将文献资料和书籍划分为经、史、子、集四大类，而在这四大类之中，又以经为最，史则次之。反映传说时代的文献资料主要集中在《尚书》《周易》《史记》等重要经典文献著作之中，《尚书》中的《虞书》《夏书》《商书》，《周易》中的《系辞》篇，《大戴礼记》中的《五帝德》《帝系》两篇，《史记》中的《五帝本

---

① [美]摩尔根：《古代社会》，杨东莼、张栗原、冯汉骥译，商务印书馆1971年版，第735页。

② 《马克思恩格斯选集》(第4卷)，人民出版社1972年版，第33页。

③ [芬兰]韦斯特马克：《人类婚姻史》，王亚南译，上海文艺出版社1988年版，第53页。

④ 徐旭生：《中国古史的传说时代》，广西师范大学出版社2003年版，第23页。

纪》《夏本纪》《殷本纪》等三篇，都是我们了解传说时代的重要古史资料。

夏朝的建立，标志着中国历史进入文明社会，婚姻形态由母系氏族社会过渡到父系氏族社会中形成的对偶婚转向一夫一妻制。对偶婚的特点是，一个男子拥有众多的妻子，其中有一个主妻；同样，一个女子拥有众多的丈夫，其中有一个主夫。这种对偶婚之下，产生了相对明确的父权家庭，为建立在父权观念之上的一夫一妻制的形成奠定了坚实的基础。一夫一妻制，是财产私有制发展的必然结果。夏朝的法律制度之中，习惯法是重要的渊源，我们可以推测，夏朝的婚姻制度也主要是沿袭原始社会的婚姻制度。

下面，我们通过学者们对出土的甲骨文的考证和后世文献的记载，来看看夏商时期的婚姻制度及其反映出来的婚姻观念。

1.一夫一妻制的主导婚姻形态

夏商时期的一夫一妻制是在原始社会后期父权制下的族外婚基础上发展而来的。商朝建立以后，社会普遍实行一夫一妻制。据胡厚宣、陈梦家、郭沫若等学者们的考证，商朝的诸先公世系为契—昭明—相土—昌若—曹圉—冥—王亥—上甲—匚乙—匚丙—匚丁—示壬—示癸，自示壬、示癸开始，甲骨文都有明确记载一夫一妻，都是一个女子属于一个男子，并且夫妻关系明确。比如，示癸之子大乙妻为妣丙，大丁妻为妣戊，大甲妻为妣辛，外丙妻为妣甲，大庚妻为妣壬，大戊妻为妣壬等等，都是一夫一妻制。除甲骨文的相关记载之外，商代的一夫一妻制在许多商代遗迹中也得到了不同程度的印证。1997年在河南郑州商城宫室区发现了一座一家三口的合葬墓；河北藁城台西商代中期遗址，发现了一些一男一女的合葬墓；山西灵石旌介的商代晚期墓地，也发现了夫妻合葬墓；在河南安阳殷墟墓地，发现许多男女“异穴并葬”的现象。[①] 有人粗略统计，这种墓葬数量约占殷墟总墓数量的三分之一。这些墓葬都再次证明，商代的一夫一妻制已经普遍存在于社会的各个阶层。

在一夫一妻制的主导婚姻形态之下，商代出现了一个男子娶多个女人的局部现象，这种现象在王公贵族等社会上层人物中尤为突出。“郑注《檀弓》云：‘舜不告而娶，不立正妃，但三夫人。夏则因而广之，增九女则十二人。所增九女者，则九嫔也。’故郑云：‘《春秋》说云“天子娶十二人”，夏制。’郑又云：‘殷增三九二十七人，总三十九人，所谓二十七世妇也。周又三二十

① 安阳市博物馆：《殷墟梅园庄几座殉人墓葬的发掘》，载《中原文物》1986年第3期。

七人因为八十一人，则女御也。’”[①]

从这段文献注释中，我们可以看到，舜娶了三位夫人，没有立正配。夏朝则增加了九人，成了十二人，并且将增加的九人称为九嫔，所以《春秋》说天子娶十二人是夏朝的制度。商朝（比夏朝）又增加二十七人，变成三十九人，这增加的二十七人称为世妇。周代（比商朝）又增加了八十一人，这增加的八十一人称为女御，这样算来，周天子娶的女人有一百二十个。据胡厚宣先生对卜辞的考证，商朝的王娶妻数少则两个，多则五个，娶八个的也有。[②]

如何看待一夫一妻制度下，以天子为首的王公贵族们娶多个女人的现象呢？这些有悖于一夫一妻制吗？客观地讲，这种现象我们通常情况下称其为一夫一妻多妾制。夏商时期的天子及王公贵族们可以娶包括正妻在内的多个女人，其目的都主要是为了广生子嗣，继承家业，祭祀祖先。《白虎通》说："天子诸侯，一娶九女何？重国广继嗣也。"又说："娶三国女何？广异类也。恐一国血脉相似，以无子也。"[③]以天子为首的王公贵族为了广生子嗣、继承家业、祭祀祖先，凭借其显赫的权势，丰厚的家产，广纳妻妾。在这些众多妻妾当中，只有一个是正妻，其他的只能称为妾，其地位都在正妻之下。所以说，夏商时期主导的婚姻形态仍然是一夫一妻制。

其实，不仅是中国，其他古代东西方国家也是从广生子嗣、祭祀祖先的角度来强调婚姻的重要性的。亚里士多德认为婚姻就是一种生理的自然，是出于人类繁衍的需要，他说："最初，互相依存的两个生物必须结合，雌雄（男女）不能单独延续其种类，这就得先成为配偶——人类和一般动物以及植物相同，都要使自己遗留形性相肖的后嗣，所以配偶出于生理的自然，并不由于意志（思虑）的结合。"[④]查士丁尼说得更明白一些，他说："由自然法产生了男与女的结合，我们把它叫做婚姻；从而有子女的繁殖及其教养。的确我们看到，除人以外，其他一切都动物都被视为同样知道这种法则。"[⑤]

---

① （元）马端临：《文献通考》卷二百五十三《帝系考四》，中华书局 1986 年版，第 1993 页。

② 胡厚宣：《殷代婚姻家庭宗法生育制度考》，载《甲骨学商史论丛·初集》，哈佛燕京社印行 1933 年版。

③ （汉）班固：《白虎通》卷九《嫁娶》。

④ ［古希腊］亚里士多德：《政治学》，吴寿彭译，商务印书馆 1965 年版，第 4～5 页。

⑤ ［古罗马］查士丁尼：《法学总论——法学阶梯》，张企泰译，商务印书馆 1989 年版，第6 页。

"结婚是必须的"[①],缔结了婚姻,才有可能保证家族的延续和满足祭祀的需要。印度人说,"无人祭祀的祖先堕成不幸的鬼"[②]。"由此种意见观之,独身不娶乃大不敬而同时是大不幸。"[③]正是基于这样的婚姻观念,认为婚姻与延续家族及祭祀密不可分,所以妻子婚后不能生子的必须离婚。印度宗教令"妇人既娶八年而无子者,其夫须出之而另娶"[④]。古希腊著名历史学家爱卢都特曾记载两位斯巴达王因无子而被迫出妻的故事。在罗马方面,吕加离婚的故事是罗马史料中最古老的离婚记载,"吕加系出大族,因其妇无子,乃与之离婚。他虽然甚爱她,且对她的品行毫无不满之处,但他只好牺牲他的爱情于其誓词。因他曾宣誓(在婚礼誓辞中)娶她为的生儿子"[⑤]。更有甚者,"古代法律并令无子的寡妇与其丈夫之最近亲族结婚。由此而生之子,即认作其夫之子"[⑥]。这样其丈夫就又后继有人了。

夏商时期,为了家族乃至国家统治的永久,社会主导婚姻形态为一夫一妻制,其中不乏王公贵族们的一夫一妻多妾现象。

2.同姓通婚与近亲不婚的婚俗

据《晋语》记载,"殷辛伐有苏氏,有苏氏以妲己女焉"[⑦]。有学者据此认为殷纣王所娶的妲己是异姓有苏氏之女,由此推断商代已经开始实行异姓联姻。但是,王国维认为苏国姓己,有可能是周人追封的。他指出:"虽不敢谓殷以前无女姓之制,然女子不以姓称,固事实也。"[⑧]台湾地区学者赵林也指出,整体看来,商代女名并未制度化呈现出"女子系姓"的现象。[⑨] 但是他

① [法]古朗士:《希腊罗马古代社会研究》,李玄伯译,上海文艺出版社 1990 年版,第 34 页。

② [法]古朗士:《希腊罗马古代社会研究》,李玄伯译,上海文艺出版社 1990 年版,第 32 页。

③ [法]古朗士:《希腊罗马古代社会研究》,李玄伯译,上海文艺出版社 1990 年版,第 33 页。

④ [法]古朗士:《希腊罗马古代社会研究》,李玄伯译,上海文艺出版社 1990 年版,第 33 页。

⑤ [法]古朗士:《希腊罗马古代社会研究》,李玄伯译,上海文艺出版社 1990 年版,第 34 页。

⑥ [法]古朗士:《希腊罗马古代社会研究》,李玄伯译,上海文艺出版社 1990 年版,第 34 页。

⑦ 《国语·晋语》。

⑧ 王国维:《观堂集林·殷周制度论》,河北教育出版社 2003 年版,第 241 页。

⑨ 赵林:《论商代的母与女》,载中国台北《中国文化大学中文学报》2005 年第 10 期。

依据商王武丁娶妇好(妇好又作妇子,商人为子姓)一例推断,同姓通婚在商代确是存在的。据其他学者考察,在商王的诸妻里面,有与商王异姓的,也有与商王同姓的,“同姓不婚之俗在商代还没有占据完全的统治地位”[①]。但是商朝后期,商王加强了与异姓方国的联姻。比如,古代史书上就有“帝乙归妹,以祉元吉”[②]的记载,这一记载反映的就是商朝末年商王帝乙将商女子嫁到异姓方国的史事。再比如,《诗经·大明》中记载了殷商时期,周族先祖——周文王之父季历和周文王娶异姓方国女子为妻的史事:

挚仲氏任,自彼殷商。来嫁于周,曰嫔于京。

乃及王季,维德之行。大任有身,生此文王。

……

天监在下,有命既集。文王初载,天作之合。

在洽之阳,在渭之涘。文王嘉止,大邦有子。

大邦有子,伣天之妹。文定厥祥,亲迎于渭。

上述文中的“挚”是国名,“任”是挚国之姓,“挚仲氏任”是说挚国的任姓国君的次女,嫁给季历以后生了文王,文王又娶了美若天仙的异姓方国(莘国)女子,并且文王亲自到渭河之滨迎接她。由这么隆重的迎娶方式可见文王对异姓联姻的重视程度。

殷商的同姓通婚有没有限定一定的范围呢?台湾地区学者赵林根据商汤时期的子姓两大兄弟宗族构图中得出一个结论:商人实行“平辈旁系亲属通婚制”,即己或己之四级内旁系兄弟与己之第六级旁系的男女兄弟通婚。[③] 也就说明,商人同姓不同宗的男女兄弟允许通婚。王国维也说,“然则商人六世以后,或可通婚”[④]。

《礼记·大传》曰:“四世而缌,服之穷也;五世袒免,杀同姓也;六世亲属竭矣。”根据这一衡量标准,商人同姓通婚并非近亲通婚。赵林根据商汤时期的子姓两大兄弟宗族构图同时得出另外一个结论:“现在若将存在于商汤时代,各有五个旁系的这对兄弟宗族,及双方的平辈男女相互为婚的现象视为‘果’,那么作者以为‘因’就在商文化中,五世血亲不得通婚的忌禁。此一

① 钟敬文:《中国民俗史·先秦卷》,人民出版社2008年版,第276页。

② 《易经·泰卦》。

③ 赵林:《商代的亲称“兄、弟”及其相关的旁系亲属问题》,载《中国史研究》2009年第1期。

④ 王国维:《观堂集林·殷周制度论》,河北教育出版社2003年版,第241页。

忌禁乃商先民社会文化自决性的产物，也是商汤列祖列宗传下来的伦理规范。”[①]李衡眉在论及殷商昭穆制度时也谈到，殷商昭穆制度的产生，本来旨在严格区分父子两代人的氏族界限，其目的就是为了杜绝近亲婚姻关系的发生。[②] 可见，殷商时期就不允许不同辈分或直系亲属两代之间的婚姻，认为那些都是乱伦行为，是必须被禁止的行为。

三、西周至春秋战国时期的婚姻观念与习俗

（一）《诗经》反映出的婚姻观念与习俗

《诗经》原名《诗》，也称诗三百，是我国第一部诗歌总集，其内容包括婚姻、丧葬、服饰、礼仪、农事、军事等社会生活的方方面面，它可以说是反映周代至春秋中叶时期社会状况的一部百科全书。清人姚际恒在《诗经通论》中这样评价它：“鸟语虫鸣，草荣木实，似《月令》；妇子入室，茅绹、升屋，似《风俗书》；流火寒风，似《五行志》。养老慈幼，跻堂称觥，似庠序礼；田官染织，狩猎藏冰，祭献执宫，似国家典制书。其中又有似采桑图、田家乐图、食谱、谷谱、酒经：一诗之中，无不具备，洵天下之至文也。”[③]在这本内容丰富的诗集当中，有大量关于婚姻、恋爱的诗，由此我们可以体会到当时的婚恋观念与习俗。

1.父母之命，媒妁之言

“父母之命，媒妁之言”一直被认为是我国封建社会缔结婚姻的基本原则，实际上，“父母之命，媒妁之言”并非封建社会所创造，早在《诗经》中就已经得到反映。《齐风 · 南山》载：“蓺麻如之何？衡从其亩。取妻如之何？必告父母。”“析薪如之何？匪斧不克。取妻如之何？匪媒不得。”[④]可见，婚姻的缔结必须由媒妁撮合、父母决定，子女对自己的婚姻没有决定权。符合这一原则的婚姻才能得到认可，违背这一原则的婚姻不被社会和家人所认可。《卫风 · 氓》记载了一个叫氓的男子自己拿着厚礼“布”，赔着笑脸，上门跟女方商量结婚的事情，结果因为缺少媒妁，婚期被推迟的事情，“氓之蚩蚩，抱

① 赵林：《商代的亲称“兄、弟”及其相关的旁系亲属问题》，载《中国史研究》2009 年第 1 期。

② 李衡眉：《昭穆制度研究》，齐鲁书社 1996 年版，第 248～249 页。

③ 姚际恒：《诗经通论》，中华书局 1958 年版，第 164 页。

④ 《诗经 · 齐风 · 南山》。

布贸丝。匪来贸丝，来即我谋。送子涉淇，至于顿丘。匪我愆期，子无良媒”。[①]《诗经·郑风·将仲子》中的女子反复奉劝他的恋人不要夜里翻墙过来找她，不是因为自己不思念恋人，而是害怕与恋人“私会”招致父母和兄长的指责以及旁人的闲言碎语：

将仲子兮，无逾我里，无折我树杞。
岂敢爱之？畏我父母。
仲可怀也，父母之言亦可畏也。

将仲子兮，无逾我墙，无折我树桑。
岂敢爱之？畏我诸兄。
仲可怀也，诸兄之言亦可畏也。
将仲子兮，无逾我园，无折我树檀。
岂敢爱之？畏人之多言。
仲可怀也，人之多言亦可畏也。

当时的男女婚姻恋爱都要遵从“父母之命，媒妁之言”。《鄘风·蝃蝀》就强烈指责了一个未经“父母之命，媒妁之言”而出嫁远方的女子，“女子有行，远父母兄弟”。“乃如之人也，怀昏姻也。大无信也，不知命也。”[②]

2.维护一夫一妻制

殷商时期确立一夫一妻制以后，周代在礼制上极力维护一夫一妻制，谁违反和破坏这一原则，即使是国君或者王公贵族，也都会受到严厉谴责。比如，齐襄公与文姜是同父异母的兄妹，文姜本来嫁给鲁桓公为妻，但是她又返回齐国，与齐襄公私通。《齐风·载驱》对文姜急于回到齐国的心情予以辛辣讽刺，“鲁道有荡，齐子发夕”，“鲁道有荡，齐子岂弟”，这是说在鲁国那平坦的大道上，文姜天没亮就出发了。“鲁道有荡，齐子翱翔”，“鲁道有荡，齐子游遨”，这是说在鲁国那平坦的大道上，文姜自由得像鸟儿一样飞翔，像鱼儿一样游荡。文姜的确太自由了！又如，《陈风·株林》对陈灵公与夏姬私通也进行了绝妙讽刺，夏姬本是夏御叔的妻子，有个儿子叫夏南。陈灵公为了掩饰与夏姬私通的事实，经常以“从夏南”为借口，“胡为乎株林？从夏南！匪适株林，从夏南！”实际上陈灵公去株林只是为了与夏姬私通。

① 《诗经·卫风·氓》。
② 《诗经·墉风·蝃蝀》。

除此之外，《邶风·新台》和《鄘风·鹑之奔奔》也对卫宣公上烝庶母、下占儿媳的乱伦行为予以讥讽，卫宣公与庶母夷姜生有一子叫伋，本来给伋与齐襄公的女儿宣姜定了婚事，但在伋结婚前，卫宣公发现未来的儿媳很漂亮，于是筑了新台，将宣姜据为己有。卫国人作诗讽刺卫宣公，《毛诗序》说："《新台》，刺卫宣公也。纳伋之妻，作新台于河上而要之，国人恶之，而作是诗也。"

上述讽刺诗表明，当时社会中人们已经形成了极力维护一夫一妻制和极力反对破坏一夫一妻制的婚姻观念。

3.媵嫁婚

所谓"媵嫁"，就是陪嫁、随嫁。周天子和诸侯还实行媵嫁婚，诸侯娶一国的女子为妻(嫡妻)，女方则以侄(侄女)娣(妹)陪嫁，同时还有两个跟女方同姓的诸侯国送女儿陪嫁，又各以侄娣陪嫁。这些陪嫁随嫁的女子就统称为"媵"，其地位远远低于嫡妻，但比卑贱的妾的地位要高些。《诗经·召南·鹊巢》描写女子出嫁，送亲及陪嫁的人多，"维鹊有巢，为鸠盈之。之子于归，百两成之"。《诗经·卫风·硕人》描写庄姜出嫁到卫国，陪嫁的女子之多，"河水洋洋，北流活活。施罛濊濊，鳣鲔发发，葭菼揭揭。庶姜孽孽，庶士有朅"。《齐风·敝笱》用"如云""如雨""如水"形容陪嫁人数之多。《豳风·七月》描写了一个采桑女子将要被迫随嫁给贵族公子做媵妾的悲伤心情。《大雅·韩奕》描写了韩侯迎娶的盛大场面，陪嫁的娣侄多如彩云，"诸娣从之，祁祁如云。韩侯顾之，烂其盈门"。这些诗都反映了周代王公贵族中盛行的媵嫁婚现象。朱熹在《诗集传》中谈到媵嫁婚现象，"诸侯一娶九女，二国媵之，皆有娣姪也"[①]。

为什么周代王公贵族中盛行媵嫁婚？周代是一个多族共处的朝代，为了处理好姬姓与异姓诸侯国的关系，周人采取了将姬姓女子往嫁异姓诸侯的联姻办法。一方面是姬姓王侯迎娶异姓诸侯国人数众多的女子，另一方面是将相当数量的姬姓女子派往迎娶姬姓女子的异姓诸侯国，这样大大强化了周人与异姓诸侯国的关系，符合周代政治统治的需要。

4.门第观念

周代的婚姻已经开始有了门第观念，这在《诗经》中得以充分体现。比如，《周南·关雎》中反复提到"窈窕淑女，君子好逑"。其中的"君子"不是指

① (宋)朱熹：《诗集传》，赵长征校，中华书局1958年版，第216页。

一般的男子，而是指贵族男子；“淑女”也不是指一般女子，而是指贵族女子，“君子”理想的配偶是“淑女”，意为门当户对。正是注重门第，《诗经》中提到婚姻之事往往首先介绍婚姻当事人的出身，如，《诗经·大雅·韩奕》：“韩侯取妻，汾王之甥，蹶父之子。”可谓门当户对。又如，《诗经·卫风·硕人》开篇就介绍贵人——齐姜的身世，“齐侯之子，卫侯之妻。东宫之妹，邢侯之姨，谭公维私”。一方面说明她的高贵，另一方面也说明她的出身与卫侯很匹配。

(二)《周易》反映出的婚姻观念与习俗

《周易》，简称《易》，又称《易经》，相传是周文王（姬昌）在被商纣囚禁于羑里（今河南省安阳市汤阴县北）期间所作，汉代司马迁著《史记》始称其为《周易》。《周易》是我国古代研究和占测宇宙万物变易规律的重要典籍，包括《易经》和《易传》两大部分。《易经》包括六十四卦卦象、卦辞、爻辞。每卦六爻，六十四卦为三百八十四爻，即有六十四卦辞、三百八十六爻辞（乾、坤二卦分别多出用九、用六爻辞）。文字古奥，蕴义精深。《易传》是对《易经》所作的解释，共有十篇：《彖》上、下，《象》上、下，《系辞》上、下，《文言》，《序卦》，《说卦》，《杂卦》，又称《十翼》。一般认为，《周易》经文为占筮书，但其内容涉及历史、社会、制度，范围极广，且蕴含一定哲理；而《周易》传文则是哲学著作。故《周易》含有卜筮、哲学、历史、科学等多种成分。

《周易》的主要特点是以八卦、六十四卦、象数为模型，以占筮为形式，模拟演绎、预测宇宙万物的起源、结构、运动变化的规律。虽带有神秘的占卜色彩，但蕴含较深刻的理论思想和朴素的辩证观念。书中精义乃是对天道与人理的综合探索，凝聚着中国古圣先贤的智慧。几千年来，《周易》原理不仅在中国思想史上产生了深远的影响，而且渗透到古代社会科技的各个领域，融入中华民族的心理素质之中，构成中国传统文化的基本格调，启迪和推动了中国古代科技文明发展，堪称中国古代文化的源头活水。

《周易》相当重视婚姻家庭问题，认为在人类社会的演化过程中，由婚姻形成的夫妇关系是一切社会关系产生的前提。《序卦传》中说：“有天地然后有万物，有万物然后有男女，有男女然后有夫妇，有夫妇然后有父子，有父子然后有君臣，有君臣然后有上下，有上下然后礼义有所措。”[①]因此，夫妇之

① 《周易》，郭彧译注，中华书局2006年版，第416页。

道必须长久存在，“夫妇之道，不可不久也，故受之以恒。恒者，久也”[①]。《周易》的婚姻观念与习俗主要体现在以下几个方面：

1.抢婚习俗

《周易》所载的抢婚现象不在少数，并已为学者们所确认。比如，《易经上·屯卦第三》中说：“屯如邅如，乘马班如。匪寇婚媾，女子贞不字，十年乃字。”[②]“屯”意为困顿、徘徊；“邅”是进进退退、回旋不前；“乘马班如”是欲进又止，盘旋不前。“匪寇婚媾”，“匪”同“非”，不是寇仇，是来求婚媾的队伍。“女子贞不字，十年乃字”是说女子守贞，不急于出嫁。“《象》曰：六二之难，乘刚也。‘十年乃字’，反常也。”[③]“六四：乘马班如，求婚媾。往吉无不利。”[④]虽然牵扯难行，但是要想求得婚媾，只要敢于前往就会有好的结果。又如，《易经上·贲卦第二十二》：“贲如皤如，白马翰如，匪寇婚媾。”“《象》曰：六四当位，疑也。‘匪寇婚媾’，终无尤也。”[⑤]白马奔跑，那是来迎亲的队伍，最终没有任何怨尤（成亲）了。再如，《易经下·睽卦第三十八》：“睽孤，见豕负涂，载鬼一车。先张之弧，后说之弧，匪寇婚媾。往遇雨则吉。”[⑥]“象曰：‘遇雨之吉，群疑亡也。’”[⑦]这个意思是说，先是在路旁看见一头母猪，后又看见一车魔鬼，怀疑以致准备射箭但犹豫，原来不是匪寇，是来求婚的队伍。前去遇到下雨就吉祥，所有的疑虑都消失了（最后成亲了）。

2.媵嫁婚

《周易》有多处关于媵嫁婚的记载。比如，《易经下·归妹第五十四》：“初九：归妹以娣。跛能履。贞吉。”[⑧]妹妹陪送出嫁的姐姐，即使跛着脚也陪同前行。“六三：归妹以须，反归以娣。”[⑨]本来是姐姐出嫁，结果是妹妹也出嫁了（陪嫁）。“六五：帝乙归妹。其君之袂，不如其娣之袂良。”[⑩]《仪礼·士昏礼》“媵御馂”郑玄注：“古者嫁女必娣侄从之，谓之媵。侄，兄之子，娣，

① 《周易》，郭彧译注，中华书局 2006 年版，第 416 页。
② 《周易》，郭彧译注，中华书局 2006 年版，第 19 页。
③ 《周易》，郭彧译注，中华书局 2006 年版，第 20 页。
④ 《周易》，郭彧译注，中华书局 2006 年版，第 22 页。
⑤ 《周易》，郭彧译注，中华书局 2006 年版，第 120 页。
⑥ 《周易》，郭彧译注，中华书局 2006 年版，第 204 页。
⑦ 《周易》，郭彧译注，中华书局 2006 年版，第 205 页。
⑧ 《周易》，郭彧译注，中华书局 2006 年版，第 285 页。
⑨ 《周易》，郭彧译注，中华书局 2006 年版，第 286 页。
⑩ 《周易》，郭彧译注，中华书局 2006 年版，第 287 页。

女弟也，娣尊侄卑，若或无娣，犹先媵客之也。”古时以侄、娣（妹）陪嫁，以妾的身份与姑、姊共夫谓之媵。《礼记》载：“古者天子后立六宫、三夫人、九嫔、二十七世妇、八十一御妻。”这一记载也是对周代媵嫁婚的真实写照。

3.忘年婚姻

《周易》对年龄相差较大的“忘年婚”予以了关注，并表明了相关立场。《易经上·大过卦第二十八》：“九二：枯杨生稊，老夫得其女妻，无不利。《象》曰：‘老夫女妻’，过以相与也。”[①]九二，干枯的杨树发出新芽，老汉娶个年轻的女子为妻，没有什么不好。《象传》说，老夫女妻，虽然有点过头，但是还可以结合。我们再看看下面的内容：“九五：枯杨生华，老妇得其士夫，无咎无誉。《象》曰：‘枯杨生华’，何可久也！‘老妇士夫’，亦可丑也！”[②]九五，干枯的杨树开出花朵，老妇得到年轻的男子做丈夫，不受责备，也不值得赞誉。《象传》说，干枯的杨树开出花朵，怎么能够长久呢？老妇嫁给年轻的男子，是多么丑陋的事情！

由此我们可以发现，同样是“忘年婚”，对于“老夫少妻”现象，《周易》和《象传》都是支持的，而对于“少夫老妻”现象，《周易》不予以提倡，《象传》则予以批判。可见，男尊女卑的观念无处不在。

4.不娶强女

《周易》中关于“不娶强女”的卦辞是见证当时男尊女卑的观念的又一证据。《易经下·姤卦第四十四》：“姤，女壮，勿用取女。”[③]姤卦，强壮的女子，不能娶她。“《彖》曰，姤，遇也，柔遇刚也。‘勿用取女’，不可与长也。天地相遇，品物咸章也。刚遇中正，天下大行也。姤之时义大矣哉！”[④]《彖传》说，姤是邂逅之义，是阴柔遇阳刚。“勿用取女”说明与这种女子（强女）不能长久。天地相遇，万物各显其能。阳刚者遇到居中守正的阴柔者，则能抱负大行于天下。这一姤卦主要是讲男子不能娶身体等条件强于自己的女子，否则婚姻不能长久。

在大地万物间，男子有阳刚之气，处于尊贵地位；女子有阴柔之德，处于从属地位。《周易·说卦》：“乾，天也，故称乎父；坤，地也，故称乎母。”[⑤]《周

① 《周易》，郭彧译注，中华书局 2006 年版，第 148 页。
② 《周易》，郭彧译注，中华书局 2006 年版，第 150 页。
③ 《周易》，郭彧译注，中华书局 2006 年版，第 231 页。
④ 《周易》，郭彧译注，中华书局 2006 年版，第 232 页。
⑤ 《周易》，郭彧译注，中华书局 2006 年版，第 407 页。

易·文言》:"乾元者,始而亨者也……刚健中正,纯粹精也。"①"地道也,妻道也,臣道也。地道无成,而代有终也。"②所以,男子阳刚主于外,女子阴柔主于内,《易经下·家人卦第三十七》:"《彖》曰:家人,女正位乎内,男正位乎外。男女正,天地之大义也。"③男主外、女主内的思想成为中国传统的婚姻家庭观念的定式。

由此可见,《周易》之所以强调"不娶强女",也是男尊女卑的观念在作祟。

(三)《左传》反映出的婚姻观念与习俗

《左传》全称《春秋左氏传》,相传是春秋末年左丘明为注解孔子的《春秋》而作,是我国现存第一部叙事详尽的编年体史书。它与《春秋公羊传》《春秋谷梁传》合称"春秋三传"。它记载了上自鲁隐公元年(公元前722年)下迄鲁悼公十四年(公元前453年)共260多年间诸侯列国的政治、军事、外交、文化、礼俗等方面的重要内容,其中有些篇章反映了当时的婚姻观念与习俗。

1.抢婚习俗

《左传》记载的抢婚事件有三个比较典型的代表。第一个事件是楚王发兵灭息国,抢夺息侯夫人息妫的事件。第二个事件是晋伐骊戎,夺取骊姬的事件。第三个事件是郑庄公偷袭鄅国,抢走妇女的事件。

我们先来看看楚王发兵灭息国,抢夺息侯夫人的事件。据《左传·庄公十四年》载:"蔡哀侯为莘故,绳息妫以语楚子。楚子如息,以食入享,遂灭息。以息妫归,生堵敖及成王焉。未言。楚子问之。对曰:吾一妇人,而事二夫,纵弗能死,其又奚言?楚子以蔡侯灭息,遂伐蔡。"④蔡哀侯因为莘地战役被楚国打败,于是在楚文王面前极力赞美息侯夫人息妫,楚文王以设享食致祭为借口,攻入息国并灭了息国,夺得息妫而归,息妫为楚文王生了二子(堵敖和成王),但她终日不语。楚文王问她为何不语,她回答说:"吾一妇人,先后事二夫,纵然不能死,又有什么好说的?"由于是蔡国叫他灭息国的,楚文王为了讨好息妫,又去征讨蔡国。

---

① 《周易》,郭彧译注,中华书局2006年版,第348页。

② 《周易》,郭彧译注,中华书局2006年版,第352页。

③ 《周易》,郭彧译注,中华书局2006年版,第195页。

④ 杨伯峻:《春秋左传注》(修订本),中华书局1990年版,第198~199页。

我们再来看看晋伐骊戎，夺取骊姬的事件。《左传·庄公二十八年》："归生奚齐，其娣生卓子。"[①]晋国攻打骊戎，骊戎男把骊姬献给晋献公，回国后生了奚齐，她的妹妹生了卓子。

我们来看第三个事件。《左传·昭公十八年》："鄅人藉稻，邾人袭鄅，……尽俘以归。鄅子曰：'余无归矣。'从帑于邾。邾庄公反鄅夫人，而舍其女。"[②]邾庄公偷袭鄅国，掠走全部妇女。鄅君做了邾国的奴隶，邾庄公将鄅君夫人放回去了，但鄅君的女儿被掠走。

除了以上三个事件外，《左传》中还有其他类似事件的记载。《左传·僖公二十二年》载，楚成王应郑文公之请出兵帮助郑国攻打宋国，"楚人伐宋以救郑"。战争结束后，郑文公夫人芈氏和姜氏去慰问楚君，"郑文夫人芈氏、姜氏劳楚于柯泽"，引起"非礼"的讥评，"君子曰：非礼也。妇人送迎不出门，见兄弟不踰阈，戎事不迩女器"[③]。后来，楚成王回国时，又"取郑二姬以归"，这里的"取"也是强娶之意。

2.媵嫁婚

《公羊传·庄公十九年》云："媵者何？诸侯娶一国，则二国往媵之，以侄娣从。侄者何？兄之子也。娣者何？（女）弟也。诸侯一聘九女，诸侯不再娶。"诸侯娶一国的女子为妻，是为嫡妻；女方以侄娣随嫁，是为媵。此外还有女方同姓诸侯国之女陪嫁，是为正媵，她们又各自带来侄、娣，如此一来，是谓"诸侯一聘九女"。《左传》记载各国诸侯嫁女，同姓女子陪嫁的事例颇多。比如，《左传·隐公三年》载："卫庄公娶于齐东宫得臣之妹，曰庄姜，美而无子，卫人所为赋《硕人》也。又娶于陈，曰厉妫，生孝伯，早死。其娣戴妫生桓公，庄姜以为己子。"[④]又如，《左传·成公八年》："卫人来媵共姬，礼也。凡诸侯嫁女，同姓媵之，异姓则否。"[⑤]卫国为鲁国之同姓，共姬是鲁成公之妹，所以，卫国就送女子陪嫁，同时来媵的还有晋国、齐国。《左传·成公九年》："晋人来媵。"杜注，同姓故。[⑥]《左传·襄公二十三年》："晋将嫁女于

---

① 杨伯峻：《春秋左传注》（修订本），中华书局 1990 年版，第 239 页。

② 杨伯峻：《春秋左传注》（修订本），中华书局 1990 年版，第 1397 页。

③ 杨伯峻：《春秋左传注》（修订本），中华书局 1990 年版，第 399 页。

④ 杨伯峻：《春秋左传注》（修订本），中华书局 1990 年版，第 30 页。

⑤ 杨伯峻：《春秋左传注》（修订本），中华书局 1990 年版，第 840 页。

⑥ 杨伯峻：《春秋左传注》（修订本），中华书局 1990 年版，第 841 页。

吴，齐侯使析归父媵之。”[①]这些反映的是诸侯娶妻，同姓诸侯国以女子陪嫁的情况。杜氏作注曰：“古者诸侯取适夫人，及左右媵，各有侄娣，皆同姓之国，国三人，凡九女。所以广继嗣也。”以上都是姊妹姑侄同嫁一夫的媵嫁婚事例。我们还发现，周代诸侯国为结友好，争相送女陪嫁，一来可以广继后嗣，二来可以增强和扩大本国的政治势力，所以除了同姓媵妾之外，异姓媵妾也有。《左传·成公十年》载：“齐人来媵。”无传，为伯姬送陪嫁之女。八年、九年卫、晋先后来媵，传皆云“礼也”。传又云异姓不媵，则意为齐人来媵，不合于礼。[②] 鲁共姬出嫁到宋国，卫、晋、齐三国来媵，主要目的是巩固鲁成公二年缔结的爰娄之盟。当时，齐、晋均为大国，卫、鲁、宋三国国力不相上下，所以这一媵嫁事件不存在小国献媚大国的问题，有学者称之为“出于政治目的的获利性婚姻心理”[③]。

另外，据《左传·文公七年》：“穆伯娶于莒，曰戴己，生文伯；其娣声己生惠叔。戴己卒，又聘于莒，莒人以声己辞，则为襄仲聘焉。”[④]戴己死了，声己当继为室，不必另聘。《左传·襄公二十三年》载：“初，臧宣叔娶于铸，生贾及为而死，继室以其姪。”[⑤]臧宣叔的妻子死后，以其妻的侄女为继室，这可以说是娣姪从嫁的媵嫁婚产生的一种必然结果。

3.烝报婚

烝报婚是存在于春秋时期的一种贵族婚姻习俗，是指不同辈分的贵族男女结合的情形。顾颉刚先生说过，“烝”和“报”的婚姻制度是东周时代的正常现象，它“盛行于春秋前期，而消失于春秋后期”[⑥]。所谓“烝”，主要是指直系亲属间的男女发生的超越辈分的婚姻关系，一般是在奴隶主贵族死了以后，嫡子与庶母结合或庶子与嫡母结合；所谓“报”，主要是指旁系亲属间的男女发生的超越辈分的婚姻关系，比如侄子与叔母的结合。

据学者统计，《左传》中烝婚的例子共有五例。例一，《左传·桓公十六

---

① 杨伯峻：《春秋左传注》（修订本），中华书局 1990 年版，第 1073 页。

② 杨伯峻：《春秋左传注》（修订本），中华书局 1990 年版，第 847 页。

③ 王石天：《春秋时期的两种婚姻心理及其对后世的影响》，载《广东教育学院学报》1996 年第 2 期。

④ 杨伯峻：《春秋左传注》（修订本），中华书局 1990 年版，第 562 页。

⑤ 杨伯峻：《春秋左传注》（修订本），中华书局 1990 年版，第 1082 页。

⑥ 顾颉刚：《由“烝”、“报”等婚姻方式看社会制度的变迁》，载《文史》第十四辑，中华书局 1982 年版。

年》:“卫宣公烝于夷姜,生急子,属诸右公子。”[①]夷姜,宣公庶母。例二,《左传·庄公二十八年》:“晋献公娶于贾,无子。烝于齐姜,生秦穆夫人及太子申生。”[②]据杜预注,齐姜是献公父晋武公之妾,也就是献公的庶母。例三,《左传·闵公二年》:“惠公之即位也少,齐人使昭伯烝于宣姜。不可,强之。生齐子、戴公、文公、宋桓夫人、许穆夫人。”[③]惠公是卫宣公和宣姜所生的次子。昭伯,是惠公庶兄,卫宣公庶子。例四,《左传·僖公十五年》:“晋侯之入也,秦穆姬属贾君焉,且曰:‘尽纳群公子。’晋侯烝于贾君,又不纳群公子,是以穆姬怨之。”[④]晋侯即晋惠公,秦穆姬的庶母弟,贾君是秦惠公的嫡嫂。太子申生被骊姬馋杀,他与异母兄重耳分别出逃,后回国嗣位。例五,《左传·宣公九年》和《左传·成公二年》记载了这样一个事例:夏姬是郑穆公之女,陈国大夫御叔的寡妻,多次嫁人被认为是淫荡女子。丈夫死时,她的儿子夏征舒已经十五六岁,但因为夏姬长得漂亮,陈灵公、大夫孔宁和仪行父都与她通奸,夏征舒杀死陈灵公,另外两人逃往国外。楚庄王杀夏征舒,楚国君臣都要娶夏姬,因为大夫申公巫臣说她不吉乃止,楚庄王把她赐给了连尹襄老。此老死后,其子又烝夏姬,而一再说夏姬不吉的申公巫臣却娶了她。以上的例一、例二、例三、例五是发生在“母子”之间的“烝”;例四则是发生在叔嫂之间的“烝”,即后世“转房婚”中的“叔接嫂”婚。

《左传》中关于“报”的记载,《左传·宣公三年》:“(郑)文公报郑子之妃,曰陈妫,生子华、子臧。”[⑤]郑子是文公的叔父。这就是发生在侄子与叔母之间的“报”。

《左传》中还有一个比较特殊的“因”的情形,《左传·文公十六年》:“公子鲍美而艳,襄夫人欲通之,而不可,乃助之施。昭公无道,国人奉公子鲍以因夫人。”[⑥]公子鲍即宋文公,襄夫人是其嫡祖母,昭公是其庶兄。这是发生在庶孙与嫡祖母之间的婚姻。

4.门第观念

婚姻门第观念在《左传》中也得到了体现,如《左传·桓公六年》载:“公

---

① 杨伯峻:《春秋左传注》(修订本),中华书局1990年版,第145页。

② 杨伯峻:《春秋左传注》(修订本),中华书局1990年版,第238页。

③ 杨伯峻:《春秋左传注》(修订本),中华书局1990年版,第266页。

④ 杨伯峻:《春秋左传注》(修订本),中华书局1990年版,第351页。

⑤ 杨伯峻:《春秋左传注》(修订本),中华书局1990年版,第674页。

⑥ 杨伯峻:《春秋左传注》(修订本),中华书局1990年版,第620页。

之未昏于齐也，齐侯欲以文姜妻郑大子忽。大子忽辞，人问其故，大子曰：‘人各有耦，齐大，非吾耦也。’”[①]太子忽推辞这桩婚姻的理由是门第不相称，当然也有人猜测太子忽听闻过文姜与齐侯的不检点行为，“文姜会齐侯于防”。但是，无论出于何种真实想法，太子忽以“非吾耦也”为拒婚之托词，说明时人已经接受婚姻的门第观念。又如，《左传·哀公二十四年》载：“公子荆之母嬖，将以为夫人，使宗人衅夏献其礼。对曰：‘无之。’公怒曰：‘女为宗司，立夫人，国之大礼也，何故无之？’对曰：‘周公及武公娶于薛，孝、惠娶于商，自桓以下娶于齐，此礼也则有。若以妾为夫人，则固无其礼也。’公卒立之，而以荆为大子。国人始恶之。”[②]宗人衅夏不向公子荆之母献礼的原因是因为嬖的出身卑贱，虽然后来哀公坚持把嬖立为夫人，把公子荆立为太子，但国人和宗人都还是不予认同。由此可见，婚姻之门第观念已经深入人心。

（四）其他文献典籍反映出的婚姻观念与习俗

1.父母之命，媒妁之言

如前文所述，“父母之命，媒妁之言”最早的文字记载见于《诗经·齐风·南山》，自周以降春秋战国，“父母之命，媒妁之言”成为婚姻新成立的根本条件。《礼记·文王世子》：“五庙之孙，祖庙未毁，虽为庶人，冠、娶妻必告。”父母之命是婚姻缔结的前提，否则被视为悖礼行为。在婚姻的成立条件中，与“父母之命”具有同等重要地位的就是“媒妁之言”。《礼记·曲礼》云：“男女非有行媒，不相知名。”何为媒妁？《说文解字》云：“媒，谋也，谋合二姓者也，从女某声。妁，酌也，斟酌二姓者也，从女勺声。”[③]《训蒙自会》曰“媒妁者，男媒为媒，女媒为妁”，后世将撮合男女婚姻之事统称为“媒”。

根据礼制要求，男子无媒不娶，女子无媒不嫁。不遵循“父母之命，媒妁之言”的婚姻不为家人和社会所认可，甚至遭到唾骂。《孟子·滕文公下》：“丈夫生而愿为之有室，女子生而愿为之有家，父母之心，人皆有之，不待父母之命、媒妁之言，钻穴隙相窥，逾墙相从，则父母国人皆贱之。”《管子·形势解》：“妇人之求夫家也，必用媒而后家事成。求夫家而不用媒，则丑耻而人不信也。故曰：自媒之女、丑而不信。”又，《战国策·齐策六》讲述了莒太

① 杨伯峻：《春秋左传注》（修订本），中华书局1990年版，第113页。

② 杨伯峻：《春秋左传注》（修订本），中华书局1990年版，第1723页。

③ （汉）许慎撰：《说文解字注》，（清）段玉裁注，上海古籍出版社1981年版，第613页。

史因为女儿无媒而嫁而不认女儿、女婿的故事，“齐闵王之遇杀，其子法章变姓名，为莒太史家庸夫。太史敫女奇法章之状貌，以为非常人，怜而常窃衣食之，与私焉”。后来，法章复立为襄王，“以太史氏女为王后，生子建”，但太史不认这样的女儿、女婿，“女无媒而嫁者，非吾种也，汙吾世矣”。太史因此终身不见女儿、女婿。

凡是未经“父母之命，媒妁之言”缔结的“异常”婚姻，都被称为“奔”，后世理学家鄙之为“淫奔”。《左传·昭公十一年》：“泉丘人有女，梦以其帷幕孟氏之庙，遂奔僖子，其僚从之。盟于清丘之社，曰：‘有子，无相弃也。’”[①]孟僖子接纳了主动“奔”来的泉丘二女，后来泉丘女为孟僖子生了儿子。另，《国语·周语上》载：“恭王游于泾上，密康公从，有三女奔之。”韦昭注：“奔，不由媒氏也。”

总之，无“父母之命，媒妁之言”的婚姻为世人所不齿。时人重“父母之命，媒妁之言”由此可见一斑。

2.男女有别

清末民初学者王国维说过，“中国政治与文化之变革莫剧于殷周之际”，“殷周间之大变革”是“旧制度废而新制度兴，旧文化废而新文化兴”[②]。

正如王氏所言，周人的婚姻制度发生了巨大变革。为了彻底清除原始社会群婚制的遗风，净化社会空气，周人提出了“男女有别”论。首先严格限制男女互相接触，《礼记·内则》要求“男女授受不亲”。《礼记·曲礼》则限定更多，“男女不杂坐”“嫂叔不通问”“姑、姊、妹、女子子已嫁而反，兄弟弗与同席而坐，弗与同器而食”等等。《礼记·乐记》：“婚姻，冠笄，所以别男女也。”《礼记·经解》：“婚姻之礼，所以明男女之别也。”

在先秦儒家看来，“男女有别”是礼的首要原则，是人与禽兽相区别的地方，荀子指出：“夫禽兽有父子，而无父子之亲，有牝牡而无男女之别，故人道莫不有辩。”[③]《礼记·曲礼》云：“夫唯禽兽无礼，故父子聚麀。是故圣人作，为礼以教人，使人以有礼，知自别于禽兽。”《孟子·离娄上》记载了一段孟子与淳于髡的对话，从中我们可以看出儒家亚圣孟子对“男女授受不亲”的态度。“淳于髡曰：‘男女授受不亲，礼与？’孟子曰：‘礼也。’曰：‘嫂溺则援之以

① 杨伯峻：《春秋左传注》(修订本)，中华书局1990年版，第1324页。

② 王国维：《观堂集林·殷周制度论》，河北教育出版社2003年版，第231页。

③ 《荀子·非相》。

手乎？'曰：'嫂溺不援，是豺狼也。男女授受不亲，礼也；嫂溺援之以手者，权也。'"孟子认为，"男女授受不亲"是礼之"经"，"嫂溺援之以手"是礼之"权"；也就是说，原则必须明确，但运用中可以灵活掌握，领会运用并不意味着对原则的否定。

先秦法家也主张"男女有别"，他们都意识到了"男女无别"的巨大危害性，成书于战国时期的《管子》一书就有多处体现："男女无别，则民无廉耻""凡牧民者，使民无邪行，女无淫事"[①]"男女无别，反于禽兽，自然礼义廉耻不立"[②]。法家集大成者韩非子甚至把"男女无别"作为亡国的征兆，他说："后妻淫乱，主母畜秽，外内混通，男女无别，是谓两主，两主者，可亡矣。"[③]所以法家强调"男女无别"。管子云："明男女之别，昭嫌疑之节，所以防其奸也。"[④]"相孝公成帝业"的商鞅说："所谓义者，为人臣忠，为人子孝，少长有礼，男女有别。"[⑤]商鞅主持变法时把这一主张贯彻实施，"始秦戎翟之教，父子无别，同室而居，今我更制其教，而为其男女之别，大筑冀阙，营如鲁卫矣"[⑥]。历史证明，商鞅变法是成功的，变法后的秦国"其百姓朴，其声乐不流于汙。其民不挑，甚畏有司而顺，古之民也"[⑦]。

先秦墨家也反对"男女无别"，主张"男女有别"。《墨子·尚贤中》明确反对"出入无度，男女无别"，主张"出入有节，男女有辨"。墨子还说："何故为室也？冬避寒焉，夏避暑焉，室以为男女之别。"[⑧]

由此观之，以儒家、法家、墨家为代表的先秦诸子百家，在处理男女关系问题上，大多强调"男女有别"。

为什么周代至春秋战国都重视"男女有别"？它是出于维护父权制、一夫一妻制，铲除群婚制残余的需要。我国虽然从传说中的尧舜时代就进入了父权制时代，但是直到夏商时期，仍然存在"普那路亚家庭"痕迹，如前文所述的"烝""报""因"等婚姻习俗还大量存在，这些与父权制、一夫一妻制的

① 《管子·权修》。
② 《管子·立政》。
③ 《韩非子·亡征》。
④ 《管子·君臣》。
⑤ 《商君书·画策》。
⑥ 《史记·商君列传》。
⑦ 《荀子·强国》。
⑧ 《墨子·公孟》。

原则与要求是格格不入的，强调“男女有别”就是为了巩固父权制，确保一夫一妻制的实行。“早期儒家重视‘男女有别’，在当时是具有重大现实意义和特定的历史意义的。”[①]“亲亲也，尊尊也，长长也，男女有别，此其不可得与民变革者也。”“同姓从宗合族属，异姓主名治际会，名著而男女有别。其夫属乎父道者，妻皆母道也。”[②]著名史学家吕思勉先生一语道破“男女有别”的必然性，“此所言者，为宗子合族之礼。异姓来嫁者，但主于母与妇之名，而不复别其为谁某之妻，如是而男女即可云有别，此实辈行昏制，遗迹犹存者也”[③]。李衡眉先生认为，“人类的婚姻形态由群婚经对偶婚过渡到一夫一妻的时候，以往异姓同辈男女之间的‘性自由’就必然划为禁区，这就是‘嫂叔不通问’等种种限制的由来”[④]。所以，婚姻的缔结过程也体现和维护“男女有别”原则，“故男女无媒不相交，无币不相见，恐男女之无别也”[⑤]。也只有严格实行“男女有别”，才能“生育有确凿无疑的生父的子女”，“而确定这种生父之所以必要，是因为子女将来要以亲生的继承人的资格继承他们父亲的财产”[⑥]。马克思主义经典作家为我们揭示了“男女有别”原则的实质意义所在。

第二节　早期中国婚姻禁制的形成

在早期中国社会的婚姻观念与习俗的形成和发展过程中，在远古时期的婚姻禁忌的基础上，产生了一系列约束和限制婚姻缔结的婚姻禁制。

一、氏族外婚制

所谓氏族外婚制，是指禁止同一氏族成员内部彼此媾和的规则。林耀华先生这样定义外婚制：“在婚姻上实行不同集团之间的婚配，这种在两个半边或两个婚姻集团间进行通婚的婚姻制度叫作外婚制。”[⑦]

---

① 李衡眉：《早期儒家婚姻观论略》，载《东岳论丛》1987 年第 6 期。

② 《礼记・大传》。

③ 吕思勉：《先秦史》，中国友谊出版公司 2009 年版，第 206 页。

④ 李衡眉：《先秦史论集》，齐鲁书社 1999 年版，第 461 页。

⑤ 《礼记・坊记》。

⑥ 《马克思恩格斯选集》（第 4 卷），人民出版社 1972 年版，第 59 页。

⑦ 林耀华：《原始社会史》，中华书局 1984 年版，第 170 页。

氏族外婚制是历史发展的必然产物。历史表明，世界上任何一个民族在其历史发展进程中，都有氏族外婚制的规定。

古希腊、古罗马都经历过氏族外婚的历史阶段，美国著名民族学家摩尔根在论述古希腊的胞族、部落及民族时说道："我们应该注意到氏族外婚当时已成为风尚，已嫁的妇女与其说她是加入她丈夫所属的胞族，毋宁说她是加入她丈夫的氏族。"[①]罗马人的氏族"人人都是与氏族以外的人员结婚，这是可以注意到的"[②]。

美国人约翰·卢伯克在《文明的起源》一书中介绍过沃斯恰克人和卡尔玛人的氏族外婚制，沃斯恰克人认为"与同族甚至同姓的妇女结婚是一种罪过"[③]，卡尔玛人则"分为若干群，任何男子不得与同一群的妇女结婚"[④]。

我国历史上的氏族外婚制起源很早，最早的文献记载可以追溯到《国语》。《国语·晋语》云："昔少典娶于有蟜氏，生黄帝、炎帝。黄帝以姬水成，炎帝以姜水成，成而异德，故黄帝为姬，炎帝为姜。二帝用师以相济也，异德之故也。"该资料记载的"少典"和"有蟜氏"是最早的氏族外婚制的例子。周文王的祖父古公亶父娶于姜姓，这是周族实行氏族外婚的见证。在研究少数民族的专著中也有反映氏族外婚制的材料，如新中国成立后的鄂温克族尚处于原始社会末期，其习惯法就规定，实行氏族外婚和一夫一妻制，氏族内部严禁通婚。"氏族外婚制的出现，毫无疑问是人类早期历史上的一个巨大进步。"[⑤]又如，据云南大学历史研究所民族组的实地调查，位于云南省镇康县的德昂族，保留有较多的原始社会残余，他们认为，同一个氏族组织（"克勒"）成员互相通婚所生的子女会成哑巴。[⑥] 我国著名社会学家、历史学家董家遵先生还把氏族外婚制分为"图腾的外婚制"和"姓氏的外婚制"。[⑦]

那么，氏族外婚制是如何产生的呢？目前所见到的较为流行的有美国

---

① ［美］摩尔根：《古代社会》，杨东莼、张栗原、冯汉骥译，商务印书馆1971年版，第407页。

② ［美］摩尔根：《古代社会》，杨东莼、张栗原、冯汉骥译，商务印书馆1971年版，第487页。

③ ［美］约翰·卢伯克：《文明的起源》，纽约出版社1874年版，第91页。

④ ［美］约翰·卢伯克：《文明的起源》，纽约出版社1874年版，第96页。

⑤ 秋浦：《鄂温克人的原始社会形态》，中华书局1962年版，第77页。

⑥ 云南大学历史研究所民族组：《拉祜族、佤族、崩龙族、傣族社会与家庭形态调查》，1975年11月。

⑦ 董家遵：《中国古代婚姻史研究》，广东人民出版社1995年版，第154、189页。

学者摩尔根的"血缘近亲说"、法国学者涂尔干的"图腾说"和苏联学者谢苗诺夫的"社会控制说"。

美国著名民族学家摩尔根这样定义氏族："一个氏族组织，就是以有共通的祖先、以氏族名称相区分、以血缘关系相结合而成的一个血族团体。"[①]对澳大利亚氏族进行研究发现，"无论男女，都不许与其自己所属氏族之内的人员结婚，这一禁令是绝对的"[②]。通过对大量关于易洛魁人等氏族社会的历史进行分析之后，他认为外婚制的原因在于人们往往认为有血缘关系的近亲结婚会造成一些不幸后果。[③] 因为氏族内婚被禁止，于是氏族成员中的血族结婚的弊害始得以革除，种族的活力得以增进。氏族内禁止通婚虽是一消极的规定，却是重要的。此一规定的重要目的，很明显地是在于将一个假定祖先的子孙的半数使之孤立，并且在血族的理由下防止他们间的互相婚配。就是到了现在，易洛魁部落仍然是厉行禁止氏族内部通婚的规则。[④]

法国犹太裔社会学家、人类学家涂尔干在他的《乱伦禁忌及其起源》一书中，探究了乱伦禁忌与外婚制的生成发展脉络。他认为乱伦(incest)禁忌应该是社会规制的最初形式，其形态学上的原始形式就是外婚制(exogamie)。他发现，外婚制与图腾制度不仅彼此有所关联，而且两者之间的关系占据首要的地位，相比而言，外婚制与血亲之间的关系则是次要的。[⑤] 他说，"图腾是氏族的独特属性"。他认为氏族是这样一群个体，"他们自认为彼此是亲戚，但是，唯有依据一种非常特别的记号，他们才承认这种亲属关系，这便是他们具有相同的图腾(totem)"[⑥]。无论两个个体分别

---

① [美]摩尔根：《古代社会》，杨东莼、张栗原、冯汉骥译，商务印书馆 1971 年版，第 98 页。

② [美]摩尔根：《古代社会》，杨东莼、张栗原、冯汉骥译，商务印书馆 1971 年版，第 77 页。

③ [美]摩尔根：《古代社会》，杨东莼、张栗原、冯汉骥译，商务印书馆 1971 年版，第 69 页。

④ [美]摩尔根：《古代社会》，杨东莼、张栗原、冯汉骥译，商务印书馆 1971 年版，第 117～118 页。

⑤ [法]爱弥儿・涂尔干：《乱伦禁忌及其起源》，汲喆、付德根、渠东译，上海人民出版社 2006 年版，第 1 页。

⑥ [法]爱弥儿・涂尔干：《乱伦禁忌及其起源》，汲喆、付德根、渠东译，上海人民出版社 2006 年版，第 4 页。

属于哪个部落，只要他们的图腾相同，那么就要完全禁止他们发生性关系。(注:在早期人类社会，性关系跟夫妻关系、婚姻基本同义。)根据大多数记述，这种禁忌适用于所有通常的性交往。实际上，外婚制不仅普遍存在于低级社会之中，一方面极为严格，另一方面又极为粗陋;而且，除此以外我们也找不到任何能够产生同样禁忌的最初原则了。[①]

苏联著名史学家谢苗诺夫在他的《婚姻和家庭的起源》一书中提出他的"社会控制说"。他说，氏族最重要的特点是族外婚制。因为氏族成员之间的性交关系是被严格禁止的，所以一个人的父亲和母亲必定属于不同的氏族。[②] 他借用英国民族学家E.泰勒的"两合组织"理论，E.泰勒指出，两合外婚制即人们分为相互通婚的两部分的这种外婚制是最简单的原初的外婚形式。"因为社会的形成是一个控制动物个人主义的过程"[③]，所以"族外婚的产生是控制动物利己主义过程已经完成的明显标志，也是人类社会形成过程已经完成的明显标志"[④]。

持"图腾说"的法国学者涂尔干不赞同美国学者摩尔根的"血缘近亲说"，他借用柏拉图、亚里士多德等人的相关言论，并列举了一些实例来说明"近亲结婚就其本身而言并不一定就是有害的"[⑤]"既不能认为原始人一下子就意识到了这种尚可怀疑且难于考察的有限危害，也不能认为，一旦意识到了这种危害，就会产生一种既绝对又严酷的禁忌"。而且他发现，"外婚制允许极为接近的血亲之间的婚姻"，甚至在较为先进的民族中，也允许有同父异母的兄弟姐妹之间的婚姻，比如《创世纪》中记载的撒拉与亚伯拉罕，《撒母耳记》中记载的他玛与亚门。[⑥]

---

① [法]爱弥儿·涂尔干:《乱伦禁忌及其起源》，汲喆、付德根、渠东译，上海人民出版社2006年版，第11页。

② [苏联]谢苗诺夫:《婚姻和家庭的起源》，蔡俊生译，中国社会科学出版社1983年版，第40页。

③ [苏联]谢苗诺夫:《婚姻和家庭的起源》，蔡俊生译，中国社会科学出版社1983年版，第87页。

④ [苏联]谢苗诺夫:《婚姻和家庭的起源》，蔡俊生译，中国社会科学出版社1983年版，第79页。

⑤ [法]爱弥儿·涂尔干:《乱伦禁忌及其起源》，汲喆、付德根、渠东译，上海人民出版社2006年版，第32页。

⑥ [法]爱弥儿·涂尔干:《乱伦禁忌及其起源》，汲喆、付德根、渠东译，上海人民出版社2006年版，第34～35页。

持“社会控制说”的谢苗诺夫也不赞同摩尔根的“血缘近亲说”,他认为摩尔根的理论依据就存在问题,“从一开始,摩尔根体系中最薄弱的一环就是血缘家庭。关于这种家庭,摩尔根除了指出马来式(夏威夷式)亲属制度以外,找不到任何说明人类过去存在血缘家庭的证据。而根据夏威夷式亲属制度又不足以得出这样的结论。更何况夏威夷亲属制度的一系列特点与把它看作血缘家庭中存在的一些关系的反映的观点又是相矛盾的”[①]。他说,“在夏威夷人那里没有群婚,也不存在摩尔根笔下的那种普那路亚家庭”[②]。

我国学者大部分赞同马克思主义经典作家的观点,认可恩格斯以及恩格斯引述的摩尔根关于自然选择在排除血亲婚配上所起的作用,认为自然选择的原则对氏族外婚制的形成发挥了重要作用。[③] 人们在长期的生活实践中发现,两个不同血缘集团的个别男女生育的后代,远比实行内婚制的男女生育的后代发育好,身体强壮,智力发达,也很少发现痴呆、聋哑或畸形的现象,他们对外婚制的优越性慢慢地就获得了认识。[④]

二、“同姓不婚”原则

周代至春秋战国盛行“同姓不婚”原则。在我国古代,“同姓不婚”的礼俗起源很早,其源头就是上文提到的“氏族外婚制”。陈顾远先生在他的《中国婚姻史》中说:“周何以同姓不婚?乃采取族外婚之当然结果。”[⑤]童书业先生认为,“周人‘同姓不婚’,此为氏族制残余,并遗留后世”[⑥]。董家遵先生把氏族外婚制分为图腾的外婚制和姓氏的外婚制。他认为,我国古时的从女的古姓,最初就是“图腾制”的一种,所以“同姓不婚”的古义,可以说就是图腾的外婚制。[⑦]

---

① [苏联]谢苗诺夫:《婚姻和家庭的起源》,蔡俊生译,中国社会科学出版社 1983 年版,第 38 页。

② [苏联]谢苗诺夫:《婚姻和家庭的起源》,蔡俊生译,中国社会科学出版社 1983 年版,第 39 页。

③ 林耀华:《原始社会史》,中华书局 1984 年版,第 170 页。

④ 宋兆麟、黎家芳、杜耀西:《中国原始社会史》,文物出版社 1983 年版,第 102 页。

⑤ 陈顾远:《中国婚姻史》,上海书店 1984 年版,第 24 页。

⑥ 童书业:《春秋左传研究》,上海人民出版社 1983 年版,第 347 页。

⑦ 董家遵:《中国古代婚姻史研究》,广东人民出版社 1995 年版,第 139 页。

《国语·晋语》引用的司空季子的一段话把"同姓不婚"的原则、目的及理由阐释得很清楚，"异姓则异德，异德则异类。异类虽近，男女相及，以生民也。同姓则同德，同德则同心，同心则同志。同志虽远，男女不相及，畏黩敬也。黩则怨，怨乱毓灾，灾毓灭姓。是故娶妻避其同姓，畏乱灾也"。其中，最关键的两句话就是"异类虽近，男女相及，以生民也"和"同志虽远，男女不相及，畏黩敬也"。"异类虽近，男女相及，以生民也"的意思是说，如果是不同氏族或姓氏，即使是血缘关系很近的男女也可以结婚，目的是"生民"。"同志虽远，男女不相及，畏黩敬也"的意思是说，如果是相同氏族或姓氏，即使是血缘关系很远的男女也不能结婚，因为害怕会"亵渎其类"。从司空季子的这段话中可以看出，"同姓不婚"是一种古老的婚姻禁制，周人把它保留下来，其根本原因是"畏乱灾"，其根本目的是"生民"，以维护和巩固周代的统治。

王国维先生依据相关史料推断，女子称姓自周人始，同姓不婚之制亦自周人始。"上古女无称姓者，有之惟一姜嫄。姜嫄者，周之妣，而其名出于周人之口者也。""虽不敢谓殷以前无女姓之制，然女子不以姓称，固事实也。而周则大姜、大任、大姒、邑姜，皆以姓著。自是迄于春秋之末，无不称姓之女子。"[①]《礼记·大传》："四世而缌，服之穷也。五世袒免，杀同姓也。六世亲属竭矣。其庶姓别于上而戚单于下。婚姻可以通乎。系之以姓而弗别，缀之以食而弗殊。虽百世而婚姻不通者，周道然也。"由此可见，殷代同姓者在六世以后或可通婚，而在周代，同姓者虽经百世也不得通婚。《孔丛子》《孔子家语》等文献资料中也有许多证实这一原则的事例。

比如，《孔丛子》记载：昔者季孙（季康子）问于夫子，曰："百世之宗，有绝道乎？"子曰："继之以姓，义无绝也。故同姓为宗，合族为属，虽国子之尊，不废其亲，所以崇爱也。是以缀之食序，列之昭穆。万世婚姻不通，忠笃之道然也。"[②]

又如，《孔子家语》所记载：卫公使其大夫求婚于季氏，桓子问礼于孔子。子曰："同姓为宗，有合族之义，故系之以姓而弗别，缀之以食而弗殊。虽百世婚姻不得通，周道然也。"桓子曰："鲁卫之先，虽寡兄弟，今已绝远矣，可乎？"孔子曰："固非礼也，夫上治祖祢以尊尊之，下治子孙以亲亲之，旁治昆

---

① 王国维：《观堂集林·殷周制度论》，河北教育出版社 2003 年版，第 241 页。

② 《孔丛子》卷二《杂训第六》，王钧林、周海生译注，中华书局 2009 年版，第 81 页。

弟所以教睦也,此先王不易之教也。”[①]

遵循“同姓不婚”原则,首先必须辨清姓氏。《左传·襄公二十八年》:“庆舍之士谓卢蒲癸曰‘男女辨姓’。”《左传·昭公元年》:“男女辨姓,礼之大司也。”实在无法辨明姓氏时,则通过占卜的方式确定姓氏。《礼记·曲礼》:“取妻不取同姓,买妾不知其姓,则卜之。”

“同姓不婚”原则的依据何在?国内有学者认为,周代的“同姓不婚”与“族外婚”都是人们认识到近亲结婚危害的产物。也有学者否认这种看法,吕思勉先生说:“同姓不昏之故,昔人言之者曰:‘男女同姓,其生不蕃。’曰:‘美先尽矣,则相生疾。’以今遗传学及昔时事实按之,皆无根据,盖非事实。”[②]李玄伯先生也说:“古人对男女同姓、其生不蕃的观念,实非由于生理的观察,弗莱则对此亦以为然。据生物学的研究,血缘近者是否不蕃,至今尚难确实定论。以现代学者观察的精审而有长时间,尚难有确实结果,浅陋初民又何以能知之?”[③]据《周礼·秋官》:司仪诏王仪,南乡见诸侯,土揖庶姓,时揖异姓,天揖同姓。谓王既祀方明,诸侯上介皆奉其君之旗,置于宫。乃诏王升坛,诸侯皆就其旗而立。王揖之者,定其位也。庶姓,无亲者也。土揖,推手小下之也。异姓婚姻举之。又,《周礼·春官上·宗伯》曰:以贺庆之礼,亲异姓之国。郑玄注曰:异姓,王婚姻甥舅也。[④] 依据《周礼》所述,同姓不婚推行异姓婚姻,但不排除甥舅之国等近亲婚。

因此,综观各家学说,结合所见文献材料,笔者认为“同姓不婚”原则的依据主要来自人们的“畏惧”感、道德人伦观以及“和同观”等三个方面。

“同姓不婚”原则的依据首先来自人们的一种“畏惧”感。《左传·昭公元年》:“内官不及同姓,其生不殖,美生尽矣,则相生疾,君子是以恶之。故志曰:‘买妾不知其姓,则卜之。’违此二者,古之所慎也。”《左传·僖公二十三年》:“男女同姓,其生不蕃。”《国语·晋语》:“同姓不婚,恶不殖也。”日本学者滋贺秀三先生在《中国家族法原理》一书中论及“同姓不婚”得以产生并维持的原因时,借用戴炎辉先生的说法,提出“恐惧”论。他认为,“同姓不婚”得以产生并维持的根本原因是由于古语中的“不蕃”“不殖”等词语所含

---

① 《孔子家语》卷十《曲礼子贡问第四十二》。

② 吕思勉:《先秦史》,中国友谊出版公司 2009 年版,第 206 页。

③ 李玄伯:《中国古代社会新研》,开明书店 1949 年版,第 143 页。

④ (宋)李昉等:《太平御览》(第 5 册)卷五百四十三《礼仪部二十二》,河北教育出版社 1994 年版,第 304 页。

有的断子绝孙的意味让人们产生恐惧感，人们都自觉地遵守“同姓不婚”原则，避免同姓婚。[①] 他还补充说，同姓婚被禁止的原因，还在于这种婚姻所包含的同姓男女的肉体交合本身是应该禁忌的事，并以《左传·昭公元年》中记载的子产问候生病的晋平公为例，进一步说明男子不能近同姓之女的理由。[②]

“同姓不婚”原则的依据还来自人们的道德人伦观。《白虎通》的《姓名篇》中说道：“人所以有姓者何？所以崇恩爱、厚亲亲、远禽兽、别婚姻也。故世别类，使生相爱，死相哀，同姓不得相娶，为重人伦也。”[③]这就透彻地表达了“重人伦”的思想观念。《白虎通》的《嫁娶篇》中又说道：“不娶同姓者，重人伦，防淫佚，耻与禽兽同也。”[④]这就是强烈的道德人伦意识的直接表达。

“同姓不婚”原则更为深层次的哲学理论依据则是“和同观”。春秋时期的“和同观”基于阴阳变化生成万物这一哲理产生，《易经》两个符号分别代表阴阳，它们相互作用产生万物，并且认为不同性质的事物结合才能产生新的事物，称为“和”，相同性质的事物结合则不能产生新的事物。在婚姻方面，异姓男女结合称为“和”，同姓男女结合称为“同”。“同姓不婚”运用了这一原理，如《国语·郑语》：“夫和实生物，同则不继……夫如是，和之至也。于是乎先王聘后于异姓，求财于有方，择臣取谏工而讲以多物，务和同也。”又如，《白虎通》中所说：“不娶同姓者何法？法五行，异类乃相生也。”还有后来的《诗经注》中所说：“振振公姓，天地之化，专则不生，两则生。”

“同姓不婚”原则的一个重要目的在于通过缔结婚姻，促进异姓诸侯国之间的政治联系和经济交往，巩固周代的姬姓统治。《礼记·坊记》：“取妻不取同姓，以厚别也。”《礼记·郊特牲》：“取于异姓，所以附远厚别也。”孔颖达疏曰：“所以附远厚别也者，取异姓者，所以依附相疏远之道。”正如清末学者王国维先生所描述的周代“有同姓不婚之制，而男女之别严。且异姓之国，非宗法之所能统者，以婚媾甥舅之谊通之。于是天下之国，大都王之兄

---

① [日]滋贺秀三：《中国家族法原理》，张建国、李力译，法律出版社2003年版，第25页。

② [日]滋贺秀三：《中国家族法原理》，张建国、李力译，法律出版社2003年版，第26页。

③ (汉)班固：《白虎通》卷八《姓名》。

④ (汉)班固：《白虎通》卷九《嫁娶》。

弟甥舅，而诸国之间，亦即有兄弟甥舅之亲。周人一统之策，实存于是”[①]。

不过，从《左传》《国语》等历史文献中也可以看出，在先秦时期的实际社会生活中，也存在同姓相婚的现象。《左传·昭公元年》中记载的子产问候生病的晋平公时，指责晋平公违背“同姓不婚”原则，其后宫纳有四个同姓的姬姓女子，“今君内实有四姬焉”，所以子产认为晋平公生病是因为“违礼”之事。据《左传·庄公二十八年》记载的晋献公三聘五娶皆为同姓女子，《左传·襄公二十五年》记载的齐崔娶了同姓东郭偃之妹棠姜，《左传·襄公二十八年》记载了齐国的庆舍将女儿嫁给同姓的卢蒲癸，《春秋公羊传》载“鲁昭公娶于吴，为同姓也，谓之吴孟子”。这一时期，最为典型的例子要数《国语·晋语四》和《左传·僖公二十三年》都提到的晋文公重耳系同姓通婚所生儿子的事情。重耳是晋献公的妾——犬戎女狐氏所生，而“狐氏出自唐叔”，狐氏为姬姓，“狐姬，伯行之子也，实生重耳”[②]。而历史的事实表明，重耳出生之后，聪颖过人，仪表堂堂，意气风发，最终不负众望成为晋国国君，成就了一番霸业，令一直持有“男女同姓，其生不蕃”信念的时人叔詹惊叹：“臣闻天之所启，人弗及也。晋公子有三焉，天其或者将建诸，君其礼焉！”[③]但是，上文提到的晋平公受到了子产的指责，齐崔也受到“婚姻辨姓”的质疑，《通典》对鲁昭公娶同姓女子的看法“‘同人于宗，吝。’言同姓相娶，吝道也。即犯诛绝之罪，言五属之内禽兽行，乃当绝”[④]。即使是成就霸业的重耳，也只是被作为一个“天之所启（辅助）”的特例。“同姓不婚”作为根本原则的地位没有丝毫的动摇。

周代至春秋战国时期的婚姻禁制，除了以上所述之外，还有“五不娶”以及“仇雠不婚”等禁制。

所谓的“五不娶”，就是五种情形的女子不能娶为妻妾。《大戴礼记·本命》：“女有五不取：逆家子不取，乱家子不取，世有刑人不取，世有恶疾不取，丧妇长子不取。”根据王聘珍解诂：“取读曰娶。逆，谓悖逆。乱，淫乱也。刑人，谓以罪受墨、劓、宫、刖、髡刑者。恶疾，谓瘖、聋、盲、疠、秃、跛、伛，不逮人伦之属也。丧妇长子，谓父丧其妇，其女子年长愆期者也。”子，古亦指女

① 王国维：《观堂集林·殷周制度论》，河北教育出版社2003年版，第241页。

② 《国语·晋语四》。

③ 《左传·僖公二十三年》。

④ （唐）杜佑：《通典》卷第六十《礼二十·嘉五》，刘俊文等点校，中华书局1982年版，第532页。

子。(汉)何休注:"妇人有七弃、五不娶……丧妇长女不娶,无教戒也;世有恶疾不娶,弃於天也;世有刑人不娶,弃於人也;乱家女不娶,类不正也;逆家女不娶,废人伦也。"可见,"五不娶"作为婚姻禁制,主要是为了维护男子家族利益而对女子作出的单方面的限制,体现了较为浓厚的男权主义思想。

所谓"仇雠不婚",是指仇人之间不能缔结婚姻。《春秋公羊传注疏》曰:"仇雠不交婚姻。"《春秋谷梁注疏》曰:"仇雠之人,非所以接婚姻也""夫鲁忘仇为齐主婚,春秋犹非之,而况自为妻乎。文姜孙齐,春秋削其姜氏,左氏曰'绝不为亲',夫母尚可绝,又何有于其妻乎?"[①]这里说的是鲁庄公置杀父之仇于不顾,娶了杀父仇人齐襄公的女儿姜氏为妻,《春秋》对此事很反感,认为姜氏庙见鲁桓公是不能被接受的。《谷梁传》曰:"入者,内弗受也。日入,恶入者也。何用不受也?以宗庙弗受也。其以宗庙弗受何也?娶仇人子弟以荐舍于前,其义不可受也。"此处的宗庙,是指鲁桓公,所谓"内弗受",就是宗庙不能接受姜氏的祭祀。后世的《唐律·户婚篇》规定的"诸凡义绝者离之"大概源于此原则。

春秋战国时期的社会大变革,动摇了原有的宗法制的基础,"礼崩乐坏",加上世卿世禄制度的废除,姓氏制度的变化,"同姓不婚"不像以前被严格遵守,"同姓通婚"的现象逐渐增多;春秋战国时期的婚姻也变得相对自由、开放一些,除依"父母之命,媒妁之言"成立的婚姻之外,男女自己择偶的现象也不少见。因此,这一时期婚姻禁制的内容也不如以前那样的稳固而严格了。

① 《皇朝经世文续编》卷一百《刑政三·律例下》。

第二章　传统中国的婚姻禁制

为了将后世成熟、完备的婚姻禁制与先秦时期初步形成的婚姻禁制区分开来，本书所指向的传统中国，主要定位在秦汉至清末这段时期的古代中国社会。

第一节　基于血缘宗法关系的婚姻禁制

何谓宗法，目前学术界没有一个统一定义，但是一般认为，宗法是建立在血缘基础之上，以父权和族权为核心，以亲疏远近、尊卑长幼为内容的宗族家族体系。因此，基于血缘宗法关系的婚姻禁制主要包括同姓不婚、中表不婚、尊卑不婚以及其他亲属不婚等内容。

一、同姓不婚、同宗不婚

前面第一章第二节提到过的“同姓不婚”，自殷商至西周的发展轨迹为“殷以上始不隔同姓”“周制则不娶宗族”。实际上，植根于周代宗法制基础上的“同姓不婚”原则，到了春秋战国时期，社会发生的大变革使宗法制基础发生动摇，原来的宗族内部逐渐分崩离析，这样经过几代以后，虽为同姓的男女之间血缘关系疏远，即使通婚也不存在什么危害性。同姓不婚制演变的几个关键时期，正是《通典》中“同姓为婚”条选录的殷、周、汉、晋四代。

战国以降以氏为姓，随着姓氏的变化，同姓不婚不再具有初始的意义，初始意义上的“同姓不婚”原则已经不能适应社会的发展变化，甚至有碍社会的发展，初始意义上的“同姓不婚”原则也逐渐失去了对社会的控制力和约束力。比如，儒家至圣孔子对当时的“鲁昭公娶于吴”也持默许认可的态度，他在《春秋》里写道，“昭夫人孟子卒，昭公娶于吴”。他采取这种故意避写其姓的方法，实际上是认为鲁昭公的做法不必责难。因此，春秋战国时期，同姓通婚的现象已经成为正常现象。汉代也出现了“汉吕后妹嫁吕平。

王莽娶宜春侯王咸女，后称宜春氏”的现象。[①]

两晋时，现实生活中同姓为婚的比比皆是。由于诸多客观情况的变化，人们对同姓不婚的认识出现了分歧。陈顾远先生说，“自汉以后，姓氏不分，且因功臣赐姓、义儿袭姓、避仇改姓、胡从汉姓之关系，同姓非即同祖，同姓不婚已失周之意义”[②]。

据《晋书》记载，晋刘颂，汉广陵王后。临淮陈矫本刘氏子，与颂近亲，出养于姑始改姓陈。刘颂嫁女于陈矫，时人中正刘友讥之。颂曰：“舜后姚虞、陈田本同根系，而世皆为婚，礼律不禁。今与此同义，为婚可也。若同姓得婚，论如虞陈之类，礼所不禁，同姓不殖，非此类也。”友方欲列上，为陈骞所止，故得不劾。颂问明法掾陈默、蔡畿曰：“乡里谁最屈？”二人俱云：“刘友屈。”颂作色呵之，畿曰：“友以私议冒犯明府为非，然乡里公论称屈。”友辟公府掾、尚书郎、黄沙御史。[③]

《通典》详细记录了两晋时上司徒府辩同姓为婚的过程。此次争议起于濮阳太守刘嘏与同姓刘畴婚，司徒下太常诸博士议，非之。嘏以为：“同姓有庶姓，有正姓，有复姓，有单姓。钟云出于钟离之后，胡母与胡公同本。复钟单钟，复胡单胡，今年共婚，不以损一字为疏，增一字为亲；不以共其本为悔，取其同者为吝。宜理在可通，而得明始限之别，故婚姻不疑耳。今并时比族，年齐代等，至于庶姓，礼记书其别于上，始祖正姓明其断于下，以之通议，则人伦无阙。按太常总言博士议述叙姓变为始祖者，始此姓为祖也。此既非礼所谓始祖为正姓之义，即便弃经从意，谓义可通，如今众庶之家，或避国讳遁仇逃罪变音易姓者，便皆可言是始祖正姓，为婚之断，如此礼称‘附远厚别’‘百代不通’之义，复何所施乎？此惑之甚者也。论者又以为开通同姓婚，则令小人致滥。按礼自有限禁，之外，本自礼所不责。不可以不禁、礼所不应责者，而云通礼所应责也。王皆、王沈、魏晋名儒，同周室之后共婚者，二门谱第皆存。昌黎张仲娶范阳张琏妹，咨张公而后婚。今日若考经据事，足以取正。唯大府裁之。”

嘏又与卞壶疏云：“尧妻舜女，其代不远。又春秋云‘毕原酆郇，文之昭；

① （唐）杜佑：《通典》卷第六十《礼二十·嘉五》，刘俊文等点校，中华书局1982年版，第532页。

② 陈顾远：《中国婚姻史》，上海书店1984年版，第132页。

③ （唐）房玄龄等：《晋书》卷四十六，中华书局1974年版，第1308～1309页。

邪晋应韩，武之穆’。代俗之所惑，上惑尧舜之代，下惑应韩之昭穆，欲追过尧舜邪，则经历圣人。论者或谓巍巍荡荡之德，可以掩尧舜之疵；或谓代近姓异，可以通应韩之婚：岂其然哉！若代近姓异，可以通应韩之婚，则周公立百代之限，礼记云‘娶于异姓，附远而厚别’，此二义复何所施？如其不然，则明始限之外，尧舜可以婚；理终之后，应韩可以通。尧舜之婚，以正姓分绝于上；应韩之通，庶姓异终于下也。绝则无系，终则更始，断可识矣。”

壶以嘏书示朝贤光禄大夫荀崧。答下云：“如嘏所执，苟在限内，虽远不可；苟在限外，不远可通也。吾无以异之。王伯舆，郑玄高隽弟子也，为子稚宾娶王处道女，当得礼意，于时清谈，尽无讥议。今难者虽苦，竟不能折其理。春秋不伐有辞，谓嘏不应见责。”

庾蔚之谓：“嘏据王者必有始祖，始祖为正姓，共始祖之后，则百代不得通婚。故鲁娶于吴，为失礼。嘏云‘尧舜之婚，以正姓分绝于上’者，当谓各立始祖则可通婚也。又云应‘韩之通，以庶姓理终于下’者，当谓帝王递代，始祖既谢，属籍亦废，则为理终于下，亦可通婚也。嘏虽明始限之外与理终之后，皆可得通婚，而未有亲疏之断。昭穆祚胤，无代不有，若周代既迁，属籍已息，应韩之婚，以其昭穆久远。今所疑虽在始限之外理终之后而亲未远者，当以何断？按礼云‘六代亲属竭矣’。故当宜以此为断邪？若周室已迁，无复后稷之始祖，则当以别子及始封为判。今宗谱之始，亦可以为始祖也。古人数易姓，姓异不足明非亲，故婚姻必原其姓之所出。末代不复易姓，异姓则胡越，不假复寻其由出，同姓必宜本其由。是以各从首易，不为同姓之婚。且同姓之婚，易致小人情巧，又益法令滋章。嘏在边地，无他婚处，居今行古，致斯云耳。”①

何谓“正姓”，何谓“庶姓”？汉代郑玄注“始祖为正姓，高祖为庶姓”。周制，始祖之姓曰正姓，百世不改。正姓之外，别有所以表示支派者，曰庶姓，庶姓即氏也。随着社会的变化，姓氏不断发生变化，“同姓不婚”原则的具体含义及适用范围都发生了变化。

据《魏书·孝文纪》载，北魏原无同姓为婚之禁，北魏孝文帝改革时的一项重要内容就是恢复同姓不婚，禁止同姓通婚：

> 太和七年十二月诏曰：“淳风行于上古，礼化用平近叶。是以夏殷

---

① （唐）杜佑：《通典》卷第六十《礼二十·嘉五》，刘俊文等点校，中华书局1982年版，第532～533页。

不嫌一族之婚，周世始绝同姓之娶。斯皆教随时设，治因事改者也。皇运初基，中原未混，抶乱经纶，日不暇给，古风遗朴，未遑厘改，后遂因循，迄兹莫变。朕属百年之期，当后仁之政，思易质旧，式昭惟新。自今悉禁绝之，有犯以不道论。"

陈顾远先生对此做过总结："顾孝文帝以古风遗朴，欲复旧观，遂禁绝之，犯者以不道论；殊未知时已非古，兴之无益也。"[①]

到了隋唐时期，姓氏发生了很大变化，据唐代笔记体小说《朝野佥载》所载：隋代开皇年间，京兆韦衮有一家奴曰桃符，每征讨将行，有胆力。衮至左卫中郎，因桃符久从驱使，乃放其从良。桃符家有黄㹀，宰而献之，并向韦衮乞姓。韦衮曰："止从我姓为韦氏。"符叩头曰："不敢与郎君同姓。"韦衮曰："汝但从之，此有深意。"符至今为"黄犊子韦"，即韦庶人其后也。不许异姓者，盖虑年代深远，子孙或与韦氏通婚，此其意也。[②] 韦衮赐桃符姓氏为韦，并虑及后代通婚之事，可谓目光长远。

随着姓氏的变化，同姓的含义发生变化，最初以姓为依据来限制血亲婚配的"同姓不婚"的内容也需要随之而变化。所以唐代对"同姓不婚"作出了具体的解释和限定，增强了"同姓不婚"原则的适用性。

唐代将"同姓不婚"原则写入法典，使之进一步规范化、具体化。《唐律·户婚》规定："诸同姓为婚者，各徒两年。缌麻以上，以奸论。"《唐律疏议》云："同宗同姓，皆不得为婚，违者各徒二年……若同姓缌麻以上为婚者，各依《杂律》奸条科罪。问曰：同姓为婚，各徒二年。未知同姓为妾，合得何罪？答曰：'买妾不知其姓，则卜之。'取决蓍龟，本防同姓。同姓之人，即尝同祖，为妻为妾，乱法不殊。户令云：'娶妾仍立婚契。'即验妻、妾，俱名为婚。依准礼、令，得罪无别。"根据这一条解释可知，唐代把"同姓"的范围限于"同宗同姓"，即"尝同祖者"。金眉老师认为，唐代的这一变化，具有重要意义，"代之以同宗共姓不婚，从而在中国婚姻法律制度发展史上，实现了限制血亲婚配的第二次飞跃"[③]。据《旧唐书·李宝臣传》载："李宝臣，范阳城旁奚族也。故范阳将张锁高之假子，故姓张，名忠志。……赐姓名曰李宝

---

① 陈顾远：《中国婚姻史》，上海书店 1984 年版，第 132 页。

② （唐）张鷟：《朝野佥载》卷三，中华书局 1979 年版，第 59 页。

③ 金眉：《从同姓不婚到同宗共姓不婚的历史考察》，载《南京大学学报》1998 年第 3 期。

臣。……与薛高、田承嗣、李正已、梁崇义等连接姻娅。”可见，唐代对于同姓不同宗的婚姻采取放任自由的态度。

宋代继续沿用唐律的规定，坚持“同姓不婚”原则。《宋刑统》卷十四《户婚律·同姓及外姻有服共为婚姻》中规定：“诸同姓为婚者，各徒二年，缌麻以上，以奸论。”

宋代的“同姓不婚”，就是指渊源于同一男性祖先的亲属不能结婚，属于“同宗共姓”的范畴，至于姓氏相同而不源于共同祖先的情况，不在禁止结婚之列。对于这一问题，《宋刑统》在“同姓不婚”条中专门作出了解释：

> 然古者受姓命氏，因彰德功，邑居官爵，事非一绪。其有祖宗迁易，年代寖远，疏源析木，罕能推详。至如鲁卫，文王之昭。凡蒋、周公之裔，初虽同族，后各分封，并传国姓，以为宗本。若与姬姓为姓者，不在禁例。其有声同字别，音响不殊，男女辨姓，岂宜仇匹，若阳与杨之类。又如近代以来，特蒙赐姓，谱牒仍在，昭穆可知，今姓之与本枝，并不合共为婚媾。其有复姓之类，一字或同，受氏即殊，元非禁限。

北宋政权当时在政治上、军事上相对羸弱，与之并立的少数民族政权有契丹族建立的辽、女真族建立的金以及后来由党项族建立的西夏政权。从《辽史》《金史》相关记载来看，少数民族政权也推行“同姓不婚”。《辽史》载，“懿祖庄敬皇后萧氏，小字牙里辛。肃祖尝过其家曰：‘同姓可结交，异姓可结婚。’知为萧氏，为懿祖聘焉。生男女七人。乾统三年，追尊庄敬皇后。”[①]《金史》载，“五月丁巳，诏自收宁江州已后同姓为婚者，杖而离之”[②]。又载：“四月乙酉，克陕府，取虢州。丙戌，以六部路都统挞懒为元帅左监军，南京路都统阇母为元帅左都监。宗翰、宗望以宋二帝归。己丑，诏曰：‘合苏馆诸部与新附人民，其在降附之后同姓为婚者，离之。’”[③]

同姓不婚也是元代婚姻法令的重要内容，至元八年（公元 1271 年）二月，元政府规定，“同姓不得为婚，截自至元八年正月二十五日为始，已前者，准已婚为定，已后者，依法断罪，听离之”[④]。这一法令被称为“羊儿年圣旨

① 曾枣庄：《二十四史全译·辽史》卷七十一，汉语大词典出版社 2004 年版，第 648 页。

② （元）脱脱等：《金史》卷二，中华书局 1975 年版，第 30 页。

③ （元）脱脱等：《金史》卷二，中华书局 1975 年版，第 57 页。

④ 《元典章》卷十八《户部四·婚礼·嫁娶聘财体例》，陈高华等点校，中华书局、天津古籍出版社 2011 年版，第 614 页。

体例”，它说明元政府对于同姓为婚的要判离异，但没有规定同姓为婚应判何罪。到至元二十五年（公元 1288 年），这一条例仍被尚书省礼部所援引，“在先做了夫妻的每根底，休教听离；从今后同姓为妻夫的每根底，教禁约者”[①]。这一内容实际上就是“羊儿年圣旨体例”的翻版，并没有提出新的法律条文。[②]

元代收养成风，养子女一般要改成养父姓氏，这就给判官判断“同姓为婚”案件带来了一些困难。我们来看一个元代的一个“同姓为婚”的案例：至元二十八年（公元 1291 年），福建道漳州路龙溪县蔡广仔因父母双亡，无力养赡其妹蔡广娘，将伊过房与在城曹机察为女，改名曹福奴。元贞元年（公元 1294 年），曹机察主婚，聘与蔡福为妻。若以同姓为婚，却缘本妇终是过房于曹家养育成人，养父曹机察主婚，明立婚书，作曹福奴嫁与蔡福为妻，已有所出二男二女。若依龙溪县所拟断，令与夫完聚事干通例，伏虑差池，请定夺回示。准此送礼部议得：蔡福始初凭媒写立婚书止是求娶曹机察女广娘为妻，经今一十三年，因邻人陈良告发，其广娘自供身本姓蔡，乃曹氏乞养之女，中间情节瞒昧可款，况本妇已有所出男女四人，比之明知同姓为婚者不同，合准已婚为定相应。[③] 在这个案件中，判官没有将同姓为婚叛离，而是考虑蔡福本不知情等具体情况，认可既成事实的婚姻。这说明元代执行“同姓不婚”原则比较灵活，不如唐宋时期那么严苛。

明代禁同姓为婚，同姓为婚者不得封赠。庚子山东都指挥使王德请封其妻王氏，上曰：“同姓为婚，昔既非礼，今岂得受封耶？”兵部其移文谕之。[④]

据清代《钦定大清会典事例》载，“凡同姓为婚者，主婚与男女，各杖六十，离异。妇女归宗，财礼入官”[⑤]。但是，清代已经将同宗与同姓加以区分，禁止同宗同姓者通婚，对于同姓不同宗者，不受此限。郑樵《氏族略》曰：“氏同姓不同者，婚姻可通，姓同氏不同者，婚姻不可通。奈何司马子长、刘知几谓周公为姬旦、文王为姬伯乎？三代之时，无此语也。”《潜邱札记》曰：“郑樵有言：氏不同而姓同不可为婚姻，若仅氏同，如孔子之孔出于子，孔文

---

① 《元典章》卷十八《户部四・嫁娶・同姓不得为婚》，陈高华等点校，中华书局、天津古籍出版社 2011 年版，第 627 页。

② 王晓清：《元代社会婚姻形态》，武汉出版社 2005 年版，第 244 页。

③ 《元典章》新集《婚姻・年幼过房难比同姓为婚》。

④ 《太祖高皇帝实录》卷之一百五十五。

⑤ 《钦定大清会典事例》卷七百五十六《刑部》。

子之孔出于姞，郑有二孔氏出于姬，此三孔固可相为婚。何者？姓不同，故说是矣。余谓：亦有姓同如黄帝之子十二姓，有已姓，传至春秋为莒子、为郯子。祝融之后八姓，亦有已姓，传至商末为有苏氏，周初为苏忿生。此二已何妨为婚姻！何者？以各有其所得之姓不同德故。此亦从来论氏族者所未及也。”[①]清代龚炜《巢林笔谈》：“朱韫斯误娶同姓，欲去其妇，名流多劝止之；欲取证于古之娶同姓而无伤者，一时莫之应。吴志伊独曰：‘王沈与王基联姻，刘畴与刘嘏为婚，缘非同源也。’”[②]

二、尊卑不婚

为了维护尊卑名分，辈分不同的外亲、姻亲之间不得通婚，这是中国古代很早就有的一条婚姻禁制。“不仅仅是同姓不婚，而且即使是异姓，如果是与自己有尊卑关系的人或应该相当于这种尊卑关系者，则禁止与之结婚。”[③]

（一）汉代

先秦时期，制度上不禁止尊卑为婚，事实上尊卑为婚也多有发生。比如，春秋战国时期的姑姊出嫁侄娣为媵，就是以侄女嫁姑夫。再如，晋文公娶外甥女怀嬴等，前文已经提及，此处不再一一赘述。

到了汉代，因尚重亲，尊卑相嫁娶者，仍是不胜枚举。比如，《汉书·外戚传》所载，汉惠帝即位后，吕后“以鲁元公主女配为皇后”，鲁元公主为惠帝之姊，其女与惠帝为甥舅关系。宣帝娶霍后，是以叔祖母之姨为妇。“成帝时，中山孝王无子，上以卫氏吉祥，以子豪女配孝王。”[④]中山孝王卫姬是汉平帝之母，是其父卫子豪的次女。卫子豪的妹妹是汉宣帝的婕妤，卫子豪的长女是汉元帝的婕妤，元帝生成帝及中山孝王刘兴。中山孝王娶卫姬就是姨侄娶姨母的婚姻关系。

又如，《汉书·高五王传》载，“吕后以兄子吕产的女儿为赵王妃”[⑤]。刘邦之子赵王刘恢与吕后兄子吕产是表兄弟，他娶吕产之女就是表叔娶表侄

---

① （清）惠栋：《九曜斋笔记》卷二《姓同源异为婚》。

② （清）龚炜：《巢林笔谈》卷二，钱炳寰点校，中华书局1981年版，第54页。

③ ［日］仁井田陞：《中国法制史》，牟发松译，上海古籍出版社2011年版，第194页。

④ （汉）班固：《汉书》卷九十七，中华书局1964年版，第4007页。

⑤ （汉）班固：《汉书》卷三十八，中华书局1964年版，第1990页。

女的婚姻关系。再如，刘泽娶吕媭之女，是以兄弟之姨侄女为妇。[①] 后汉桓帝娶寇荣之从孙女，是以妹婿之女为妇。[②]

上述这种近亲尊卑为婚的现象主要存在于上层社会，为了禁止违背伦理的“乱伦”行为，汉代婚姻法规明确限制某些亲族之间的尊卑通婚。

1.子与后母禁止通婚。《公羊传·桓公六年》何休注引汉律：“立子奸母，见乃得杀之。”《汉书》记载了几个实例，如汉宣帝时，乘丘侯刘外人“坐为子时与后母乱，免”[③]。又如，汉元帝时，美阳令王尊处理了“美阳女子告假子不孝”案，美阳女子诉：“儿常以我为妻，妒笞我。”王尊将此男子定为死罪，并将其悬挂在树上，“使骑吏五人射杀之”。[④] 可见，汉律对此种婚姻关系禁止之力度。

另据《九朝律考》载，嗣成陵侯德，鸿嘉三年坐弟与后母乱，共杀兄，德知不兴，不道下狱。[⑤] 子定国，与父康王姬奸，生子男一八，夺弟妻为姬，与子女三人奸。事下，公卿皆议曰，定国禽兽行，乱人伦，逆天道，当诛。上许之，定国自杀。[⑥]

2.婶母与侄子禁止通婚。前文所见，先秦时期称之为“报”，汉律继承此种说法。《左传·宣公三年》杜预注引汉律说“淫季父之妻曰报”，凡是犯“报”者，往往处以极刑。东汉人仲长统曾经将“鸟兽之行”与“杀人、逆乱”等按律处以极刑的行为并称[⑦]，而据李贤所注，“鸟兽之行谓烝报也”。可见，汉律对此种婚姻关系处罚之重。

(二)魏晋南北朝

魏晋南北朝时期，也有尊卑为婚的现象，如孙权娶徐琨之女，是以表叔娶表侄女[⑧]。据陈鹏先生考察，“自晋以降，因世婚而不论行辈者尤多。不遑赘举”[⑨]。不过，这个时期仍有“尊卑不婚”的禁令，据《晋书·刑法志》载：

---

① (汉)班固：《汉书》卷三十五，中华书局1964年版，第1901页。

② (南朝宋)范晔：《后汉书》卷十六，中华书局1965年版，第627页。

③ (汉)班固：《汉书》卷十七，中华书局1964年版，第670页。

④ (汉)班固：《汉书》卷七十六，中华书局1964年版，第3227页。

⑤ 程树德：《九朝律考》，中华书局1963年版，第94页。

⑥ 程树德：《九朝律考》，中华书局1963年版，第96页。

⑦ (南朝宋)范晔：《后汉书》卷十六，中华书局1965年版，第1652页。

⑧ (晋)陈寿撰：《三国志》卷五十《权徐夫人传》，(宋)裴松之注，中华书局1959年版，第1197页。

⑨ 陈鹏：《中国婚姻史稿》，中华书局1990年版，第414页。

“晋律云：‘奸伯叔母，弃市。’”卑辈不能与尊辈发生两性关系，更不用说通婚。

（三）唐代

自初唐以后，开始明文禁止尊卑为婚。唐高宗永徽元年（公元 650 年），御史大夫李干佑奏言、左卫大将军纪王慎等议，请禁尊卑为婚，被皇上所采纳。从此，无论是有服亲还是无服亲，只要存在辈行差异，就禁止通婚。《通典》的“外属无服尊卑不通婚议”条：

> 大唐永徽元年，御史大夫李干佑奏言：“郑州人郑宣道先聘少府监主簿李玄乂妹为妇，即宣道堂姨。玄乂先虽执迷，许其姻媾，后以情礼不合，请与罢婚。宣道经省陈诉，省以法无此禁，判许成亲。何则？同堂姨甥，虽则无服，既称从母，何得为婚？又母与堂姨，本是大功之服，大功以上，礼实同财，况九月为服，亲亦至矣。子而不子，辱以为妻，名教所悲，人伦是弃。且堂姑堂姨，内外之族，虽别而父党母党，骨肉之恩是同，爱敬本自天性。禽兽亦犹知母，岂可令母之堂妹降以为妻？从母之名，将何所寄。古人正名远别，后代违道任情，恐寖以成俗。然外属无服而尊卑不可为婚者，非止一条，请付群官详议，永为后法。”左卫大将军纪王慎等议：“父之姨及堂姨母，父母之姑舅姊妹，堂外甥，并外姻无服，请不为婚。”诏可。[①]

明代何孟春所撰《余冬序录·卷一内篇》对此事也有记载。

左卫大将军纪王慎等议请禁者，主要是外姻尊卑之无服者，而《唐律·户婚律》则尽禁尊卑为婚，不论有服还是无服。《唐律·户婚律》“同姓为婚”条：若外姻有服属，而尊卑为婚姻……以奸论。疏议曰：“外姻有服属者，谓外祖父母、舅姨、妻之父母，此等若作婚姻者，是名尊卑共为婚姻。”其父母之姑舅两姨姊妹及姨，若堂姨，母之姑，堂姑，己之堂姨及再从姨，堂外甥女，女婿姊妹，并不得为婚，违者各杖一百，并离之。疏议曰：“父母姑舅两姨姊妹于身无服，乃是父母缌麻，据身是尊，故不合娶。及姨又是父母小功尊，若堂姨，虽于父母无服，亦是尊属，母之姑，堂姑，并是母之小功以上尊，己之堂姨及再从姨，堂外甥女，亦谓堂姊妹所生者，女婿姊妹，于身虽无服，据理不可为婚，并为尊卑混乱，人伦失序，违此为婚者，各杖一百……虽会赦，各离

---

① （唐）杜佑：《通典》卷第六十《礼二十·嘉五》，刘俊文等点校，中华书局 1982 年版，第 533 页。

之。”可见，唐律对有服尊卑为婚，以奸论；无服尊卑为婚，则杖而离之。

但是，有唐一代，上自帝室，下至民间，违此禁条者屡见不鲜。据《资治通鉴·唐纪四十八》载“部国大长公主，适驸马都尉萧升”，以及后来唐宪宗娶升平公主之女郭氏，都属于表侄娶表姑的婚姻状况。至于民间，白居易之父季庚四十一岁时娶其妹之女十五岁的陈氏为妻，而陈氏的母亲白氏系白居易祖父的女儿。

（四）宋代

宋代沿袭《唐律疏议》之规定，仁宗庆历二年（1044 年）诏大宗正司：“自今皇亲婚姻，具依律令外，若父母亲姊妹及父亲姑为妯娌，或相与为妇姑行，而尊卑差互者，不得为婚姻；其服纪疏远而房分不同祖者，并许通嫁娶，仍不系夫之少长，各叙本族之尊卑。”这一诏令主要针对皇族成员。徽宗时期则更进一步规定堂外甥女亦不许为婚，《宋会要辑稿》第一百六十五卷《刑法二》“刑法禁约”条：“徽宗宣和二年（公元 1120 年 8 月 19 日），河东路都转运司奏：‘伏睹律节文，诸堂外甥女不得为婚姻，违者杖一百，离之。刑统疏义：外甥女亦系堂姊妹所生者，于身虽无服，据理不可为婚。契勘上件，律文止为堂外甥女不得为婚，即未审再从姊妹所生女，合与不合成婚？有此疑惑，乞申明降下刑部参详。律称己之堂姨及再从姨、堂外甥女并不得为婚者，盖为母之同列及己身卑幼，使尊卑混乱、人伦失序，故不得为婚姻。虽刑统议止称堂外甥女，谓堂姊妹所生，缘律内称男不得娶己之再从姨，其再从舅者婚再从姊妹所（生）女，即与男娶再从姨，尊卑事体无异，于理亦合禁止。’从之。”

但是，有宋一代，“尊卑为婚”同样是有禁不止，京师许多富家大族通婚仍不论辈行、尊卑，因此仁宗庆历二年（公元 1024 年）再次下诏，“大宗正司，自今皇亲婚姻，具依律令外，若父母亲姊妹及父亲姑为妯娌，或相与为妇姑行，而尊卑差互者，不得为婚姻。其服纪疏远，而房分不同祖者，并许通嫁娶，仍不系夫之长少，各叙本族之尊卑”①。

（五）元代

元代未明文禁止“尊卑为婚”，但在司法实践中有“判其离异，在官者除名不叙”的做法。《元典章》十八户部四“外甥转娶舅母为妻条”载，江宁巡检董贞娶阿程为妻被人告发，江宁县人高三因妻子阿程无子，将阿程休弃，董

① （宋）李焘：《续资治通鉴长编》卷一三七，中华书局 1985 年版，第 3287 页。

贞是高三之外甥，审理“董贞娶阿程”案时，判官认为“别无外甥求娶之理”，故董贞与阿程“理合改正离异”，由于董贞“败污风俗事理”则又“合准监察御史所拟，除名不叙”。

（六）明清时期

明清两代禁尊卑为婚，基本与唐律相同。“凡外姻有服或尊属或卑幼，共为婚姻。……各以亲属相奸论。其父母之姑舅两姨姊妹及姨。若堂姨、母之姑、堂姑、己之堂姨。及再从姨、己之堂外甥女，若女婿之姊妹，及子孙妇之姊妹，虽无服，并不得为婚姻。违者，男女各杖一百。若娶己之姑舅两姨姊妹者，虽无尊卑之分，尚有缌麻之服，杖八十并离异。妇女归宗，财礼入官。男女亲属尊卑相犯重情，或干有律应离异之人，俱照亲属已定名分，各从本律科断。不得妄生异议。致罪有出入，其闲情犯。稍有可疑，揆于法制。似为太重，或于名分不甚有碍者，听各该原问衙门临时斟酌议奏。”[①]

不过，皇室贵族仍有公然不遵守此禁条者。皇太极有一幼女，福临之妹也。福临循入五台山时，尚未及嫁。及玄烨袭位，尝留之宫中，不为遣嫁。臣下有请之者，玄烨曰：“曷言乎嫁，朕已纳为妃媵矣。”其臣曰：“宫闱之内，王化所基，故伦常不可紊。今公主于皇上为父辈行，皇上不能取同姓之姑为妃。”玄烨曰：“不然。夫同姓不婚，谓母与姊妹及己所生之子女也。若诸姑者，既非我母，又非我女，抑更非我同生之姊妹，虽纳之，庸何伤。”其臣力谏，终不听。[②]

三、中表不婚

中国古代把父亲的姐妹（姑母）的子女称为外兄弟姊妹，外即表；把母亲的兄弟姊妹的子女称为内兄弟姊妹，内即中。中表兄弟姊妹之间缔结的婚姻就称为“中表婚”。因此，中表婚包括源于同一祖父母的姑表兄弟姐妹之间的婚姻、源于同一外祖父母的姨表以及舅表兄弟姐妹之间的婚姻。中表兄弟姊妹之间的血缘关系远近，按照罗马法的亲等计算法，是四亲等旁系血亲；按新中国婚姻法确认的世代计算法，是三代以内的旁系血亲。中表婚是近亲关系的结合，属于近亲婚配范畴。

按照吕思勉先生的说法，中国古代中表婚广泛盛行，他说：“如真谓亲族

① 《钦定大清会典事例》卷七百五十六《刑部》。

② （清）天嘏：《满清外史》第二篇《顺治康熙两朝》。

相昏有害，则凡亲族相昏当禁。然各民族，罕有兼严于父族母族者，如中国，舅之子、姑之子、从母之子相昏即极盛，且行之甚久矣，然绝未见之有害也。”[①]从大量历史文献记载中也可以看出，周代实行“同姓不婚”，但近亲婚，尤其是中表婚并没有被禁止，反而一度盛行。《礼记·坊记》载：“婿亲迎，见于舅姑。”参考《尔雅·释亲》解释：“妇称夫之父为舅，称夫之母为姑。”《国语·鲁语下》：“夫妇，学于舅姑者也。”李玄伯先生在谈及同姓不婚的来源——外婚制时，向人们展示了外婚的基本内容就是通常所说的“中表婚”，“严格的外婚是某某两部或两团历世互为婚姻，亦即是说，舅之子仍须娶姑之女，姑之子仍须娶舅之女。由称岳父及夫之父曰舅，称岳母及妇之母曰姑，足证这类婚姻确曾实行过”[②]。

汉代有表兄妹通婚的现象，一般包括姑表兄妹和姨表兄妹两种情形。《汉书·外戚传》载，汉武帝的陈皇后是其姑长公主刘嫖之女。《后汉书·李膺列传》载，东汉人钟瑾之母是李膺的姑姑，后来钟瑾娶李膺之妹为妻。南朝刘宋孝武帝的文穆皇后系其姑吴兴长公主之女，梁文帝之室张氏系其从姑之女。《资治通鉴》卷二十七载，(蜀后主)韦妃者，徐耕之孙也，有殊色。蜀主适徐氏，见而悦之，太后因纳于后宫。蜀主不欲娶于母族，托云，韦昭度之孙，初为婕妤，累加元妃。

三国时期的袁准首先意识到中表关系是相近的旁系血亲关系，并提出“内表不可婚”的观点。魏袁准《正论》曰：“或曰：‘同姓不相娶，何也？’”曰：“远别也。”曰：“今之人外内相婚，礼欤？”曰：“中外之亲，近于同姓，同姓且犹不可，而况中外之亲乎！古人以为无疑，故不制也。今以古之不言，因谓之可婚，此不知礼者也。”或云：“国语云：‘同德则同姓，同姓虽远，男女不相及；异德则异姓，异姓虽近，男女相及也。’斯言何故也？”曰：“此司空季子明有为而言也。文公将求秦以反国，不敢逆秦故也。季子曰：‘子于子圉，道路之人也。’咎犯曰：‘将夺之国，而况妻乎！’赵衰曰：‘有求于人，必先从之。’此不既了乎！”[③]杜佑不仅把袁准的“内表不可婚议”专录为条目，而且在凶礼十七“为内外妹为兄弟妻服议”条中再次肯定袁准言论，并进一步指出“姨舅之

① 吕思勉：《先秦史》，中国友谊出版公司2009年版，第206页。

② 李玄伯：《中国古代社会新研》，开明书店1949年版，第143页。

③ (唐)杜佑：《通典》卷第六十《礼二十·嘉五》，刘俊文等点校，中华书局1982年版，第533页。

女，于母可谓至亲矣，以之通婚，甚黩情理”。[①]

此后，两晋南北朝时期，多次通过颁布禁令来禁止中表婚。比如，北魏孝庄皇帝元子攸就发布过这类禁令，“九年春正月，降罪人。禁中外及从母兄弟姊妹为婚”[②]。另据《周书》记载，周武帝建德六年（公元577年）六月丁卯发布禁令：“同姓百世，婚姻不通，盖惟重别，周道然也。而娶妻纳妾，有纳母氏之族，虽曰异宗，犹为混杂。自今以后，悉不得娶母同姓，以为妻妾。其已定未成者，即令改聘。”[③]另，《册府元龟卷一百五十九·帝王部·革弊》对此也有记载。不过，据《世说新语》所记，李慈铭云：“案‘中来’当是‘中表’之误。魏、晋以来，重婚姻门望。上‘谢胡儿欲作王堪传咨谢公’一条，谢公便历举其中外姻亲，即此可证。嘉锡案：隋志有齐永元中表簿五卷。可见六朝人之重中表。”[④]

隋唐时期不禁中表婚，《唐律疏议·户婚律》中“同姓为婚”条：“外姻虽有服，非尊卑者，为婚不禁。”陈鹏先生认为这就是说“中表可以通婚”“盖专指中表兄弟姊妹而言，质言之，即中表可以为婚，故唐人中表为婚之俗尤盛，且往往传为佳话”[⑤]。隋唐时期不仅没有关于禁止中表婚的立法记载，而且还出现了历史上有名的“朱陈村”。据白居易的《朱陈村》一诗，朱陈村世代都是近亲结婚，包括中表婚在内。中表婚既存在于社会上层，也出现在民间社会。社会上层，如唐长乐公主为长孙皇后之女，后来下嫁其母之侄长孙冲。《太平广记》里记载了几例民间社会表兄妹通婚的事例，《太平广记》卷二八〇记载了陈氏、崔氏缔结中表婚的事例。更让人惊奇的是，《太平广记》卷一〇三记载的王氏与其表兄褚敬之婚事，“唐陈惠妻王氏初未嫁，表兄褚敬欲婚王氏，父母不许。敬诅曰：‘若不嫁我，我作鬼，必相致。’后归于惠。惠为陵州仁寿尉，敬阴恚之。卒后，王梦敬，旋觉有娠，经十七月不产。王氏忧惧，乃发心持《金刚经》，昼夜不歇。敬永绝交，鬼胎亦销，从此日持七遍。”[⑥]由此可见当时中表婚之盛行。

---

① （唐）杜佑：《通典》卷第九十五《礼五十五·凶十七》，刘俊文等点校，中华书局1982年版，第787页。

② （唐）李延寿：《北史》卷五，中华书局1974年版，第178页。

③ （唐）令狐德棻等：《周书》卷六《五帝本纪》（下），中华书局1971年版，第103页。

④ 余嘉锡：《世说新语笺疏》中卷下，中华书局1983年版，第495页。

⑤ 陈鹏：《中国婚姻史稿》，中华书局1990年版，第407页。

⑥ （宋）李昉等：《太平广记》卷一〇三，华飞等校点，团结出版社1994年版，第440页。

赵宋王朝经历了五代十国的战乱之后重新建立起统一政权。宋代虽然没有内忧，但却时常发生外患。为了达到"移孝于君"的目的，宋代希冀通过维护家庭秩序以建立国家的有序统治。因此，许多新兴权贵企图壮大家族力量，而中表婚的"亲上加亲"功能正好能够满足这一需求。宋代立法继承了前代承认中表婚的传统，在《宋刑统》卷第十四《户婚律·同姓及外姻有服共为婚姻》中规定了中表兄弟姐妹之间不属于外姻尊卑亲，不在禁止结婚的范畴之内："……其父母之姑、舅、两姨姊妹及姨，若堂姨，母之姑、堂姑，已之堂姨及再从姨，堂外甥女，女婿姊妹，并不得为婚姻，违者各杖一百。并离之。"并且明确解释道："其外姻虽有服，非尊卑者，为婚不禁。"

在宋代，中表婚受到立法的肯定。北宋文学大家苏洵把女儿嫁给其妻兄程濬之子程之才；宋吕荣公夫人乃张昷之女，而张昷的夫人就是吕荣公的姨妈。中表婚甚为流行，即使是对中表婚心怀不满也不得不向它妥协。苏洵把女儿嫁给内侄时就曾赠女儿诗一首，"汝母之兄你伯舅，求以厥子来结姻。乡人嫁娶重母党，虽我不许将安云"。这首诗表现出苏洵不满女儿嫁内侄，但迫于乡俗的无奈心情。又如，本来反对中表婚的朱熹看到中表婚是"从古已然"，难怪欧阳公认为"公私皆通行"，不便反对，最后得出"只怕无不是"的结论。[①] 后来，朱熹还依据习俗将自己的孙女嫁给了他的女婿黄干的长子。南宋爱国诗人陆游与其表妹唐婉曾经是恩爱夫妻，只是因其母亲"棒打鸳鸯"才有了"钗头凤"这一千古绝唱。

宋代一些士大夫曾公开反对中表婚，如前文提及的朱熹等。更为重要的是，中表婚的效力会被一些执法官吏在审判案件时以判决方式予以否定，不过，这些违反立法规定的思想和判决，受到了另一些士大夫的严厉批评，如洪迈就曾经从立法和伦理的角度，详细分析了判决中表婚主体离婚的违法性："姑舅兄弟为婚，在礼法不禁，而世俗不晓。按《刑统·户婚律》云：'父母之姑舅、两姨，姊妹及姨若堂姨、母之姑、堂姑，已之堂姨及再从姨、堂外甥女、女婿姊妹，并不得为婚姻。'议曰：'父母姑舅、两姨姊妹，于身无服，乃是父母缌麻，据身是尊，故不合娶。及姨又是父母大功尊，若堂姨虽于父母无服，亦是尊属，母之姑、堂姑，并是母之小功以上尊；已之堂姨及再从堂姨、堂外甥女亦谓堂姊妹所生者、女婿姊妹，于身虽并无服，据理不可为婚。并为

---

① (宋)黎靖德编：《朱子语类》卷第八十九《礼六·冠婚丧》，王星贤点校，中华书局1986年版，第2275页。

尊卑混乱，人伦失序之故。'然则中表兄弟姊妹正是一等，其于婚娶，了无所妨。予记政和八年知汉阳军王大夫申明此项，敕局看详，以为如表叔取表侄女，从甥女嫁从舅之类，甚为明白。徽州《法司编类续降》有全文，今州县官书判，至有将姑舅兄弟成婚而断离之者，皆失于不能细读律令也。惟西魏文帝时，禁中外及从父母兄弟姊妹为婚，周武帝又诏不得娶母同姓以为妻妾，宣帝诏母族绝服外者听婚，皆偏闰之制，漫附于此。"[①]

元代杂剧家王实甫的《西厢记》中说，"卖弄你仁者能仁，倚仗你身里出身，至如你官上加官，也不合亲上做亲"。元代小说《娇红记》写的是申生与娇娘相恋，但最终因是中表关系未能成婚。陈鹏先生据此推断，"中表为婚之禁，金元两代，盖已著为法令"[②]。

明、清时代曾明文禁止中表婚，法律规定"若娶已之姑舅两姨姊妹者，杖八十"，有"祝侯判亲属为婚"一案为证：

> 状首为远法结婚事：舅姑姊妹，律禁成婚。今弟陈仲成泼妻孙氏，牝鸡司晨，欺夫横恣。酷信伊兄孙汝玉巧言相，不论舅姑干碍，不用媒妁婚书，将次女嫁兄为媳。分紊人伦，礼乖律法。身恐坐罪，为此上首。
>
> 陈仲成之次女，与孙汝玉之长男，盖舅姑兄妹也，律禁为婚，彰彰可睹。今乃不凭媒议，私结姻盟，是仲成不合以女许嫁，而偏听牝鸡之鸣。汝玉不合令男从亲，而私结文鸾之好。若效桓温之镜台。实坏萧何之法律。合断离异，以正典刑。[③]

但到后来，这一禁令引起了很大争议，"翰林待诏朱善言：'臣见民间婚姻之讼，非姑舅之子若女，则两姨之子若女，盖以于法不得为婚，故为仇家所许。或以聘而见绝，或既婚而复离，或成婚有年儿女成行逼而夺之，使夫妇分离，子母永隔。按律，尊属卑幼相与为婚者有禁，若谓父母之姊妹与已之身，是谓姑舅两姨之子，彼为姑舅两姨之女，本无尊卑之嫌，古人未尝以为非也。欲以臣奏下群臣弛其禁，上然其言。'今《大明律》中乃载若娶已之姑舅两妻姊妹者杖八十，并离异，不知朱善之言与颁律之时孰为前后也"[④]。明代何孟春的《余冬序录》也质疑了这一禁令：

① 洪迈：《容斋续笔》卷第八《姑舅为婚》，中华书局 2005 年版，第 321 页。

② 陈鹏：《中国婚姻史稿》，中华书局 1990 年版，第 410 页。

③ 《皇明诸司廉明奇判公案》下卷《婚姻类》。

④ （明）皇甫录：《皇明纪略》。

洪武十八年，翰林待诏朱善言："有国者重世臣，有家者重世婚。今民间婚姻之讼甚多。非姑舅之子若女，即两姨之子若女，盖以于法不当为婚，故为仇家所讼。或已娉而见绝；或既婚而复离；或成婚有年，儿女成行，有司逼而夺之，使夫妇分离，子母永隔，冤愤抑郁，无所控诉，悲号道路，感动人心。议律不精，祸乃至此。按旧律，尊长卑幼相与为婚者有禁。若谓父母之姊妹与己之身，是谓姑舅两姨，皆为己之尊属，己不可以卑幼而匹之。若己为姑舅两姨之子，彼为姑舅两姨之女，无尊卑之嫌，为子择妇，为女择婿，古人未尝以为非也。成周之时，王朝所与为婚者，不过齐、宋、陈数国而已。故当时称异姓大国曰"伯舅"，小国曰"叔舅"，其世为婚姻可知。至于列国之君，若齐、宋、鲁、卫、郑、晋、秦，亦各自为甥舅之国。后世如晋之王、谢，唐之崔、卢，潘、杨之睦，朱、陈之好，无不以世婚为重，其显然可证者。如温峤之《玉镜台》，此以舅之子，而娶姑之女也。吕荣公夫人张氏乃待制张昷之女。而待制夫人即荣公母申国夫人之姊，又非以己小姨之子，而娶大姨之女乎？朱子《小学》一书，所以明人伦也，而荣公之事载焉。如其不可，则必不在所取也。今江西、两浙，此弊尤甚。以致讼狱繁兴，贿赂公行，风俗凋弊。愿以臣所奏，下群臣议，弛其禁，庶几刑清讼简，风俗可厚。"朝廷是之。然今律犹有"娶己之姑舅两姨姊妹者，杖八十，离异"一条①。

这条禁令最终因"习俗已久，莫能更易"而解禁，明代的《问刑条例》以及清代的《大清律集解附例》将此条禁令改为，"姑舅两姨姊妹者，听从民便"。从这些立法和解禁的事实中可以看出，亘延数千年的中表婚的普遍性和它对婚姻制度产生的重要影响。

四、收继婚禁

所谓收继婚，是指女子丧夫之后，改嫁给前夫的亲属的一种特殊婚姻形式。陈顾远先生说，"宗亲之妻妾虽为异姓，而因礼教之故，恒禁止其为婚；中国除元世外，向不许收继为婚，职是故也"②。传统中国除元代等少数民族政权外，大多数汉政权都立有收继婚禁。收继婚禁包括三种情形：一是禁兄死弟娶嫂；二是禁父死子娶庶母或叔伯死侄子娶婶；三是禁娶宗亲妻妾。

① (明)何孟春：《余冬序录摘抄内外篇》卷一，商务印书馆1937年版，第7页。

② 陈顾远：《中国婚姻史》，上海书店1984年版，第133页。

《三国志》记载了蜀昭烈帝刘备纳刘瑁妻穆夫人为后的事情:“先主穆皇后,陈留人也。兄吴壹,少孤,壹父素与刘焉有旧……焉时将子瑁自随,遂为瑁纳后。瑁死,后寡居。先主既定益州……纳后为夫人。”[①]对于刘备此举,由于“疑其同族”,史家亦认为有失妥当。陈鹏先生说,“自北朝以前,宗亲妻妾为婚,初未闻有禁。此禁入律,今可考者,始见于唐”[②]。

唐律明令禁止娶宗亲妻妾,“娶尝为同宗无服亲及袒免亲之妻者,各杖一百;娶缌麻亲之妻如族伯叔祖母、族伯叔母、族兄弟妻、堂侄孙妇、曾侄孙妇,各徒一年;娶小功、大功、期亲之妻,以奸论;娶亲中之侄妇、小功中之伯叔祖母、堂伯叔母,各绞;娶堂兄弟妻、再从兄弟妻、堂侄妇、堂孙妇,各徒三年”。所谓袒免亲,是指高祖的亲兄弟、曾祖的堂兄弟、祖父的再从兄弟、父亲的三从兄弟、自己的四从兄弟、三从侄、再从侄孙。所谓缌麻亲,是指曾祖的亲兄弟、祖父的堂兄弟、父亲的再从兄弟、自己的三从兄弟、再从侄、堂侄孙、曾孙、曾侄孙、玄孙。由此可见,唐律根据亲等的不同,对娶宗亲妻妾的行为给以不同的处罚。总的原则是:亲等越近,处罚越重,其主旨在于严格维护家族内部的尊卑长幼秩序。不过,《新唐书》载,高宗娶太宗才人武氏为后,[③]玄宗以寿王瑁妃为妾[④],这些都属于有服之亲,可见禁令对统治集团成员没有多大的约束力。

宋代与唐代大体相同,同样出于维护家庭伦理的需要,《宋刑统·户婚》规定:“诸尝为袒免亲之妻而嫁娶者,各杖一百;缌麻及舅甥妻,徒一年;小功以上,以奸论;妾各减二等,并离之。”疏议曰:高祖亲兄弟,曾祖堂兄弟,祖再从兄弟,父三从兄弟,身四从兄弟,三从侄,再从侄孙,并缌麻绝服之外,即是袒免。既同五代之祖,服制尚异他人,故尝为袒免亲之妻,不合复相嫁娶。辄嫁娶者,男女各杖一百。缌麻及舅甥妻,谓同姓缌麻之妻,及为舅妻若外甥妻,而更相嫁娶者,其夫尊卑有服,嫁娶各徒一年,小功以上以奸论。小功之亲,多为本族,其外姻小功者,唯有外祖父母,若有嫁娶,一同奸法。若经作袒免亲妾者,各杖八十;缌麻亲及舅甥妾,各杖九十;小功以上,各减奸罪二等;故云“妾各减二等”,并离之。

---

① (西晋)陈寿撰:《三国志》卷三十四,(宋)裴松之注,中华书局1959年版,第906页。

② 陈鹏:《中国婚姻史稿》,中华书局1990年版,第403页。

③ (宋)欧阳修、宋祁:《新唐书》卷七十六,中华书局1975年版,第3474页。

④ (宋)欧阳修、宋祁:《新唐书》卷七十六,中华书局1975年版,第3493页。

不过，宋代似乎不是绝对禁止"娶宗亲妻妾"，《名公书判清明集》载："罗棫元与罗審为服内从弟，罗審身死，岂应以妻阿王与罗棫。准法，诸违法成婚，谓尝为袒免以上亲之妻，未经二十年，虽会赦，犹离之。罗棫娶阿王，方更三年，合与听离，……引两名下乡，取已离状，申。"从这一案件来看，宋代对于娶袒免以上亲之妻，未经二十年，虽会赦，犹听离。而与宋代对峙的女真族则不禁收继婚，"父死则妻其母，兄死则妻其嫂，叔伯死则侄亦如之"。[①]

元代不禁收继婚，反以收继婚为俗，所以也不禁宗亲妻妾之婚。马可·波罗谈到蒙古人婚俗时说："婚姻之法如下……父死可娶其父之妻，惟不能娶生母耳。娶者为长者，他子则否，兄弟死亦娶兄弟之妻。"[②]

元代收继婚因主体的不同而实行的政策也不同，总体上分为两种：一种是以蒙古族为主体的收继婚，另一种是以汉人为主体的收继婚。

1.以蒙古族为主体的收继婚

蒙古族跟其他北方游牧民族一样，一直保留和盛行收继婚，所以元政权一直保护蒙古人的收继婚制度。《元史》称之为"国俗"，即"父死则妻其从母，兄弟死则收其妻"[③]。

在蒙古人中，弟收兄妻是最主要的收继婚形式。据《元朝秘史》记载，朵奔篾儿干的妻子阿兰豁阿在丈夫死后又生了三个儿子，对此，朵奔篾儿干原来的两个儿子别勒古纳台、不古纳台兄弟私下讨论说："我辈此母，无兄弟旁亲等人，无夫而生此三子矣。"[④]也就是说，如果有旁亲兄弟，其母又生子就不足为怪了。除了弟收兄妻之外，蒙古人中还有子收庶母的收继婚形式，如弘吉剌部的迷薛儿玉鲁曾娶其父弘里兀惕的一个妻。[⑤] 又如，乃蛮部亦难赤死，其子太阳汗、不亦鲁黑汗兄弟还争夺继父妾。[⑥]

---

① 《三朝北盟会编》甲集《政宣上帙三》，大化书局 1977 年版，第 23 页。

② [意]马可·波罗：《马可波罗行纪》，冯承钧译，上海书店出版社 2001 年版，第 148 页。

③ (明)宋濂等：《元史》卷一八七《乌古孙娘帧传》，中华书局 1976 年版，第 4288 页。

④ 道润梯步：《元朝秘史》，内蒙古人民出版社 1978 年版，第 11 页。

⑤ [波斯]拉施特：《史集》(第一卷第一分册)，余大钧、周建奇译，商务印书馆 1983 年版，第 269 页。

⑥ [波斯]拉施特：《史集》(第一卷第一分册)，余大钧、周建奇译，商务印书馆 1983 年版，第 288 页。

2.以汉人为主体的收继婚

元代对待以汉人为主体的收继婚，经历了初期鼓励、中期限制、最后严格禁止的变化过程。

(1)至元十年(公元1273年)以前，元代汉人中，收继婚现象比较多见。《元典章》中载有多个收继婚实例：

①弟收嫂出舍另居：至元六年(公元1269年)，枢密院承奉，中书省劄付，刘从周告有弟妻许迎仙，犯奸断讫依旧为妻。今有弟因病身死，见有两个弟，合收继许迎仙，有伊父母不肯，分付行下本路取。问得许迎仙父许德称系本县附籍军户，至元三年(公元1266年)三月内召到刘瘦汉于德女迎仙处做十七年出舍女婿，见有立到婚书，缘婿刘瘦汉未曾住满年限，不曾令女迎仙前去乞照详事，省府今拟令故刘瘦汉弟刘犍犍于许德家内收继伊嫂许迎仙，出舍另居，除外行下合属依上施行。

圣旨事意合准已婚，令小叔牛望儿收继为妻，合下仰照验施行。[①]

②定婚收继：至元十年(公元1273年)三月二十二日，中书户部符文滑州赵用告与张铸换亲，男赵脸儿定伊女月儿为妻，未婚，男因病身死，欲令次男赵自当收继，不肯事。省部相度，终是已定妻室，亦合钦依。[②]

③叔收嫂又婚元定妻：至元十年(公元1273年)，中书户部来申，胡阿郭告老刘，至元七年(公元1270年)二月内属赵二马阿刘为媒定问讫阿郭小姑胡茶哥与次男刘二为妻，去年六月内刘二自缢身死，比及二七，其间有婿刘三。

已将伊嫂阿郭接续为妻公事取到一干人等词因，看详刘温，先于至元七年(公元1270年)问到妻胡茶哥至今不行迎娶，一面将亡过亲兄嫂阿郭未及周年收为正妻，其元定妻胡茶哥年二十已及成婚之岁，若将刘温并嫂阿郭于夫丧制中成婚，依法断罪听离，却令本人迎娶胡茶哥为妻。[③]

(2)至元十年(公元1273年)以后，元政权开始限制汉人收继婚，尤其是禁止收继守志寡妇。如至元十三年(公元1276年)，因韩进收继兄嫂，其嫂

① 《大元圣政国朝典章》卷十八《户部四·收继·弟收嫂出舍另居》，陈高华等点校，中华书局、天津古籍出版社2011年版，第652页。

② 《大元圣政国朝典章》卷十八《户部四·收继·定婚收继》，陈高华等点校，中华书局、天津古籍出版社2011年版，第654页。

③ 《大元圣政国朝典章》卷十八《户部四·收继·叔收嫂又婚元定妻》，陈高华等点校，中华书局、天津古籍出版社2011年版，第655页。

自愿守志不嫁他人，亦不愿嫁与小叔韩进，最后官府判定“本妇人即愿守志者，拟合听从守志”，并就此立法，“今后似此守志妇人，应继人不得骚扰，听从守志，如却行招嫁，将各人断罪，更合应继人收继”（守志妇不收继）①。

（3）至元十六年（公元1279年）及以后，元政权严格限制并禁止汉人收继婚。至元十六年（公元1279年），睿州民户郭全员的十三年限女婿李丑，在四年身死，李丑之弟李五驴“欲行收继，贴住年限”，由于李五驴已在刘三家为婿，礼部判李五驴“似难收继”。② 元文帝至顺元年（公元1330年）下诏：“诸人非其本俗，敢有弟收其嫂、子收庶母者，坐罪。”③此诏令实质上是禁止汉人的收继婚。

明代、清代则明文禁止收继婚，并处以严厉的刑罚处罚。明代律令规定，凡娶同宗无服之亲及无服亲之妻者，各杖一百；若娶缌亲之妻及舅甥之妻，各杖六十，徒一年；小功以上，各以奸论；其曾被出及已改嫁而娶为妻妾者，各杖八十。④ 可见，明律禁娶无服亲之妻妾，有服者加重处刑。

清太宗皇太极即位以后，全面吸收汉文化，大胆破除陋习。天聪五年（公元1631年），皇太极发布收继婚禁令：“凡娶继母、伯母、叔母、兄嫂、弟妇、侄妇，永行禁止。如寡妇有愿抚孤守业者，仍加恩恤。有不安其室愿改嫁者，许本家兄弟于异姓中择其愿者嫁之。如同族嫁娶，男女以奸论。”⑤1635年，他再次发布谕令，“初，满洲一族妻室，如伯、叔母及嫂等，俱无嫁娶之禁；上以一姓之内，而娶其诸父、昆弟妻，乱伦殊甚，当禁止之”⑥。清代的《大清律例·户律·婚姻》“娶亲属妻妾”条的规定，“娶同宗无服亲之妻者，杖一百；娶同宗缌麻亲之妻，杖六十，徒一年；娶小功以上亲之妻，以奸论，处徒三年直至斩、绞；若兄亡收嫂、弟亡收弟妇者处绞立决”。

清代与明代相比，变化之处仅在“娶小功以上亲之妻，以奸论”“若兄亡收嫂、弟亡收弟妇者处绞立决”，处罚显然比明代更重一些。《钦定大清会典

---

① 《大元圣政国朝典章》卷十八《户部四·不收继·守志妇不收继》，陈高华等点校，中华书局、天津古籍出版社2011年版，第660页。

② 《通制条格》卷三《收嫂》黄时鉴点校，浙江古籍出版社1986年版，第41页。

③ （明）宋濂等：《元史》卷三十四《文宗三》，中华书局1976年版，第750页。

④ 《大明律集解附例》卷之六。

⑤ 陈垣：《汤若望与木陈忞》，载《陈垣论文集》（第一辑），中华书局1980年版，第493页。

⑥ 《内国史院档（上）·天聪九年十二月初五日》，中国第一历史档案馆藏。

事例》记载了两个典型案例：

1.乾隆四十九年(公元1784年)的"冯大儒收嫂"案：冯大儒于兄亡之后，收嫂王氏为妻。后因彼此相闹，冯大儒掌伤王氏，王氏自缢。今将冯大儒照兄亡收嫂律拟绞立决具奏。朕细阅全案。冯大儒之兄冯大任病故之后，遗妻王氏，思招冯大儒为夫，商之夫兄冯大成。暨氏弟王伦悉皆应允，遂写立婚书，而成配偶。迨三月有余之后，彼此口角，致王氏自缢身故。始讼公庭，而治其收嫂之罪。是从前成婚之时，愚民无知，竟不知伦常之重、法律之严，而冒昧为此背理之事，且亲属数人皆为主婚。公然行之而不以为怪，可见愚民不知条律者众矣。况成婚已数月之久。若非王氏自缢，命案难掩，竟可蒙混不致败露。此苟且之风，所以难挽也，是皆由于地方有司，不能化导于平时，又不将此等关系伦常。干犯重法之事，通行宣谕，使草野之人，知所懔遵。以至罹于大辟，实为可悯。又如赌博乃犯法之事，而隐匿者甚多，及至酿成人命，方始发觉。冯大儒之案，正复类此。其如何使无知之民，家喻户晓，俟明知故犯之后，再按重律治罪。著九卿悉心定议具奏。①

2.嘉庆十七年(公元1812年)的"高九收弟媳"案：刑部题驳奉天府尹定拟高九收弟媳杨氏应行缓决一本。昨已依议行矣。因思高九乱伦之事，由伊父高志礼主婚。刑部查照寻常嫁娶违律，事由主婚，主婚为首，男女为从减等，是以驳令该府尹改拟。但似此乱伦重犯，减等即当拟流，核其情罪，尚不足以昭平允。在刑部堂官，固系按律定拟。而律意亦殊有未尽之处。此案虽由高志礼主婚，但伊子高九何以竟甘心听从。即使平日无奸，其乱伦之罪已不小。况父母无有不爱其子，卑幼犯法，尊长出而承认主婚。其乱伦之男女，遂得均从末减拟流，非所以正伦纪而弼教化也。嗣后有似此事由父母主婚，虽系罪坐主婚，而男女应行减等者。自应仍拟绞候，秋谳时再核其情节轻重办理。著刑部堂官详晰定拟，增入条例，以副朕明刑弼教之至意。②

五、其他亲属不婚

其他亲属主要是指同父异母、同母异父以及异父异母的兄弟姊妹。

前文所述春秋战国时期，存在同父异母的兄妹相通的情形。《诗经·齐风·南山》"鲁道有荡，齐子由归"说的就是春秋时期齐襄公与同父异母的妹

---

① 《钦定大清会典事例》卷七百五十六《刑部》。

② 《钦定大清会典事例》卷七百五十六《刑部》。

妹文姜私通的事情,《诗经·齐风·南山》就是以辛辣讽刺的语气描写文姜急于见到齐襄公的心情。《毛诗序》云:"《南山》,刺襄公也。鸟兽之行,淫乎其妹,大夫遇是,恶作诗而去之。"在时人看来,同父异母的兄妹相通显然是应该受到强烈谴责的。

秦代在中国历史上首次采用法律手段清除原始婚姻陋俗的残余,严禁直系血亲间的不正当关系。《法律答问》:"同母异父相与奸,可(何)论?弃市。"

汉律规定,同产兄弟姊妹和非同产兄弟姊妹禁止通婚。据《汉书·景十三王传》记载,西汉时期的赵敬肃王刘彭祖与其女弟及同产姊"乱",后来治死罪,"下魏郡狱,治罪至死"。1983 年以来在湖北江陵张家山汉墓出土的汉律竹简第 191 条规定:"同产相与奸,若取(娶)以为妻,及所取(所娶)皆弃市。其强与奸,除所强。"可见,兄弟姊妹间通奸、婚娶要"弃市",强奸的情况下,被强奸者可免除刑事责任。

魏晋南北朝时期,据《北史》载:"九年春正月,降罪人。禁中外及从母兄弟姊妹为婚。"[①]

《唐律疏议·户婚律》规定:"……及娶同母异父姊妹,若妻前夫之女者,亦各以奸论。"可见,唐代禁娶同母异父姊妹和娶妻前夫之女。按照唐律,违者要受到杖一百的刑罚处罚,并强制离异。

> 【疏】议曰:"及娶同母异父姊妹,若妻前夫之女者",注云"谓妻所生者",谓前夫之女,后夫娶之,是妻所生者。如其非妻所生,自从本法。"余条称前夫之女者,准此",据杂律"奸妻前夫之女",亦据妻所生者,故云"亦准此"。各以奸论。[②]

《宋刑统·户婚》:若外姻有服属……及娶同母异父姊妹,若妻前夫之女者,亦各以奸论。

金政权明确禁止前夫之男女与后夫之男女婚配,天会八年(公元 1130 年)诏:"五月癸卯,禁私度僧尼及继父继母之男女无相嫁娶。"[③]明正统十二年(公元 1447 年),闽县知县陈政敏条陈时政,"大明律娶同母异父姊妹者,以奸论,并离异,迨见世俗之人,有以后妻所携之女为子妇者,有以后妻所携

① 《北史卷五·魏本纪第五》。

② (唐)长孙无忌等:《故唐律疏议》卷第十四《户婚》。

③ (元)脱脱等:《金史》卷三《太宗纪》,中华书局 1975 年版,第 61 页。

之男为女婿者，不惟兄妹男女无别，亦且父母舅姑之名不正，乞今后若此，依娶同母异父姊妹律减等科罪，应有别男女而正风俗”“英宗从其言”，即禁异父异母兄弟姊妹之间通婚。《续文献通考》载：“禁继父母之男女无相嫁娶，违者杖而离之。”

《大清律》规定，前夫子女与后夫子女，苟合成婚者，以娶同母异父姊妹律科断。但是，也不是一概而论，前夫子女与后夫子女异母异父者，若从尊长主婚，则毋概拟离。这些规定与明代稍微有所不同。[①]

基于血缘宗法关系，以上几种亲属关系不得为婚。当然，要明确分清禁止结婚的亲属关系范围，首先必须要了解亲属制度，厘清亲属关系。对于亲属制度的重要性，恩格斯曾经指出，“这并不是一些空洞的名称，而是实际上流行的对血缘亲属关系的亲疏和辈分的观点的表达；这种观点是一种完备地制定了的亲属制度的基础，这种亲属制度可以表达单个人的数百种不同的亲属关系”[②]。

亲属是基于婚姻、血缘和法律拟制而形成的社会关系。亲属这种社会关系与其他社会关系不同，它一经法律调整，即在具有亲属身份的主体之间产生法律上的权利义务关系。

根据亲属关系发生的原因，可以将亲属分为配偶、血亲和姻亲三类。血亲包括自然血亲和拟制血亲，自然血亲是指出于同一祖先具有血缘联系的亲属；拟制血亲是指彼此本无该种血亲应当具有的血缘关系，但法律因其符合一定的条件，确认其与该种血亲具有同等权利和义务的亲属，如继父母与受其抚养教育的继子女、养父母与养子女之间就是拟制血亲。血亲还可以分为直系血亲和旁系血亲，直系血亲是指生育自己的和自己生育的上下各代亲属；旁系血亲是指彼此间具有间接的血缘联系，除直系血亲以外的亲属。姻亲是指除配偶外以婚姻关系为中介而产生的亲属，包括血亲的配偶、配偶的血亲、配偶的血亲的配偶，姻亲之间只有在法律特别规定的情况下才具有权利义务关系。

我国法律所调整的亲属关系包括夫妻、父母、子女、兄弟姊妹、祖父母和外祖父母、孙子女和外孙子女、儿媳和公婆、女婿和岳父母以及其他三代以内的旁系血亲，如伯伯、叔叔、姑母、舅舅、阿姨、侄子女、甥子女、堂兄弟姊

① 程树德：《中国法制史》，华通书局 1931 年版，第 153 页。

② 《马克思恩格斯选集》(第 4 卷)，人民出版社 1972 年版，第 25 页。

妹、表兄弟姊妹等。

如前所述，传统中国婚姻家庭领域调整的亲属关系主要是依据血亲标准所作的划分，近现代中国则引进西方理论，将亲属关系依据亲属关系发生的原因分为配偶、血亲和姻亲三类，本书第三章将对此进行专门论述。

第二节　基于身份等级关系的婚姻禁制

中国传统社会，等级森严，良民与贱民、士族与庶族以及“高等民族”与“低等民族”有如天壤之别，所以良贱为婚、士庶为婚以及“高等民族”与“低等民族”通婚往往为礼法所禁。

一、良贱不婚

“良民”是指“自由民”，一般包括士、农、工、商等阶层；“贱民”是指“贱人”，一般包括倡、优、卒等阶层。良贱不婚主要是指狭义上的良民与贱民之间不得通婚。

我们从具有代表性的几个朝代来看“良贱不婚”的情形。

（一）汉代

汉律有无“良贱不婚”的禁条，尚无可考。相反，汉代良贱为婚的现象并不少见，如《汉书·卫青传》载，曾为阳信长公主家奴的卫青，常骑从公主，后贵，武帝令尚公主。又如，《华阳国志》载，汤姬出身寒微，父坐事闭狱，杨涣始为尚书郎，“因奇其才”，为子文方聘之。[①] 李燮亡命徐州，佣赁于酒家，酒家妻以女。[②]

不过，据南梁太子萧统所编《文选》“司马子长报任少卿书”载，“晋灼曰：臧获，败敌所破虏为奴隶。韦昭曰：羌人以婢为妻，生子曰获。奴以善人为妻，生子曰臧。荆杨、海、岱、淮、齐之间，骂奴曰获。齐之北鄙，燕之北郊，凡人男而归婢谓之臧，女而归奴谓之获。皆异方骂奴婢之丑称也”[③]。由此可以看出，汉代虽无禁止良贱为婚的律令，但良贱为婚的现象为时人所鄙夷，

① （晋）常璩：《华阳国志》（卷十中），刘晓东等点校，齐鲁书社2000年版，第157页。

② （晋）常璩：《华阳国志》（卷十中），刘晓东等点校，齐鲁书社2000年版，第169页。

③ （梁）萧统撰：《昭明文选》卷四十一，（唐）李善注，上海古籍出版社1986年版，第1863页。

并被辱骂为“臧获”。

(二)魏晋南北朝

北魏道武帝时禁止家僮娶民女为妻,“继在青州之日,民饥馁,为家僮娶民女为妇妾,又以良人为婢,为御史所弹,坐免官爵”[①]。

但是,可能当时民间良贱为婚的现象比较普遍,孝文帝曾多次颁布禁止良贱为婚的诏令。太和二年(公元 478 年)五月诏,“又皇族贵戚及士民之家,不惟氏族,下与非类婚偶。先帝亲发明诏,为之科禁,而百姓习常,仍不肃改。朕今宪章旧典,祗案先制,著之律令,永为定准。犯者以违制论”[②]。太和十七年(公元 493 年)九月诏,“厮养之户不得与士民为婚”[③]。陈鹏先生据此推测,“良贱不婚之禁,孝文时已入于律,惜律文今佚无考,但风俗已成,积重难返,故复有太和十七年之诏,观其禁之之严,可想见犯之者之多”[④]。

(三)唐代

唐代严禁良民与贱民结婚。《唐律·户婚律》中说:“人各有耦,色类须同。良贱既殊,何宜配合?”开元二十五年(公元 737 年)诏,“诸工乐、杂户、官户、部曲、客女、公私奴婢,皆当色为婚”[⑤]。良民主体是农民,贱民主要是官府奴婢(官贱)和私人家仆(私贱),贱民被视为私有财产,地位低下,“奴婢贱人,律比畜”。贱民与良民结婚,处杖刑一百;奴婢私下嫁给良民为妻妾,以准盗论处。不过,官府奴婢中,“太常乐人”却是例外。高祖武德四年(公元 621 年)诏,太常乐人可与士庶通婚,“太常乐人,本因罪谴,没入官者,艺比伶官。前代以来,转相承袭。或有衣冠继绪,公卿子孙,一沾此色,累世不改。婚姻绝于士庶,名籍异于编甿。大耻深疵,良可矜愍。其大乐鼓吹诸旧乐人,年月已久。时代迁移,宜并蠲除,一同民例。但音律之伎,积学所成,传授之人,不可顿阙。仍令依旧本司上下。若已经仕宦,先入班流,勿更追补,各从品秩。自武德元年,配充乐户者,不在此例”[⑥]。《唐律》沿袭武德旧令,《唐律·户婚律》“杂户不得娶良人”条:太常音声人,依令婚同百姓。之

① (北齐)魏收:《魏书》卷十六《道武七王列传》,中华书局 1974 年版,第 402 页。

② (北齐)魏收:《魏书》卷七《孝文帝纪》,中华书局 1974 年版,第 135 页。

③ (北齐)魏收:《魏书》卷七《孝文帝纪》,中华书局 1974 年版,第 145 页。

④ 陈鹏:《中国婚姻史稿》,中华书局 1990 年版,第 439 页。

⑤ [日]仁井田陞:《唐令拾遗》,栗劲等译,长春出版社 1989 年版,第 168 页。

⑥ (宋)王溥:《唐会要》卷三十四,株式会社中文出版社 1978 年版,第 623～624 页。

所以有此例外，可能基于“良可矜愍”“不可顿阙”等原因。

唐代明确禁止奴婢与良人结婚，“诸与奴娶良人女为妻者，徒一年半，女家减一等，离之。其奴自娶者，亦如之。主知情者，杖一百；因而上籍为婢者，流三千里。即妄以奴婢为良人，而与良人为夫妻者，徒二年。各还正之”。意思是说，如果主人替奴婢娶良人女为妻，对主人处徒刑一年半；良人女家减一等处罚，并强制离异。如果奴婢自己娶良人女为妻，主人知情而不加制止，对主人也要杖一百。如果女方因与奴婢结婚而脱良为奴，改变户籍，对主人流三千里。主人擅将奴婢冒为良人，而与良人结为夫妻者，也要处以徒二年的刑罚。唐律还禁止杂户与良人、官户与良人通婚，杂户是因为前代犯罪而没官、散配诸司驱使的官奴，其地位高于官户和奴婢；官户是蕃户的总称，是前代配隶人户或本朝配没的人户，其地位高于奴婢而低于杂户。“诸杂户不得与良人为婚，违者，杖一百。官户娶良人女者，亦如之。良人娶官户女者，加二等。”[①]《唐律・户婚律》“杂户不得娶良人”条：其工乐、杂户、官户，依令当色为婚。若异色相娶者，律无罪名，并当违令，即乖本色亦合正之。……其有杂作婚姻者，并准良人。其部曲、奴婢有犯，本条无正文者，依律各准良人；如与杂户、官户为婚，并同良人共官户等为婚之法，仍各正之。[②] 工乐户是隶属于少府和太常的贱民，其身份与官户相同。【疏】议曰：杂户配隶诸司，不与良人同类，止可当色相娶，不合与良人为婚。违律为婚，杖一百。“官户娶良人女者，亦如之”，谓官户亦隶诸司，不属州县，亦当色婚嫁，不得辄娶良人，违者亦杖一百。良人娶官户女者，加二等，合徒一年半。官户私嫁女与良人，律无正文，并须依首从例。[③] 违律为婚者，除自身受处罚之外，对子女也会造成不利影响，《唐律・户婚律》“奴娶良人为妻”条疏议：其所生男女，依户令，不知情者从良，知情者从贱。

唐代重惩奴婢妄作良人嫁娶者，疏议曰：以奴若婢，妄作良人嫁娶为良人夫妇者，所妄之罪，合徒二年，奴婢自妄嫁娶亦徒二年，各还正之，称正之者，虽会赦，仍改正之，若聘财多，准罪，重于徒二年者，依诈欺计赃科断。

综上可知，唐律律文及疏议对于奴婢与良人、杂户与良人、官户与良人通婚是明有禁条，但仍有良贱为婚的现象存在。据《大唐新语》载，许敬宗之

---

① （唐）长孙无忌等：《唐律疏议》卷十四《户婚》。

② ［日］仁井田陞：《唐令拾遗》，栗劲等译，长春出版社 1989 年版，第 168 页。

③ （唐）长孙无忌等：《故唐律疏议》卷第十四《户婚》。

子昂，颇有才华，为太子舍人。母裴氏早卒，裴侍婢有姿色，许敬宗以为继室，假姓虞氏。昂素与虞氏私通，敬宗奏之不孝，流于岭南。[①] 另，《太平广记》中述说的唐玄宗天宝年间常州刺史郑仁的独子郑元和与长安名妓李娃的故事，就是官家与娼妓结合的例子。李娃原名李亚仙，被来长安赶考的郑元和相中并与之结合，后来助其所爱，更能谨守妇道，严整治家，因而被朝廷封为汧国夫人。

（四）宋代

宋代承袭唐代，以法律的形式明文禁止良贱为婚，而且日益严格，规定良贱不婚的法律体系也日趋完善。宋代法律严格规定了良民和贱民的上下等级、身份地位及与之相适应的权利义务关系，要求人们"各安其分，各守其位"，不得逾越。《宋刑统》在唐代相关规定的基础上增加了贱民的范围，加重了对良贱通婚的处罚。《宋刑统・户婚》"主与奴娶良人"条中作出了规定："诸与奴娶良人女为妻者，徒一年半，女家减一等，离之。其奴自娶者亦如之。主知情者，杖一百，因而上籍为婢者，流三千里。即妄以奴婢为良人，而与良人为夫妻者，徒二年。奴婢自妄者，亦同。各还正之。"[②]户令又云："诸奴婢诈称良人，而与良人及部曲、客女为夫妻者，所生男女并从良，及部曲、客女知情者从贱。即部曲、客女诈称良人，而与良人为夫妻者，所生男女亦从良，知情者从部曲、客女，皆离之。其良人及部曲、客女诈为夫妻，所生男女经一载以上不理者，后虽称不知情，各同知情法。"又云："诸杂户不得与良人为婚，违者杖一百。官户娶良人女者亦如之。良人娶官户女者，加二等。即奴婢私嫁女与良人为妻妾者，准盗论，知情娶者，与同罪，各还正之。"[③]

然而，随着宋代商品经济迅速发展，重资财婚逐渐成为宋人的重要目标，在婚姻中追逐财富而导致良贱通婚在社会实践中时有发生。良贱通婚严重破坏了社会等级秩序，因此，宋代通过不断地颁布禁律来重申良贱不婚。熙宁十年（公元1077年）九月又诏宗室嫁娶，不得与"杂类"之家为婚：应袒免以上亲不得与杂类之家婚嫁，"杂类"，谓舅曾为人奴仆，姑曾为娼，并

① （唐）刘肃：《大唐新语》卷九《谀佞》，中华书局1984年版，第141页。

② 《宋刑统》卷十四《户婚・主与奴娶良人》，薛梅卿点校，法律出版社1999年版，第253～254页。

③ 《宋刑统》卷十四《户婚・主与奴娶良人》，薛梅卿点校，法律出版社1999年版，第254～255页。

父祖系化外及见居缘边两属之人。其子孙并不许与皇家袒免以上亲为婚。此据政和会要熙宁十年(公元1077年)九月五日事,实录于明年八月二十四日乃书,但比此尤详,是或申明也。正月九日,权监察御史里行彭汝砺言:"访闻徐州进纳人石有邻以男与宗室同管勾宗正事宗惠女二人议婚。有邻以财雄于乡,其母娼也。乞赐停罢,加责宗惠。"诏京东东路转运司体量诣实以闻。五月二日,权监察御史里行彭汝砺言:"访闻有旨罢宗惠、石有邻婚事,宗惠近属,职在宗正,恩荣备极,宜思所以表正宗室,以对列圣之休宠,而嗜利苟贱,贻朝廷羞,伏乞特赐贬责,以惩贪冒。"先是,同管勾宗正事宗惠有女嫁徐州进纳人石有邻之子,其母倡也。御史彭汝砺奏乞停婚,并责宗惠,诏京东路转运司体量。既得实,遂罢之。汝砺又奏乞深责宗惠,因言皇族虽服属已疏,然皆宗庙子孙,不可使闾阎下贱得以货取,愿立法禁止,故有是诏。曾肇志彭汝砺墓云:同管勾宗正事宗惠有女嫁徐州进纳人石有邻之子,汝砺乞停婚,加责宗惠。时政记在正月九日并五月二日,与墓志稍有不同,今参取修入。八年十一月甲申,世开尝建请,今乃降诏。[①]

又据《宋史》载:"熙宁十年又诏:应袒免以上亲不得与杂类之家婚嫁,谓舅尝为仆、姑尝为娼者。若父母系化外及见居沿边两属之人,其子孙亦不许为婚。缌麻以上亲不得与诸司胥吏出职、粟粟得官及进纳伎术、工商、杂类、恶逆之家子孙通婚。后又禁刑徒人子为婚。"[②]

金政权对于良贱为婚,原则上听任自由,《金史·太宗纪》:天会十年(公元1132年)四月诏,诸良人知情嫁奴者,听如故为妻,其不知情而嫁者,去住悉从所欲。《续通典》卷一一〇:(章宗)泰和二年(公元1202年),监察御史史萧言,太定条理,自二十年十一月四日以前,奴娶良人女为妻者,并准已娶为定,若夫亡,拘放从其主,离夫摘卖者,令本主收赎,依旧与夫同聚,放良从良者,即听赎换,如未赎换间,与夫所生男女,并听为良。由此可见,金政权不仅对良贱为婚听其自由,而且对已婚者还予以保护。

(五)元代

元代对良贱为婚明文规定,奴婢不得嫁娶良人,《吏学指南》:"良贱为婚,人各有耦,色类须同,良贱既殊,岂宜配合。苟有所犯,离之正之。"但是

① (宋)李焘:《续资治通鉴长编》卷二百八十四,中华书局1986年版,第6959～6960页。

② (元)脱脱等:《宋史》卷一一五,中华书局1977年版,第2739页。

如果是出于自愿，则听其自便。《元典章·户部三》：诸奴婢嫁娶招召良人，至元六年（公元1269年）正月内中书省行下户部遍行随路，不得嫁娶招召良人，如委自愿者，各立婚书，许听为婚，已行禁约来，今拟照依前例成婚。[①] 又据《元典章》载，至元六年（公元1209年）二月，中书户部据恩州申该李申状告中统三年翟总管躯口扬牛儿作良人求娶讫女买奴为妻，勾到一干媒证人等，取责各人词因指说本人委知扬牛儿系是驱口，受财许娉了，当经今七年取讫告人文状不曾断过。如此体例申乞明降事，得此省部公议得：奴婢嫁娶良人，除已前年分婚娉并经官断者止依，已断不在此限，依旧往坐。拟自至元六年正月初一日已后，诸奴婢不得嫁娶招召良人，如委有自愿者，各立婚书许听为婚，呈奉到都堂钧旨送户部依准所拟施行。[②] 如果良家女嫁给奴婢，则也变为奴婢。《元史·刑法志》：诸良家女愿与人奴为婚者，即为奴婢。相反，良人娶奴婢或其女为妻者，听其妻并所生子女从夫为良。《元史·刑法志》：诸奴有女已许为良人妻，即为良人，其主辄欺奸者，杖一百七。《南村辍耕录》：奴婢男女，止可互相婚嫁，例不许聘娶良家，若良家愿娶其女者听。《通制元格》：至元二十八年十月，中书省礼部呈，议得忽纳万户男脱因告诉，沈升因与伊躯妇孙七姑通奸，本家总管李爱亦伯令沈升写立文字作婿，该如是不肯依理住坐，自备罗绢三十匹，下与李爱亦伯，将妻孙七娘出舍，并无年限。其沈升经今出力一十三年，已有所生男，元与财钱钞三锭，已是上户聘财，拟为良完聚，都省议得，沈升自立婚书，出备罗绢三十匹。依准元立私约交付忽纳万户李家总领，孙七娘并所生二男，分付沈升圆聚为良。

元代明令禁止驱口与良人之间的"驱良婚"，驱口是辽金元时期对战俘奴隶的一种称呼，其地位类似于农奴。良人娶驱口，徒二年；良妇嫁驱口，"则合作驱"。《元典章》记载了有关驱口娶良人为婚的事例：至元十三年十一月初二日，中书省奏准事内一件，"江南来的官员、客旅军人并诸色人每，就江南百户人家的女孩儿，并无男儿底妇人根脚，做媳妇来求将来，却行瞒昧，卖与诸人为驱，不便当的一般。俺商量，亦不得将求的良人私下作驱货卖"。奏呵，奉圣旨："那般者。"钦此。仰照验省谕，诸人今后于迤南求娶妻

① 《大元圣政国朝典章》卷十七《户部三·户口条画》，陈高华等点校，中华书局、天津古籍出版社2011年版，第589～590页。

② 《大元圣政国朝典章》卷十八《户部四·驱良婚·驱口不娶良人》，陈高华等点校，中华书局、天津古籍出版社2011年版，第665页。

室，依例凭媒写立婚书，无得朦胧娶嫁。如有将求到媳妇为驱货卖，随即改正，价钱没官，买主、卖主治罪。[1]

（六）明代

明代律文明文禁止奴婢与良人为婚，《明律・户律・婚姻门》"良贱为婚姻"条：凡家长与奴取良人为妻者，杖八十，女家减一等，不知者不坐。其奴自取者，罪亦如之，家长知情者减二等，因而入籍为婢者，杖一百。若妄以奴婢为良人，而与良人为夫妻者杖九十，各离异改正。

浙江绍兴"惰民"，相传为宋、元罪人的后代，这些人主要从事"低贱"行业，人皆贱之，他们不能读书，不能做官，不得与良民通婚。据《广志绎》记载：

> 绍兴惰民，谓是胜国勋戚，国初降下之，使不与齐民列。其人止为乐工、为舆夫，给事民间婚丧。妇女卖私窝，侍席行酒与官妓等。其旁业止捕鳝、钓水鸡，不敢干他商贩。其人非不有身手长大、眉目姣好与产业殷富者，然家虽千金，闾里亦不与之缔婚，此种自相为嫁娶，将及万人，即乞人亦凌虐之，谓我贫民非似尔惰民也。余天台官堂亦有此种，四民诸生皆得役而詈之，挞之不敢较，较则为良贱相殴。愚尝为叹息之，谓人生不幸为惰民子孙，真使英雄无用武之地。[2]

明代《国朝名公神断详刑公案》卷四记载了"秦推府断良贱为婚"的案例：苏州府常熟县丁氏，科甲蝉联，书香接武，族有丁爵者，家资消乏……生子丁誉，年十七，尚未议亲。其近帝王贵者，其祖杨广，曾为王给事家人，因而改姓，颇善攒积。给事死后，王福（杨广）求出，渐渐成家，传至王贵手，家资巨万，二子一女，爵利其财，将子为之结婚，毫不令族人知之，卒然而行六礼，次日即娶成亲，妆奁以千金计，族人莫知所以，后知是王贵之女，尊长皆登门辱骂，爵父不敢出对，祠尊具状首于县……（县判）丁爵王贵各杖二十，男女离异。

但是现实生活中，良贱通婚的现象还是时有出现，如晚明时的秦淮名妓才女柳如是，其丈夫是礼部侍郎钱谦益。又如，《艳异编》中所谈到的南京名

---

① 《大元圣政国朝典章》卷十八《户部四・驱良婚・逃驱妄冒良人为婚》，陈高华等点校，中华书局、天津古籍出版社 2011 年版，第 664 页。

② （明）王士性：《广志绎》卷之四，吕景琳点校，中华书局 1981 年版，第 72 页。

妓张小三与杨税事的故事。[①] 这些故事都告诉我们，明代社会中，仕宦之家与名妓通婚的也不在少数，真所谓“禁者自禁，娶者自娶”。

(七)清代

清代律典承袭明代，《大清律·户婚》“良贱为婚姻”条的内容与大明律相同，“凡家长与奴取良人为妻者……各离异改正”[②]。清代律令还规定，文武官吏娶乐人妓者杖六十，离异归宗，财礼入官。

清末推行司法独立后成立了各级审判厅和检察厅，由他们制作的《各省审判厅判牍》记录了当时诸多判决和判词，其中记载了一则由云南地方审判厅负责审判的“娶娼为妻套良作妾”案：

> 为判决事。据胡少臣呈诉严永阁娶娼为妻套良作妾一案。讯得原告胡少臣年二十三岁，昆明人，住内南区小火巷，读书。被告严永阁，年三十一岁，四川人，住外南区新城铺前，当铁路通译。据胡少臣供：去年二月，张丁氏、刘刘氏来生家声称，严永阁在铁路就事，人极诚实，愿为生胞妹作伐。刘刘氏并言在伊家完姻，生当发一草八字，收到玉镯一双，比时言明，俟访查实在，再行过礼订庚，嗣于腊月初一日，张丁氏来约订庚，并说喜期订是月二十日，在新城铺王大脚家完姻。生邀亲友查明王大脚系著名娼家，严永阁在伊家住已久，并闻早成夫妇，是以不愿结亲，求作主。质之严永阁，供称：王大脚经客民二哥娶她为妻已有四年，去年二月，客民与胡少臣接亲，去玉镯一双。伊出一草八字，本言在刘刘氏家完姻，自八月后，客民赋闲在二嫂王大脚家住，故接亲亦拟办在他家各等供。据此，查定婚应立婚书，普通习惯，婚书用红绿庚帖将男女八字分写于其上。此案严永阁与胡少臣联姻仅有一草八字，并未立婚书，安得以此为凭而欲偕百年之好？此按之法律而难合者也。又婚姻必须两家情愿，胡少臣身列胶庠，自闻严永阁住于名娼王大脚家，即耻与联婚，以致纳采而麾之门外也。况吴越之势既成，则朱陈之谊难强。此揆诸情理而难合者也。且王大脚既系著名娼家，严永阁住于斯，食于斯，以娼家为家，秽声早播于通衢，以良女而与娼族为偶，本非夭桃秾李之匹，若勉为伉俪之好，必生瓜李之嫌，此衡之事势而难合者也。有此数端，万难强和。判令胡少臣为其妹另择佳婿，并饬备银圆二十元

① (明)王世贞：《艳异编续集》卷六。

② 《钦定大清会典事例》卷七百五十六《刑部》。

作还严永阁议婚酒食之费，其玉镯、针线悉数退还。永断葛藤。各具遵结完案。本案讼费归两造分担缴纳。此判。[①]

总体看来，明清时期对"良贱通婚"的处罚较前朝要轻，正如陈鹏先生所说，"明清律关于良贱不婚之规定，略仿唐律，而科刑较轻"[②]。

随着良贱为婚逐渐成为风俗习惯，"良贱不婚"的禁制也面临被取消的命运。"良贱为婚姻之律，宜删除也。向来奴婢之于家长名义至严，故有犯罪名独重而与良人为婚姻，不能谓家长无责，故知情则亦坐罪。律内特设专条预防流失重在压良为贱，冒贱为良而以良从贱次之，其于良贱之分秩序判然，殆如泾渭之不可合流，东西之莫能易位，正始所以正名也。然定律虽严，而良贱为婚仍各循其风气人情所习惯，法亦莫得而加之。今既禁止买卖人口，则以后奴婢名目自当永远革除，同是齐氓，似不应再分阶级。拟请将此律删除，凡雇工人与良人为婚，一概不加禁阻，并于主家无涉，庶与重视人类之意有合。至良贱相殴相奸各条及律例内分别良贱之处，拟请一概删除，以归一律。"[③]

二、士庶不婚、贵贱不婚

士庶不婚，本意特指魏晋南北朝时期的士族门阀与庶族禁止通婚，此处则还包括与"士庶不婚"类似，婚姻区分门第高下的"贵贱不婚"。

（一）汉代

汉代婚姻法规允许皇族与非皇族通婚，汉律规定，皇族女子可以嫁给当朝列侯以上的官吏，西汉文帝之女馆陶公主之夫是堂邑侯陈午，景帝之女平阳公主的前后两任丈夫都是朝廷明定的列侯，东汉时期有史记载的公主的丈夫都是有侯爵身份之人。不过，在这种政治和社会地位看似接近的婚姻关系中，侯爵男子的地位明显低于皇族女子，稍有不敬或任何伤害皇族女子的行为，轻则免官，重则处死，甚至会株连家族。《汉书》载，西汉芒侯耐跖"坐尚南宫公主不敬，免"[④]；《后汉书》载，东汉班始尚清河公主，在杀了清河公主后，班始被处腰斩，同产均被弃市。[⑤]

---

① 汪庆祺：《各省审判厅判牍》，李启成点校，北京大学出版社 2007 年版，第 70 页。

② 陈鹏：《中国婚姻史稿》，中华书局 1990 年版，第 444 页。

③ 《清朝续文献通考》卷二十六。

④ （汉）班固：《汉书》卷十六，中华书局 1964 年版，第 562 页。

⑤ （南朝宋）范晔：《后汉书》卷四十七，中华书局 1965 年版，第 1586 页。

但是,汉律禁止诸侯王与皇宫中的掖庭出女或其他诸侯王傅婢通婚,“旧禁宫人出嫁,不得适诸国”。[①] 对擅自娶掖庭宫人的诸侯王,汉律给以削地和贬侯的处罚。汉律为什么会有此类婚姻禁制?有学者猜测,可能是一来担心皇宫中的掖庭出女泄露宫中秘事于诸侯王;二来害怕诸侯王彼此相互勾结、倚仗权势,以致过分胡为。[②]

贵贱禁止通婚在汉代尚不明确,西汉后妃出身卑贱者居多,如汉文帝窦皇后“家贫”,汉武帝卫皇后“生微也”,汉武帝李夫人“本以倡进”,到了东汉也没有明确禁止出身卑贱者入选宫女。台湾学者陈虹认为,婚嫁时讲究“门当户对”,不是汉代婚姻关系的常态。[③] 彭卫研究员也认为“汉代婚姻关系缔结时的等级性不如两晋南北朝时严格”。[④]

(二)魏晋南北朝时期

三国时期,魏武宣皇后卞氏,魏文帝曹丕之生母,“本倡家”,出生于乐人家庭,原是曹操的第二夫人,在曹操与正妻丁夫人离异后,被扶为正室,“二十四年拜为皇后”。[⑤]

到了两晋南北朝时期,随着门阀制度的发展,不仅统治阶级与被统治阶级存在严格的等级界限,就连统治阶级内部不同阶层之间也存在严格的“士庶”之别,“士庶之际,实自天隔”。[⑥] 其门阀等级制度之显著是史无前例的,当时有“上品无寒门,下品无士族”之谓。这种门阀等级制度在婚姻禁制方面的表现,就是“士庶不婚”。

1.以法律规范明令实行“士庶不婚”,就是禁止士族与庶族通婚。在两晋南北朝时期,家族门第、个人出身是通婚时的唯一标准,“诸尚主者,并因世胄,不必皆有才能”[⑦]。也就是说,如果是庶族出身,即使家资丰殷,或政治地位显赫,士族也不得与之通婚,以此避免低等血统混入高等血统。在东晋南朝,吴郡的顾、陆、朱、张为当地四大姓,他们或者自己内部互通婚姻,或者与会籍四大姓孔、魏、于、谢通婚。为了捍卫士族血统的高尚性,士族之家

① (南朝宋)范晔:《后汉书》卷五十,中华书局1965年版,第1672页。
② 彭卫:《汉代婚姻形态》,三秦出版社1988年版,第269页。
③ 陈虹:《中国古时的男女社交》,台北传记文学出版社1969年版,第36页。
④ 彭卫:《汉代婚姻形态》,三秦出版社1988年版,第30页。
⑤ (西晋)陈寿:《三国志》卷五《魏志·武宣卞皇后传》,中华书局1959年版,第156页。
⑥ (梁)沈约:《宋书》卷四十二,中华书局1974年版,第1318页。
⑦ (唐)李延寿:《南史》卷二十五,中华书局1975年版,第675页。

不惜付出任何代价。北魏大士族崔巨伦之妹因为有眼疾（“眇一目”），一直找不到合适的士族之家，其姑说：“岂令此女，屈事卑族！”于是让自己的儿子娶了此女。[①]

北魏时期，迅速汉化的鲜卑贵族很快吸收了婚姻区分“士庶”的等级制度，并以法律的形式把这一制度固定下来。北魏孝文帝改革的一项重要内容就是要求鲜卑贵族与汉人士族通婚，《魏书》与《太平御览》都载有北魏高宗文成帝拓跋浚所下诏令：“十有二月辛丑，诏曰：‘名位不同，礼亦异数，所以殊等级，示轨仪。今丧葬嫁娶，大礼未备，贵势豪富，越度奢靡，非所谓式昭典宪者也。有司可为之条格，使贵贱有章，上下咸序，著之于令。’壬寅，诏曰：‘夫婚姻者，人道之始。是以夫妇之义，三纲之首；礼之重者，莫过于斯。尊卑高下，宜令区别。然中代以来，贵族之门多不率法，或贪利财贿，或因缘私好，在于苟合，无所选择，令贵贱不分，巨细同贯，尘秽清化，亏损人伦。将何以宣示典谟，垂之来裔？今制皇族、师傅、王公侯伯及士民之家，不得与百工、伎巧、卑姓为婚，犯者加罪。’”[②]太和二年（公元 478 年）五月诏：“皇族贵戚及士民之家，不惟氏族，下与非类婚偶。先帝亲发明诏，为之科禁，而百姓习常，仍不肃改。朕念宪章旧典，祗案先制，著之律令，永为定准。犯者以违制论。”[③]从此，北方政权的统治阶级内部开始区分高下之等级，“自近代以来，高卑出身，恒有常分”。[④] 山东地区、关中地区及河东地区的大姓彼此通婚，或与鲜卑贵族通婚。

2.以强大的社会舆论力量推动“士庶不婚”的实行，违反“士庶不婚”会受到来自社会的强烈谴责。东晋大姓王源嫁女于富阳的庶族满氏，引起满朝的一致非议，沈约并因此上表弹劾王源：“风闻东海王源，嫁女与富阳满氏，源虽人品庸陋，胄实参华。……而托姻结好，唯利是求，玷辱流辈，莫斯为甚。……且非我族类，往哲格言，薰莸不杂。……宜置以明科，黜之流伍。使已污之族，永愧於昔辰，方媾之党，革心于来日。臣等参议，请以见事免源所居官，禁锢终身。”[⑤]另据《晋书》记载，杨佺期婚嫁不检，遭到时人的排挤，

① （唐）李延寿：《北史》卷三十二《崔巨伦传》，中华书局 1974 年版，第 1164 页。

② （北齐）魏收：《魏书》卷五《文成帝纪》，中华书局 1974 年版，第 122 页。

③ （北齐）魏收：《魏书》卷七《孝文帝纪》，中华书局 1974 年版，第 145 页。

④ （北齐）魏收：《魏书》卷六十《韩麒麟传》，中华书局 1974 年版，第 1343 页。

⑤ （梁）萧统撰：《昭明文选》卷四十，（唐）李善注，上海古籍出版社 1986 年版，第 1814 页。

"时人以其晚过江,婚宦失类,每排抑之"[①]。在《世说新语》中载有典型案例:

案一,嘉锡案:谢奕为温司马,尝逼温饮。温走入南康主间避之。奕遂引温一兵帅共饮曰:"失一老兵,得一老兵,亦何所在?"今蓝田又呼其子为兵。盖温虽为桓荣之后,桓彝之子,而彝之先世名位不昌,不在名门贵族之列。故温虽位极人臣,而当时士大夫犹鄙其地寒,不以士流处之。于此可见门户之严。刘真长作色语温:"使君宁可战斗求胜?"亦是此意。

案二,王湛娶郝普之女,周浚娶李伯宗之女(均见贤媛篇),皆非其偶。而王源嫁女与满氏,沈休文至挂之弹章,谓王、满连姻,寔骇物听。知寒族之女,可适名门;而名门之女,必不可下嫁寒族也。[②]

(三)隋唐五代

唐律不仅没有禁止官吏娶倡的禁条,社会上也不以娶倡为耻。唐及五代存在天子与权臣都娶倡妓为妻妾的现象。唐玄宗废太子李瑛的生母赵丽妃,善于歌舞,以倡进,"帝在潞,得幸,及即位,擢为妃"[③]。权臣杨国忠娶蜀地娼妓裴柔为妻,"国忠娶蜀娼裴氏女曰裴柔"。[④] 南唐宋齐丘,出身官僚世家,位至左丞相,其正室也是"本出于倡"。《江南别录》载,"(宋齐丘)父卒,羁旅淮南,欲上书干谒,而无纸墨,行叹道中。有倡遇之,问曰:'少年何不乐如此?'齐丘以情告,召归,置食,赠钱数千,因曰:'待郎至此,不遣郎有所阙也。'齐丘感之。及贵,纳为正室"。

唐高宗年间,为防止名门望族势力过于强大,曾下令禁止他们自相婚姻,"又诏后魏陇西李宝,太原王琼,荥阳郑温,范阳卢子迁、卢浑、卢辅,清河崔宗伯、崔元孙,前燕博陵崔懿,晋赵郡李楷,凡七姓十家,不得自为昏"[⑤]。此禁令一出,对此现象有一定的遏制力,"高宗朝,太原王、范阳卢、荥阳郑、清河、博陵崔、陇西、赵郡李等七姓,恃有族望,耻与诸姓为婚。乃禁其自婚娶,于是不敢复行婚礼,密装饰其女以送夫家"[⑥]。到唐太宗时期,这一现象又有反复,"专美之远祖本出姑臧大房,与清河小房崔氏、北祖第二房卢氏、

① (唐)房玄龄等:《晋书》卷八十四《杨佺期传》,中华书局1974年版,第2200页。
② 余嘉锡:《世说新语笺疏》中卷上,中华书局1983年版,第333页。
③ (宋)欧阳修、宋祁:《新唐书》卷八十二《太子瑛传》,中华书局1975年版,第3607页。
④ (后晋)刘昫等:《旧唐书》一百六《杨国忠传》,中华书局1975年版,第3247页。
⑤ (宋)欧阳修、宋祁:《新唐书》卷九十五《高俭传》,中华书局1975年版,第3842页。
⑥ (宋)王谠:《唐语林校证》,周勋初校正,中华书局1987年版,第440页。

昭国郑氏为四望族，皆不以才行相尚，不以轩冕为贵，虽布衣徒步，视公卿蔑如也。男女婚嫁，不杂他姓，欲聘其族，厚赠金帛始许焉。唐太宗曾降诏以戒其弊风，终莫能改。其间有未达者，必曰：'姓崔、卢、李、郑了，余复何求耶！'其达者，则邈在天表，敻若千里，人罕造其门，浮薄自大，皆此类也。唯专美未尝以氏族形于口吻，见寒素士大夫，恒恂恂如也，人以此多之"[①]。

（四）宋辽金

在宋代，贵贱不婚主要有主仆不婚、良娼不婚两种类型。宋仁宗至和元年（公元1054年）十月发布诏令，明确禁止主仆为婚："士庶家，毋得与常佣雇之人为婚，违者离之。"宋代，随着娼妓业的繁荣，娼妓成为"士人"红颜知己的事例越来越多，更有甚者，一些具有浪漫情怀的读书人不顾及世人的讥讽，毅然决然地要与自己心爱的娼妓结婚。这类现象显然是对儒家等级制度的冲击，必然会破坏宋代统治阶级的等级秩序，宋代严厉禁止良娼为婚。陈鹏先生根据"魏汝楫违法娶倡妇"案推定"宋时判例始有此禁，自士以上娶倡者，为名教所不容，杖八十，离异"[②]。

宋代《名公书判清明集》："以公车士人娶官妓，岂不为名教罪人，岂不为士友之辱，不可，不可，大不可。魏汝楫违法娶倡妇，从末减，杖八十，离之，索到离书，系魏汝楫自主婚，尊长并无干预，责汝楫入案，日下还家承续，如更留城郭与娼复合，并追汤赛赛断。"陈鹏先生根据"汝楫违法娶倡"案断定，"当时此禁已著为令，且'从末减，杖八十'，处刑亦不可谓轻"[③]。然而，当时仍有士大夫娶倡生子的现象，据《挥麈后录》载，郡娼杨姝者，色艺见于黄山谷诗词中。（李）端叔丧偶，老益无聊，因遂畜杨于家，已而生子。不仅如此，朝廷品官娶倡为妻者，还可以受封。《挥麈后录》："先是王渊为小官时，狎露台娼周者，稔甚。乱后为（赵）叔近所得，渊每对人切齿。是时适渊为营司都统制，张、韩俱为渊部曲。……于乱兵中得周娼……既归韩，甚宠嬖，为韩生子。韩既贵盛，周遂享国封之荣。"《鹤林玉露》：韩蕲王之夫人，京口娼也。尝五更入府，伺候贺朝，忽于庙柱下见虎蹲卧……复往视之，乃一卒也，因蹴之起，问姓名，为韩世忠，心异之，密告其母，谓此卒定非凡人，乃邀至家，具酒食，卜夜尽欢……约为夫妇。蕲王后立殊功，遂封两国夫人。由此观之，

---

① （宋）薛居正等：《旧五代史》卷九三《晋书一九》，中华书局1976年版，第1230页。

② 陈鹏：《中国婚姻史稿》，中华书局1990年版，第484页。

③ 陈鹏：《中国婚姻史稿》，中华书局1990年版，第484页。

“从末减，杖八十”的禁令也是“有禁不止”。

据《续资治通鉴长编》载：“宋仁宗庚戌，权御史中丞王拱辰，言翰林医官许希非士族，而其子乃与皇兄弁升之女纳婚，不可以乱宗室之制，请罢之。奏可。”[①]

（五）元代

元代禁止职官娶倡，并明确写入律典，“诸职官娶倡为妻者，笞五十七，解职，离之”。但是，此禁条也没有严格执行，《元史》载，会明里董阿迓皇子过河南，而月鲁帖木儿为御史时，尝劾其娶娼女，冒受封。[②] 值得一提的是，官吏虽不能娶娼妓，但是倡妓经官府批准除去贱籍改为良人后，就可以与良人自由婚配，元曲中就有反映这种情况的剧本，如女子萧娥当了三年王母，依照旧例，经官准除贱籍后，改嫁良人。[③]《元典章》十八户部四“禁娶乐人为妻”条：中书省咨，至大四年八月十八日李平章特奉圣旨，新洽恩的为娶了乐人做媳妇的，上头他性命落后了也。今后乐人只教嫁乐人。咱每根底近行的人并官人每，其余的人每，若娶乐人做媳妇啊，要了罪过，听离了者么道，圣旨了也，钦此。

（六）明代

明律禁止文武官吏娶乐人，但不禁百姓娶乐人。明律“乐人为妻妾”条：凡官吏娶乐人为妻妾者，杖六十，并离异。若官员子孙娶者，罪亦如之。附过候廕之日降一等，于边远叙用，其在洪武元年已前者，勿论。集解云：“民人娶乐人为妻，应不问，为妾不论，乐人乃教坊司妓也，若流娼亦照此例。”《问刑条例・名例律》：军职宿娼及和娶乐人为妻妾……者，俱问调别卫，带俸差操。不过，如果倡妓嫁给良人，则允许其随夫成为良人，《谈迁北游录》载，有一个倡妓嫁给一个姓许的良人，他家里很穷，隆冬连一床厚被子都没有。有轻慢之客想来他家与倡妓饮酒，良人不敢拒绝，倡妓说道：“妾在青楼时，何但侑诸君，虽佣气可接席也。今为良人妇，安得更见辱？若此阃可渎，设携之贵阁亦何所碍？”客人羞惭而退。

（七）清代

有的宗族明确禁止娶娼妓为妻，道光年间，浙江鄞县周氏所撰《新河周

① （宋）李焘：《续资治通鉴长编》卷一百四十五，中华书局1985年版，第3514页。

② （明）宋濂：《元史》卷一四四《月鲁帖木儿传》，中华书局1976年版，第3435页。

③ （明）藏懋循：《元曲选・郑孔目风雨酷寒亭杂剧楔子》。

氏宗谱》规定：有娶娼妓为妻者，男女均不立主。[①] 有的宗族特别强调“门当户对”，光绪年间的《长沟朱氏宗谱》规定：男女婚配，须门楣相当，伦序不紊。不许贪得财礼，滥配匪类。[②]

三、族际不婚

美国学者戈登（Milton M. Gordon）认为，文化、社会意识、通婚、民族意识、民族偏见、民族歧视行为的消除、价值观念和权力冲突的消除是民族融合的重要方面，其中通婚是民族融合的重要途径之一。由于“大一统”国家统治的需要，中国历史上自秦汉时期到清末，族际通婚的“和亲”实例数不胜数；另外，由于民族偏见、民族歧视等原因，中国历史上有些朝代实行族际不婚。

族际不婚，既有占统治地位的民族，出于民族尊卑观，为了保证本民族血统的纯正性，禁止本民族与其他“低等”民族结婚的族际不婚的婚姻禁制；也有汉族政权为了保证政权的稳定性，出于边防治安的需要，禁止汉族与其他少数民族通婚的婚姻禁制。

（一）出于民族尊卑观而实行的族际不婚

1.宋代的“族际不婚”

张邦炜先生认为：“宋代婚姻制度的最为明显的特色，莫过于禁止汉族同其他民族通婚。”[③]如前文所述，无论是强大的汉、唐，还是分裂割据的魏晋南北朝，都有与其他少数民族“和亲”的历史。唯独有宋一代，始终未见宋人与其他少数民族“和亲”的历史，对宋人来说，“可以增币，但拒绝和亲；可以纳贡，但不愿纳女；可以称臣、称侄甚至称孙，但绝不肯以老岳父自居”[④]。

宋政权自建立以来，不断受到北方民族的威胁，与之并立的政权有辽、金、西夏等少数民族建立的政权。这样的社会背景反映在宋代的婚姻制度上就是禁止汉族同其他民族通婚，也就是禁止族际通婚。

宋神宗在熙宁十年（公元1077年）下诏，专门禁止宗室与化外人为婚：“应袒免以上亲不得与杂类之家婚嫁……若父母系化外及居沿边两属之人，

---

① 转引自费成康：《中国的家法族规》，上海社会科学院出版社1998年版，第346页。

② 转引自费成康：《中国的家法族规》，上海社会科学院出版社1998年版，第283页。

③ 张邦炜：《宋代婚姻家族史论》，人民出版社2003年版，第91页。

④ 姜春晖：《宋人拒绝和亲之原因分析》，载《湖北师范学院学报（哲学社会科学版）》2009年第2期。

其子孙不许为婚。”①这道族际之间不得通婚的禁令不仅施行于西北沿边，而且在原则上适用于东南沿海。因此，当朝廷发现“广州蕃坊刘姓人娶宗女，官至左班殿直”，立即采取措施，防止“宗女嫁夷部”的事情再度发生。②

在这方面，朝廷身体力行，断绝了自汉唐以来与少数民族首领“和亲”的惯例。比如庆历二年(公元1042年)，辽屯兵幽蓟，声言南下，并派遣大臣出使宋朝，在提出割地的同时，要求把宋公主嫁与辽兴宗之子，宋朝朝廷则宁肯增加岁币，也绝不实行和亲。宋元之际的历史学家马端临先生在《文献通考》卷三四六《四夷考二十三》里对此事有详细记载，现摘录如下：

> (宋仁宗)庆历二年(公元1042年)，元昊未平，宗(辽兴宗)真知中国厌兵，用刘六符议，聚兵幽涿，声言入寇，遣使萧英、刘六符来致书曰：“大契丹皇帝致书兄大宋皇帝……且元昊称藩尚主北朝，甥舅之亲，设罪合致讨，曷不以一介为报？……傥思久好，共遣疑怀，愿以晋阳旧附之区，关南元割之县见归敝国，共康黎元。”使者至，虽以请地求婚为言，而其指颇欲邀岁赂，仁宗重用兵，遣富弼、符惟忠报以书，曰：“昔我烈考章圣皇帝惠养天下，与大契丹弭兵讲好，通聘著盟，迨于缵承，共循谟训，边氓安堵垂四十年。”……弼曰：“两朝人主，父子继好，垂四十年，一旦求割地，何也？”宗真曰：“南朝违约，塞雁门，增塘水，治城隍，籍民兵，意将何为？群臣请举兵，吾止之，故遣使求地而已。”弼曰：“北朝忘章圣皇帝之大德乎？澶渊之役，若从诸将言，北兵无得脱者。且与中国通好，则主专所利，而臣下无所获。若用兵，则利归于臣下，而主受其祸。故欲用兵者，皆为身谋，非国计也。”宗真惊曰：“何也？”弼曰：“晋末帝时，中国狭小，上下离叛，故契丹全师独克，虽虏获金币，充仞大臣之家，而壮士健马，毙者大半，此谁任其祸者？今中国堤封万里，精兵百万，法令修明，中外一心。北朝欲用兵，能保其必胜乎？”曰：“不能。”弼曰：“胜负未可知，假使必胜，所亡士马，群臣当之欤？抑人主当之欤？若通好不绝，岁币尽归人主，臣下所得，止奉使者，岁一二人耳，群臣何利焉？”……宗真感悟，遂欲求婚。弼对：“婚姻易以生隙，不若岁币之久也。本朝长公主赍送不过十万缗，岂若岁币无穷之利。”宗真曰：“而且归矣，再来当择一事为报，宜遂以誓书来。”弼既归，复命再同张茂实往聘。

---

① (元)脱脱等:《宋史》卷一一五《礼志十八》，中华书局1985年版，第2739页。

② 朱彧:《萍洲可谈》卷二《蕃坊人娶宗女》，中华书局2007年版，第138页。

从以上材料可以看出，辽对北宋提出的要求是割地、和亲以及增加银绢，在北宋拒绝割地、和亲之后，最后双方以宋“每岁增绢一十万匹，银一十万两”而达成协议。

宋仁宗时期，曾以中原地区“同姓不婚”的传统习惯为理由拒绝了西夏的和亲请求，“嘉祐六年(公元1061年)七月，西夏毅宗李谅祚闻契丹约唃厮啰兵共取河西，思结中朝为援，使祖儒嵬名聿正入贡，请尚公主。仁宗答以‘昔尝赐姓’，不许”[①]。

南宋时期，又重申了族际不婚的禁令：“诸陷蕃投归人及归明人，官司具奏，听旨，押赴本州岛取问，愿居处于州郡城居止，各不得与三路或缘边人为婚姻。”[②]

以崔明德教授为代表的一些学者认为，强烈的民族偏见是导致宋人拒绝“和亲”的主要原因。宋自立国以来，便以中原正统王朝自居，文化优越感极强，民族偏见也异常强烈。《新唐书》作为一部官修史书，在一定程度上也反映出宋代在处于民族矛盾极其纷繁复杂的情况下，希图“尊王攘夷”，强调“华夷之辨”的民族心理。宋仁宗时，官至宰执大臣的贾昌朝更是直截了当地声称“和亲辱国”。北宋司马光在谈及刘敬向汉高祖献和亲之策时，也感慨地说：“盖上世帝王之御夷狄也，服则怀之以德，叛则震之以威，为与为婚姻也。”[③]程朱理学之集大成者朱熹更是把“中国结婚夷狄”看成是“自取羞辱”。[④] 盛行于宋代统治集团以及士大夫阶层的“文化大国”观念，使得宋人根本不可能认同辽、金、西夏等政权，自然也不屑于跟他们和亲。

2.清代的“满汉不婚”“蒙汉不婚”

(1)清代的“满汉不婚”

前文所述的清政府推行的满蒙联姻，跟其他政策一样，都是服务于清王朝的巩固统治的根本需要。而且，满蒙联姻也只是限于满蒙的贵族阶层，而不适用于满蒙的下层广大人民。为了实现以满族这一个少数民族有效地统治其他各民族的宏远目标，为了防止各族人民联合反抗，清政府在鼓励满蒙上层联姻的同时，对其他民族实行民族隔离政策，尤其是严禁满族与人口众

① (清)吴广成：《西夏书事》卷二〇。

② 《庆元条法事类》卷七八《蛮夷门·归明附籍约束·户令》。

③ (宋)司马光：《资治通鉴》，中华书局1956年版，第383页。

④ (宋)朱熹：《楚辞集注》，上海古籍出版社1979年版，第230页。

多的汉族人民之间的正常交往和通婚。

满人入关之初，为缓和民族矛盾，听任满汉联姻。清世祖于顺治五年(公元1648年)八月发布谕旨，“方今天下一家，满汉官民皆朕臣子，欲其各相亲睦，莫若使之缔结婚姻。自后满汉官民欲联姻好者，听之”[①]。不过，同年的一则谕令增加了满汉通婚的呈报制度，“今后凡满洲官员之女欲与汉人为婚的，必须先呈明户部，查核应具奏的即应具奏，应自理的即行自理。无职人等之女部册有登记的，令各牛录章京报部方嫁，无名者听各牛录章京自行遣嫁。至汉官之女欲与满洲为婚者亦行报部，无职者听其自便不必报部。其满洲官民娶汉人之女实系为妻者，方准其娶。”[②]嘉庆时期，《户部则例》对“旗人婚嫁”作出规定，禁止旗女嫁与民人为妻。“旗人之女不准与民人为妻。若民人之女与旗人联姻者，该族长佐领详查呈报，一体给与恩赏银两。如有谎报冒领，查出从重治罪。”这条则例明令禁止旗女嫁与民人为妻，但同时鼓励民人之女嫁给旗人。后来由于担心满族的民族特性在满汉联姻中被侵蚀，加上联姻的满汉上层出现叛乱，清政府开始禁止满汉通婚。

道光十六年(公元1836年)，镶白旗汉军马甲德恒之母陈陈氏，将次女许配给民人高纬保为妻一案，此案最初送呈刑部时，刑部感到“难断”，不但刑律无此专条，即使《户部则例》亦无治罪之条，而此案如按《户部则例》科断，只能令其断离，但又不符合“从一而终之义”。刑部为此上奏称：镶白旗汉军马甲德恒之母陈陈氏将次女许与民人高纬保为妻，查律例并无旗民结姻作何办理专条，《户部则例》亦无作何治罪明文。向遇此等案件，其已婚嫁者未便致令失节，祗令户册除名，免其离异，将主婚之人照违制律杖一百，或照违令律笞五十，办理即未能画一。今陈氏系未嫁之女，当令退婚，而乃以死自誓，不愿另嫁。论女子从一而终之义，似难断离；据旗女不婚民人之文又难判合。为此请旨饬下户部妥定条例，以便遵守。道光帝接到刑部上奏后，随即下旨称：刑部现行律例，并无旗民结姻作何办理专条。《户部则例》载有民人之女准与旗人联姻，一体给与恩赏银两，旗人之女不准与民人为妻，亦并无违者作何治罪明文。此案陈陈氏将次女许给高纬保为妻，止经聘定，著准其完配。嗣后应如何明定条例，著户部妥议具奏。钦此。户部依据《户部则例》的相关条款，参照《大清律例》，又特别按皇帝特旨，定例具奏如

① 《清世祖实录》卷四〇，中华书局1986年影印本，第320页。

② 《清世祖实录》卷四〇，中华书局1986年影印本，第321页。

下:臣等伏查《则例》内载"旗人之女不准与民人为妻,若民人之女与旗人联姻者,该族长佐领详查呈报,一体给与恩赏银两"。"至旗人娶长随家奴之女为妻者,严行禁止"等语,定例严明,遵循已久。近年旗人户蕃人众,间有以女许字民人者,迨知有干例禁,议及退婚,而女子矢志靡他,大率不肯另嫁,以致互控到官。若判合,既与定例未符;若断离,又非所以敦风化。今刑部所奏陈陈氏将次女许给高纬保为妻一案,仰蒙皇上洞悉下情,俯念女子从一而终之义,特旨准其完配,实为至允极当,并谕令妥议条例。臣等公同核议:窃以为律设大法,礼顺人情,自当因事制宜,俾昭遵守。拟请嗣后八旗内务府三旗旗人内,如将未经挑选之女许字民人者,请将主婚之人照违制律治罪;若将已挑选及例不入选之女许字民人者,请将主婚之人照违令律治罪。其民人聘娶旗人之女者,亦一体科断。至已嫁暨已受聘之女,俱遵此次恩旨准其配合,仍将其女开除户册,以示区别。经道光帝谕准"从之",遂载入《户部则例》。道光十六年对旗民婚姻的立法,反映在咸丰元年刊本的《户部则例》中,该则例《旗人嫁娶》条规定:旗人之女不准嫁与民人为妻。倘有许字民人者,将主婚之旗人照违制律治罪;系已经挑选及例不入选之女,将主婚之旗人照违令例治罪。聘娶之民人亦将主婚者一例科断,仍准其完配,将该旗女开除户册。若民人之女嫁与旗人为妻者,该佐领、族长详查呈报,一体给与恩赏银两。如有谎报冒领情弊,查出从重治罪。至旗人娶长随家奴之女为妻者严行禁止。

但是,随着清代社会的发展,"满汉不婚"的禁令与社会生活的冲突日益明显,适应不了清政府通过民族融合实现政治统一的需求,最后在光绪二年(公元1901年)正式宣布解除这一禁令。

(2)清代的"民苗不婚"

雍正到乾隆年间,为防止汉人与苗民因习俗不同引起纠纷,也为了防止汉人与苗民交往过密,一些地方官在民族地区实行"民苗不婚"。"一差役人等宜禁入苗地以防滋扰也。查苗人有词讼案件,向令苗弁传送,不准擅差兵役入寨,汉民不准与苗人往来婚姻。即在集场交易,亦令屯汛员弁亲往弹压,不准市侩侵欺,原所以区别民苗,使之两无嫌隙。近闻此禁复弛,汉民仍不时与苗人往来,不无盘剥之弊。遇有干涉苗人案件,地方官辄差役传提。该差役等一入苗境,肆行无忌,往往乘坐轿马,佩令苗人沿途护送,及到事主之家,任意需索,甚至擅行鞭责,詈辱苗弁。向来苗人滋事,多因于此。必应一律严行申禁,以弭事端。"[1]

但是,由于各地落实情况不一,此一禁令也是松严禁弛反复。雍正五年(公元1727年)闰三月,兵部议决湖广总督福敏条奏防范苗疆事宜五款,经雍正帝批准,明令禁止内地民人与苗民通婚。乾隆二十五年(公元1760年),清政府批准按察使严有禧等人奏折,再次明令一概禁止汉人与苗民通婚。"按察使严有禧奏称:民苗结亲,原系例禁,嗣经前督臣迈柱奏准永顺一府及永绥、绥宁各苗,俱令与内地兵民结姻,其乾、凤、二厅并靖州、通道等处,仍照例禁止。查苗嵎僻处深山,服饰风俗,究与民人有别。其情愿婚姻者,大率游手无赖之民,利其产业。而苗性贪得财礼,藉其力作。久之情意不投,每滋讼狱且恐奸民藉口姻亲出入苗地,勾结成衅,应请概行禁止。其现在已婚已娶者,饬令娶回,不许赘居苗寨。如奉禁后,仍有违例结亲及无故擅入苗地者,按例治罪。失察之地方官,照例参处。得旨如所议行。"[2]乾隆二十九年(公元1764年),根据原湖南巡抚陈宏谋的奏请,朝廷废除此条禁令。乾隆三十二年(公元1767年),刑部修改《大清律例》,此禁令又有所抓紧,增加规定湖南省所属没有剃发的苗人与民人结亲,都按照民俗婚配,但对未经入籍擅自在苗区来去不定的商贾汉民,仍不许与苗民结亲。(乾隆)四十六年(1781年),起湖广总督疏陈防守红苗,请沿边安设塘汛,禁内地民与苗往来,并勿与为婚姻。[3]

(3)清代的"蒙汉不婚"

禁止蒙汉通婚是清代前期至中叶的一项特有制度。康熙二十二年(公元1683年)规定,内地汉人到蒙古贸易、种地,不得娶蒙古妇女为妻。若私自嫁娶,经查出,妇女离异归还母家,私娶的汉人照内地例治罪,知情的主婚人及说和婚事的蒙古人等,各罚牲畜一九。"今据称现有民人与蒙古为婚者,除已获之犯,按照办理外,应令该管地方官严禁。如再事犯,即将该管官参处。"[4]雍正十一年(公元1733年),针对汉人娶蒙古女子的现象,清政府又重申禁令,禁止汉人娶蒙古女子为妻,但对已经在各札萨克地方贸易、种地,并且已娶蒙古女子为妻并生有子女的汉人,则交归化城都统、同知等细

---

① 《皇朝经世文续编》卷九十二《兵政十八·蛮防》。

② 《清实录·乾隆朝实录》。

③ 赵尔巽等:《清史稿》卷二七五《列传第六二》,吉林人民出版社1995年版,第7931页。

④ 乾隆朝《理藩院则例·录勋清吏司·婚姻》。

查后造册具报，有愿归原籍的，准其带妻及子回原籍。[①] 乾隆四十二年（公元 1777 年），清廷酌情处理汉人娶蒙古女子的案件，禁令有所松弛，“理藩院议覆，侍郎博清额等奏，审拟民人梁依栋聘娶台吉海青之女为妻，应令离异。得旨，梁依栋，不知民人不准与蒙古结姻之例，礼聘海青之女为妻，系台吉达玛琳为媒。两家情愿，与因债逼勒谋娶者不同。民间违例聘娶蒙古之女为妻，固有应得之罪。而蒙古收受聘礼，愿结为婚，岂得无罪。蒙古、民人均系朕之臣仆，今梁依栋既以礼聘，并非强娶，著不必令其离异”[②]。乾隆五十二年（公元 1787 年），蒙汉通婚越来越普遍，“势难禁止”，皇帝不得不发布上谕，取消“蒙汉不婚”禁令，“将禁止民人娶蒙古妇女之例停止”。

> （乾隆五十二年）谕军机大臣等刑部奏，请定民人婚娶蒙古妇女、杀奸治罪之例一摺。据称直隶、山西有同一衅起杀奸之案。直隶则以蒙古妇女，非民人所得婚娶，概以凡人斗杀定拟。而晋省则以婚娶已久，既为夫妻。即以杀奸科断办理参差。请嗣后民人娶蒙古妇女。在本年六月申明定例以前者，悉照民人夫妻服属各例，画一办理。其在定例后，概以凡人谋故斗杀各本律，分别治罪，仍通行奉天等处。将民人不得婚娶蒙古妇女晓谕揭示，并载入例册等语。所奏大意近是定例徒滋繁扰，众仍难于遵行。国家休养生息，中外一家，本无畛域之分。从前定例，内地民人不准婚娶蒙古妇女或因民人等暂时出口谋生在彼婚娶，易滋事端，是以设有明禁。近来生齿日繁，内地民人，孑身出口贸易种地者，不可胜计，伊等相处日久，往来婚娶，势难禁止。设遇有奸杀等案，自当按律办理。何必分别多立条款。刑部堂官于此等案件，如直隶具题民人吴得义扎死梁作栋、及崔明亮砍毙伊妻乌雅里二案。该二犯既经婚娶蒙古妇女，是夫妻名分已定。该督何以又援蒙古妇人。非民人所得婚娶，以凡人斗杀定拟，刑部自应按律改拟科断。如晋省郗南惟子殴毙郭秉元一案，郗南惟子因伊胞叔告知伊妻与郭秉元有奸，起意殴打。该犯听从纠约，殴毙郭秉元，与亲属捉奸之例相符。亦应照律办理。以昭画一而归平允。至民人不得婚娶蒙古妇女，不但此条可删，并可无庸形之章牍。将来遇有此等案件，原可随案定拟。行所无事，何必

---

① 《清世宗实录》卷一二九，中华书局 1986 年影印本。

② 《清高宗实录》卷一〇四五，中华书局 1986 年影印本。

又生一番议论，另立条款。将此谕令知之。[①]

但嘉庆六年(公元1801年)，由于灾民蜂拥至蒙古，清政府只得重申“蒙汉不婚”禁令并加重处罚。“嘉庆六年议准：嗣后将民人娶蒙古妇女之处，严行禁止。其业经娶过者，任伊等两家情愿，均令陆续带回原籍。禁止后，仍有私娶蒙古妇女者，一经旁人告发，将所娶之妇离异，交还母家。将主聘妇女之人枷号三月，满日鞭一百。将违例之民亦枷号三月，满日鞭一百，解回原籍。失察之该台吉罚三九牲畜，该札萨克罚俸六月。傥该札萨克台吉自行查出，免其议处。”[②]

作为中国历史上又一个统一的多民族融合的大帝国，在不同民族通婚问题上，清代与唐代采取了截然不同的政策，通过禁婚构建起庞大的民族隔离体系。这与清王朝追求王朝统一的目标是冲突的，这与清王朝试图让作为统治民族的满族得到其他各民族的认同的目标也是相背离的。正是由于禁止族际通婚违背了民族融合、国家统一的历史规律，与民间社会实际不符，所以禁令也难以严格执行，制度本身也只能日渐松弛，最后在清末变法修律时被废止。

(二)出于边防治安需要而实行的“汉蕃不婚”

蕃民，即蛮夷之民，边境少数民族之民。出于维护边防安全、国家安全的考虑，中国历史上有些朝代对境内中国人与边境之民的通婚进行过限制性或禁止性规定。处于中国封建社会鼎盛时期的“开放性”的唐代不禁族际通婚，也就是对于汉族与少数民族的通婚以及不同少数民族之间的通婚都不禁止，但是严格限制境内中国人与边境蕃民通婚。而处于中国封建社会鼎盛时期的“封闭性”的清代，不仅禁止满汉通婚、蒙汉通婚、苗汉通婚，还禁止民蕃通婚，禁止福建、台湾的民人与台湾少数民族通婚。

1.唐代

《唐律疏议·卫禁》“越度缘边关塞”条律文如下：

【疏】议曰：越度缘边关塞，将禁兵器私与化外人者，绞。共为婚姻者，流二千里。其化外人越度入境，与化内交易，得罪并与化内人越度、交易同，仍奏听敕。出入国境，非公使者不合，故但云“越度”，不言“私度”。若私度交易，得罪皆同。未入者，谓禁兵器未入，减死三等，得徒

① 《清高宗实录》卷一二八二，中华书局1986年影印本。

② 《钦定大清会典事例》卷九百七十八《理藩院》。

二年半。未成者，谓婚姻未成，减流三等，得徒二年。因使者，谓因公使入蕃，蕃人因使入国。私有交易者，谓市买博易，各计赃，准盗论，罪止流三千里。若私与禁兵器及为婚姻，律无别文，得罪并同"越度""私与禁兵器""共为婚姻"之罪。又，准别格："诸蕃人所娶得汉妇女为妻妾，并不得将还蕃内。"又准主客式："蕃客入朝，于在路不得与客交杂，亦不得令客与人言语。州、县官人若无事，亦不得与客相见。"即是国内官人、百姓，不得与客交关。私作婚姻，同上法。如是蕃人入朝听住之者，得娶妻妾，若将还蕃内，以违敕科之。

从以上这条律疏来看，唐律对境内中国人与边境蕃民的婚姻禁制主要有：(1)境内中国人不能与边境蕃民通婚。共为婚姻者，流二千里。婚姻未成者，减流三等，得徒二年。(2)国内官员因公出使蕃国者，不得私自与蕃民通婚；同样，蕃民出使到大唐，国内官民也不得私自与入朝蕃民通婚。(3)蕃民经允许居住在国内，可以娶汉民女子为妻妾，但不得将汉民妻妾带回到蕃国。

到了唐文宗时，京兆蓝田人卢钧任岭南节度使(治所在今广东广州)，曾奏请"禁土人与外蕃婚姻及禁蕃人置田宅，可之"，"夷人与华人杂居婚娶，岁月滋久，至均方能立法以禁之"。[①]

在不禁族际通婚的唐代，作出这种禁止性规定，主要是为了避免境内中国人与边境蕃民交往过密会导致边境混乱，乃至国家的不安宁。

2.宋代

有宋一代，在宋初"先南后北"的统一战争中，先后收复南方及河东地区，但在与北方的辽、西夏交战中，屡次受挫，且元气大伤，收复北方的计划也只好作罢，来自北方的威胁成为朝廷的心腹大患，"朝廷之上早夜深忧，切记孜孜而不已者，唯二鄙之患"[②]。此处"二鄙"，即指辽、西夏。除了吐蕃、党项之外，西北边区还有回鹘、鞑靼等部落民族。为确保西北边区的稳定，北宋政府起初采取怀柔安抚的政策，颁布许多法令保护蕃民的经济、人身等权益。但是，宋太宗至道元年(公元 995 年)八月癸卯曾发布诏令："禁西北缘边诸州民与内属戎人婚娶。"[③]宋英宗(公元 1063—1067 年在位)时期，也

① (宋)王钦若等：《册府元龟》(第七册)卷六百八十九，中华书局 1988 年版，第988 页。

② (宋)吕陶：《净德集》卷十九《虑边论二》，商务印书馆 1986 年版，第 205 页。

③ (元)脱脱等：《宋史》卷五《太宗赵炅二》，中华书局 1981 年版，第 98 页。

曾明令禁止国人与蕃民通婚，“（道宗十年）六月辛未，宋人遣使来谢吊祭。乙酉，乌古敌烈统军使朽哥有罪，除名。丙戌，和烈葛等部来聘。癸巳，惕德来贡。己亥，禁边民与蕃部为婚”[①]。从宋代对西北边区的蕃民的政策变化之中，我们可以看到，一向以“保境安民”为宗旨的宋朝廷，并不想一味以“输币求和”换得一时和平，所以一腔抱负的宋神宗即位后立即任用王安石变法，力求富国强兵，民族政策也开始从消极防守变为积极应对，并制定了一系列巩固西北边防的法规。

3.清代

处于中国封建社会末期的清代，原本没有禁止汉民与蕃民结婚的禁令，雍正十三年（公元1735年）诏令：“福建台湾地方民人，不得与番人结亲，违者离异。”[②]乾隆二年（公元1737年）由巡台御史白起图奏准定例，“诏减台湾番饷，著照民丁之例，每丁征银二钱。禁汉番通婚”[③]。《重修台湾府志》对此禁制也有反映，“婚嫁各番结婚，不问伯叔之子，自相配偶；惟土官，则不与众番为婚”[④]。乾隆五年（公元1740年）馆修入律，规定有违此令者，民人照违制律杖一百，士官、译员减一等，各杖九十。并且规定，该地方官若知情故纵，则将地方官交刑部议处。

第三节　基于人伦义务的婚姻禁制

借用冯欣明先生的解释，人伦就是人与人之间的关系中，各方所应该履行的义务和责任。传统中国特别强调的人伦关系主要有君臣、父子、夫妻及兄弟等相互关系，而在这些相互关系之中，无非以“忠孝”二字为原则来规定相互的义务和责任。这些关系和原则在婚姻禁制方面主要体现为居父母及配偶丧不得嫁娶、居尊亲囚禁期间不得嫁娶、居君主丧不得嫁娶以及有妻不得更娶等内容。

---

① 曾枣庄：《辽史》卷二十五《本纪第二十五》，汉语大词典出版社2004年版，第213页。

② 《钦定大清会典事例》卷七百五十六《刑部》。

③ 连横：《台湾通史》卷三《经营纪》，台湾大通书局1984年版，第67页。

④ （清）余文仪：《续修台湾府志》卷十四《番社风俗（一）》，台湾大通书局1957年版，第526页。

一、居丧不得嫁娶

居丧不得嫁娶，包括两种情形：一是婚姻已定，或婚姻正在进行中，婚姻的当事人遭遇丧事，嫁娶之事必须暂停；二是婚姻的当事人遭遇丧事，丧期未尽，不得筹划嫁娶之事或举行嫁娶之礼。

（一）居父母及夫丧不得嫁娶

“父母之恩，昊天莫报，荼毒之极，岂若闻丧。妇人以夫为天，哀类父母。”[①]居父母或夫之丧，丧期未尽，不能筹划嫁娶之事或举行嫁娶之礼。此礼制最初始于春秋，后被后世法典所沿用。

“春秋庄公二十二年：冬，公如齐纳币，注，母丧未再期而图昏，啖子曰：‘时居丧。’又文公二年：公子遂如齐纳币，公羊传曰：‘纳币不书，此何以书，讥，何讥尔？讥丧娶也。’娶在三年之外，则何讥乎。丧娶，三年之内不图昏。何休注，僖公以十二月薨，至是未满二十五月，又礼先纳采，问名纳吉，乃纳币，此四者皆在三年之内，故云尔。又宣公元年：三月，遂以夫人妇姜至自齐。公羊传：‘夫人何以不称姜氏，贬，曷为贬？讥丧娶也。’”

《礼记·曾子问》：“曾子问曰：‘昏礼既纳币，有吉日，女之父母死，则如之何？’孔子曰：‘婿使人吊。如婿之父母死，则女之家亦使人吊。’曾子问曰：‘亲迎，女在涂，而婿父母死，如之何？’孔子曰：‘女改服，布深衣缟，总以趋丧。女在涂，而女之父母死，则女反。’”

汉代沿袭春秋之法，严惩居丧嫁娶，规定“妇人夫丧，（必待）既葬，始得改嫁，未葬而嫁为不道”。（汉）隆虑侯陈蟜，坐母长公主薨，未除服奸，禽兽行当死，自杀。[②] 丧服未除，奸者尚且重惩，婚姻更是严禁之列。《太平御览》卷六百四十引董仲舒《春秋决狱》：甲夫乙，将船会海，风盛船没，溺流死亡，不得葬。四月，甲母丙，即嫁甲，欲皆何论，或曰，甲夫死，未葬，法无许嫁，以私为人妻，当弃市。

魏晋南北朝时期，北朝婚律禁止居父母丧嫁娶，《隋书·库狄士文传》载，库狄士文从父妹有色，应州刺史唐君明居母忧，聘以为妻，为御史所劾。

《唐律疏议·户婚律》：“诸居父母及夫丧而嫁娶者，徒三年，妾减三等，各离之。知而共为婚姻者，各减五等；不知者，不坐。”【疏】议曰：父母之丧，

---

① 《唐律疏议》卷十《职制》“匿父母及夫等丧”条疏。

② 程树德：《九朝律考》，中华书局1963年版，第96页。

终身忧戚，三年从吉，自为达礼。夫为妇天，尚无再醮。若居父母及夫之丧，谓在二十七月内，若男身娶妻，而妻女出嫁者，各徒三年。“妾减三等”，若男夫居丧娶妾，妻女作妾嫁人，妾既许以卜姓为之，其情理贱也，礼数既别，得罪故轻。“各离之”，谓服内嫁娶妻妾并离。“知而共为婚姻者”，谓妻父称婚，婿父称姻，二家相知是服制之内，故为婚姻者，各减罪五等，得杖一百。娶妾者，合杖七十。不知情，不坐。【疏】议曰：“居父母丧，身自嫁娶”，皆谓首从得罪者。若其独坐主婚，男女即非“不孝”。所以称“身自嫁娶”，以明主婚不同十恶故也。其男夫居丧娶妾，合免所居之一官；女子居丧为妾，得减妻罪三等，并不入“不孝”。若作乐者，自作、遣人等。乐，谓击钟、鼓，奏丝、竹、匏、磬、埙、篪，歌舞，散乐之类。“释服从吉”，谓丧制未终，而在二十七月之内，释去衰裳而著吉服者。[①] 诸居父母丧，与应嫁娶人主婚者，杖一百。【疏】议曰：居父母丧，与应合嫁娶之人主婚者，杖一百；若与不应嫁娶人主婚，得罪重于杖一百，自从重科。若居夫丧，而与应嫁娶人主婚者，律虽无文，从“不应为重”，合杖八十。其父母丧内，为应嫁娶人媒合，从“不应为重”，杖八十；夫丧从轻，合笞四十。[②] 就连作为皇室成员的公主，也要遵循这一禁制。《册府元龟》载，于志宁为侍中，永徽元年（公元650年），衡山公主欲出降，长孙氏议者以时既公除合行吉礼，志宁上疏曰：“臣闻明君驭历当俟献替之臣，圣主握图必资盐梅之佐，所以尧询四岳景化洽于区中，舜任五臣懿德被于无外左有记言之史右，有记事之官，大小咸书，善恶俱载著，惩劝于简牍，垂褒贬于人伦，为万古之范围，作千龄之规镜。伏见衡山公主出降，欲就今秋成礼切按礼记云：女年十五而笄，二十而嫁，有故二十三而嫁。郑玄云：有故谓遭丧也。固知须终三年。春秋云：鲁庄如齐纳币。杜预云：母丧未再期而图婚，二传不讥失礼明有故也，此即史策具载，是非历然，断在圣情。”不待问于臣下，其有议者云：“准制公除之后须并从吉，汉文创制其仪为天下百姓，至于公主服是斩缞。纵使服随例除无宜情随例改心丧之内方复成婚，非惟违于礼经，亦是人情不可。伏惟陛下嗣膺宝位，临统万方，理宜继美羲轩齐芳汤禹弘奖仁孝之日，敦崇名教之秋，此事行之。若难犹须抑而守礼，况行之甚易，何容废而受讥？此礼有识之所共知，非假愚臣之说也。伏愿遵高祖之令，轨略孝文之权制，国家于法无亏公主情礼得毕。”于是诏公主

① 《故唐律疏议》卷第一《名例》。

② 《故唐律疏议》卷第十三《户婚》。

待三年服阕后出降。[①]

《宋刑统》卷十三云:"诸居父母及夫丧而嫁娶者,徒三年,妾减三等,各离之。知而共为婚姻者,各减五等,不知者不坐。若居周丧而嫁娶者,杖一百,卑幼减二等,妾不坐。"但是,宋代的禁令对官民有不同要求,官吏既葬而祭方能嫁娶,军民除服祭毕就能嫁娶。《续资治通鉴长编》卷三〇一载,"壬寅,礼院言,故事,现任文武升朝官之家,候袝庙毕嫁娶,京官以下,过禫除,臣子丧制一等,而用吉礼,有远近之差,非也。乞见任文武官之家,候九虞祭毕,为卒哭,许嫁娶,军民过易曰禫除,不禁,仍不用花彩,从之"。不过,"居丧禁嫁娶"也有例外情形,父祖殉国难而子孙家贫无依倚者,则听任嫁娶,"诸殁于王事,而子孙贫乏,家无依倚者,许服内定婚,其有期丧者,百日外听娶"[②]。苏轼曾经上书重申"居丧禁嫁娶"的重要性:

> 端明殿学士兼翰林侍读学士、礼部尚书苏轼言:"臣伏见元祐五年秋颁条贯,诸民庶之家,祖父母、父母老疾无人供侍,子孙居丧者,听尊长自陈,验实婚娶。伏以人子居父母丧不得嫁娶,人伦之正,王道之本也。孟子论礼色之轻重,不以所重徇所轻。丧三年,二十五月,使嫁娶有二十五月之迟,此色之轻者也。释丧而婚会,邻于禽犊,此礼之重者也。先王之政亦有适时从宜者矣,然不立居丧嫁娶之法者,所害大也。近世始立'女居父母及夫丧,而贫乏不能自存,并听百日外嫁娶'之法,既已害礼伤教矣,然犹或可以从权而冒行者,以女弱不能自立,恐有流落不虞之患也。今又使男子为之,此何义也哉?男年至于可娶,虽无兼侍,亦足以养父母矣,今使之释丧而婚会,是直使民以色废礼耳,岂不过矣哉?春秋记经礼之变,必曰自某人始。使秉直笔者书曰:'男子居父母丧得娶妻,自元祐始。'岂不为当世之病乎?臣谨按,此法本因邛州官吏妄有起请,当时法官有失考论,便为立法。臣备位秩宗,前日又因迩英进读,论及此事,不敢不奏。伏望圣慈特降指挥,削去上条,稍正礼俗。"癸亥,诏从轼请。[③]

元代沿袭唐制,《元典章》刑部卷三明确规定"居丧为嫁娶者徒"。"至元七年十二月,尚书户部契勘,父母之丧,终身忧戚,夫为妇天,尚无再醮。今

① (宋)王钦若等:《册府元龟》(第六册)卷五百八十五,中华书局1988年版,第940页。

② 《庆元条法事类·职制门》引户令。

③ (宋)李焘:《续资治通鉴长编》卷四八四,中华书局1986年版,第11513～11514页。

随处节次申到有于父母及夫丧制中往往成婚，致使词讼烦冗为无定例难便归断检会到旧例，居父母及夫丧而嫁娶者，徒三年，各离之，知而共为婚姻者，各减三等。省部议得若不明谕禁约引讼不已，寔是乱俗败政。以此参详比及通行定夺以来，定立格限，渤海汉儿人等，拟自至元八年正月一日为始。已前有居父母夫丧内嫁娶者准已婚为定格，后犯者依法断罪听离，如此庶免词讼似望渐厚风俗。呈奉尚书省移准中书省咨依准施行。"此条文之后还附有"焚夫尸嫁"判例一则，"迤风俗侥薄除已行下潭州路，拟将阿吴杖断七十七下，听离，与女真娘同居守服以全妇道。仍将元聘财解省，并彭千一违法成婚一节，就便取招，断四十七下。媒人陈一嫂，撒扬骨殖人赵百三，各断四十七下，唐兴杖三十七下，外仰遍行合属严行禁约"。此判例对夫死冒丧改嫁的妇女阿吴，杖七十七下并判离。《元史》："诸遭父母丧，忘哀拜灵成婚者，杖八十七，离之，有官者罢之，仍没其聘财，妇人不坐。"①不过，对于四等人中的不同种族，禁令的适用是有差别的，"凡居父母丧，宴饮、婚姻、作乐，皆非孝道。除蒙古色目人宜从本俗，余违治罪"②。

《明律·户律·婚姻门》"居丧嫁娶"条，"凡居父母及夫丧而身嫁娶者杖一百"。但在实际生活中，未必严格依法执行，甚或居丧嫁娶成风。《明史·张昺传》：铅山俗，妇人夫死辄嫁。有病未死先受聘供汤药者。《金瓶梅》第十七回：孟玉楼道："论起来，男子汉死了多少时儿？服也还未满，就嫁人，使不得的！"月娘道："如今年程，论的什么使的使不的。汉子孝服未满，浪着嫁人的，才一个儿？……"月娘这一句话，一棒打着两个人——孟玉楼与潘金莲都是孝服不曾满再醮人的，听了此言未免各人怀着惭愧归房。

《大清律例·户律·婚姻》"居丧嫁娶"条规定：居父母丧而擅自嫁娶者，杖一百，并离异。《钦定大清会典事例·刑部》卷七百五十六："凡男女居父母及妻妾居夫丧而身自主婚嫁娶者，杖一百。若男子居父母丧而娶妾，妻居夫丧女居父母丧而嫁人为妾者，各减二等。若命妇夫亡虽服满再嫁者，罪亦如之。亦如凡妇居丧嫁人者拟断。追夺敕诰，并离异。知系居丧及命妇而共为婚姻者，主婚人各减五等，财礼入官。不知者不坐，仍离异追财礼。""若居父母舅姑及夫丧而与应嫁娶人主婚者，杖八十。其夫丧服满，妻妾果愿守志，而女之祖父母父母及夫家之祖父母父母强嫁之者，杖八十，期亲加一等，

① （明）宋濂等：《元史》卷一百三《志第五一》，中华书局1976年版，第2643页。

② 湖南省青苹果数据中心：《新元史》卷九十六《志第七十》，第1565页。

大功以下又加一等。妇人及娶者俱不坐。未成婚者，追归前夫之家，听从守志。追还财礼。已成婚者，给予完聚。财礼入官。谨案末节系雍正三年奏准改定。原文：其夫丧服满愿守志，而女之祖父母父母强嫁之者杖八十，期亲强嫁者加二等。妇人不坐。追归前夫之家，听从守志。娶者亦不坐。追还财礼。其期亲强嫁者加二等句下注云，其夫家之祖父母父母及期亲强嫁之者罪亦如之。"《钦定大清会典事例·理藩院》卷九百七十八又定，指婚未成礼之额驸。如遇父母丧，俟服阕后迎娶。

（二）居周亲丧不得嫁娶

周亲，至亲也，《尚书·泰誓》："虽有周亲，不如仁人。"孔传："周，至也。言纣至亲虽多，不如周家之少仁人。"此文中"周亲"是指除父母及丈夫以外的其他亲人，包括妻子在内的至亲之人。

1.晋代

先秦时期，尚无此禁条。《礼记·杂记》："大功之末，可以冠子，可以嫁子。父小功之末，可以冠子，可以嫁子，可以娶妇。已虽小功，既卒哭，可以冠子娶妻，下殇小功，则不可。"此处"下殇小功"是指小功齐衰之亲，"先儒之说，本齐衰之亲，故除丧而后可婚"[①]。

晋人认为"居周亲丧嫁娶"有违礼教，多有非议。《全晋文》载，晋南阳中正张辅言司徒府云："故凉州刺史扬欣女，以九月二十日出赴姊丧殡，而欣息俊因丧后二十六日，强嫁妹与南阳韩氏，而韩就扬家共成婚姻。韩氏居妻丧，不顾礼义，三旬内成婚，伤化败俗，非冠带所行。下品二等，本品第二人，今为第四。请正黄纸。"梁州中正梁某言："俊居姊丧嫁妹，犯礼伤义，贬为第五品。"[②]此处对韩氏居妻丧的评价是"不顾礼义""伤化败俗"，"俊居姊丧嫁妹"，被贬官。

《通典》卷六十载，"王濛女有同生之哀，计其日月，尚未绝哭，岂可成婚？凡在君子，犹爱人以礼，况崇化之主邪？以此为圣人故事，宁可执训，当令宣流后裔。忝备礼官，情有不安，谨具白所怀"。

《全晋文》卷一百二十四载，御史中丞高崧，有从弟丧，在服末欲为儿婚，书访尚书范汪曰："《礼》有'大功之末可以嫁子，小功之末可以娶妇'。下章云'已虽小功，既卒哭，可以娶妻'。己有小功丧，则父便应有大功丧，以义例

① （清）严可均：《全晋文》卷二十一，商务印书馆 1999 年版，第 200 页。
② （清）严可均：《全晋文》卷一百五，商务印书馆 1999 年版，第 105 页。

推之，小功卒哭可以娶妻，则大功卒哭可以娶妇邪？”范答曰：“按《礼》‘大功之末，可以冠子嫁子’。此于子已为无服也。以己尚在大功丧中，犹未忍为子娶妇，近于欢事也。故于冠子嫁子则可，娶妇则不可矣。已有缌麻之丧，于祭亦废，婚亦不通矣，况小功乎！”崧又曰：“《礼》‘己虽小功，既卒哭，可以娶妻’。己有小功，则父有大功。己既小功卒哭可娶妻，则父大功卒哭可娶妇，将不嫌邪？”汪曰：“五服之制，各有月数，月数之内，自无吉事，故曰‘衰麻非所以接弁冕也’。《春秋·左氏传》，齐侯使晏子请继室于晋，叔向对曰：‘寡君之愿也，衰绖之中，是以未敢请。’《礼》贵妾缌，而叔向称在衰绖之中。推此而言，虽轻丧之麻，犹无婚姻之道也，而敦本敬始之义，每于婚冠见之矣。《杂记》曰‘大功之末可以嫁子，小功之末可以娶妇’。而下章云‘己虽小功，卒哭，可冠、娶事也’。二文诚为相代，寻此旨，为男女失时或继嗣未立者耳，非通例也。《礼》，男三十而娶，女二十而嫁。至于仲春会男女，便云‘于此时也，奔者不禁’。此亦是权礼，非经常之典也。”

《通典》卷六十又载，晋惠帝元康二年（公元 292 年）司徒王浑奏弹虞浚等冒丧婚娶，“前以冒丧婚娶，伤化悖礼，下十六州推举，今本州中正各有言上。太子家令虞浚有弟丧，嫁女拜时；镇东司马陈湛有弟丧，嫁女拜时；上庸太守王崇有兄丧，嫁女拜时；夏侯俊有弟子丧，为息恒纳妇，恒无服；国子祭酒邹湛有弟妇丧，为息蒙娶妇拜时，蒙有周服；给事中王琛有兄丧，为息稜娶妇拜时，并州刺史羊暨有兄丧，为息明娶妇拜时；征西长史牵昌有弟丧，为息彦娶妇拜时。湛职儒官，身虽无服，据为婚主。按《礼》：‘大功之末可以嫁子，小功之末可以娶妇。’无齐缞嫁娶之文，亏违典宪，宜加贬黜，以肃王法，请台免官，以正清议”[①]。

《晋书·刘隗传》载，世子文学王籍之居叔母丧而婚，隗奏之，帝下令曰：“《诗》称‘杀礼多婚，以会男女之无夫家’，正今日之谓也，可一解禁止。自今以后，宜为其防。”东阁祭酒颜含在叔父丧嫁女，隗又奏之。庐江太守梁龛明日当除妇服，今日请客奏伎，丞相长史周顗等三十余人同会，隗奏曰：“夫嫡妻长子皆杖居庐，故周景王有三年之丧，既除而宴，《春秋》犹讥，况龛匹夫，暮宴朝祥，慢服之愆，宜肃丧纪之礼。请免龛官，削侯爵。顗等知龛有丧，吉会非礼，宜各夺俸一月，以肃其违。”从之。

① （唐）杜佑：《通典》卷第六十《礼二十·嘉五》，刘俊文等点校，中华书局 1982 年版，第 527～528 页。

2.唐代

唐代开始在律文中明设禁条,《唐律·户婚律》“居父母丧嫁娶”条:若居期亲丧而嫁娶者,杖一百,卑幼减二等,妾不坐。疏议云:若居期亲之丧嫁娶,谓男夫娶妇,女嫁作妻,各杖一百;卑幼减二等——虽是期服,亡者是卑幼,故减二等,合杖八十;妾不坐,谓期服内,男夫娶妾,女妇作妾嫁人,并不坐。唐律中所谓的期亲丧,是指祖父母、伯叔母、姑、兄弟丧,包括妻丧在内,即居妻丧期未满者,其夫不得续娶。

3.宋辽金

《全宋文》卷十七载,江氏问裴松之曰:“从兄女先克此六月,与庾长史弟婚,其姊蔡氏先三月亡,葬送已毕,从兄无嗣,兄子简为后。今与从妹同服大功,大功末可以嫁子,不知无父而兄有大功服,可复嫁妹不?”答曰:“意谓父有大功,尚可嫁子,兄在大功,理无不可。今所未了者,未知女身大功,亦可得嫁不?又降而在大功,得与本服九月者同不?见宗涛答范超伯问,娶妇之与嫁子,轻重有一等之差。己身小功,可以娶妻。女身大功,何为不可以嫁。谓此言为是,但其论降在大功者,如为不尽,吾以为聘纳礼重,故探其本情,适人差轻,故以见服为断。《礼》无降在大功不可嫁子之文,不应于外生疑,且有小功下殇之丧,过五月便可以娶,降在九月者,过三月而后嫁,计其日月,亦一等之谓也。”

《金史·世宗纪》载,“知情服内成亲者,虽自首,仍依律坐之”。

金章宗承安五年(公元1200年)诏:“定妻亡,服内婚娶,听离制。”[①]

4.明清时期

《明律·户律·婚姻门》“居丧嫁娶”条,“居祖父母、伯叔父母、姑、兄弟丧而嫁娶者,杖八十,妾不坐”。《明史·郑辰传》:“云南布政使周璟居妻丧,辰劾其有伤风教,璟坐免。”又《典故纪闻》卷十一载,“正统十四年,刑部奏,定各处生员,若犯……居丧娶妻妾等罪者,南北直隶,发充两京国子监膳夫,各布政司发充邻近儒学齐夫膳夫,两日,发原籍为民”。

清代沿袭明律,若居祖父母伯叔父母姑兄姊丧除承重孙外而嫁娶者,杖八十,不离异,妾不坐。[②]

与“居夫丧不得嫁娶”的出发点不同,“居妻丧不得嫁娶”主要是考虑礼

---

① (元)脱脱等:《金史》卷十一《章宗三》,中华书局1975年版,第253页。

② 《钦定大清会典事例》卷七百五十六《刑部》。

教风化问题，所以“居妻丧不得嫁娶”没有严厉的刑罚处罚，仅是因为“有违礼教”而被“议”或“劾”，可能被贬官、免官或罚充膳夫，至多“杖八十”。

（三）居君主丧不得嫁娶

居君主丧不得嫁娶，包括居天子丧、皇后丧，民间不得嫁娶。

居天子丧，民间不得嫁娶，其制始于何代，已经无法考证。有史可考的是汉文帝、东汉光武帝的遗诏。汉文帝崩，遗诏“令天下吏民，令到，出临三日，皆释服，无禁娶妇嫁女、祀祠，饮酒食肉”[①]。可以猜测，此前可能有过“天子崩，民间禁娶妇嫁女”的禁令。后汉光武遗诏“朕无益百姓，皆如孝文皇帝制度，务从约省”[②]。陈鹏先生据此推测，汉代其他天子驾崩以后，天下吏民皆禁嫁娶，“依此推之，则汉代除文帝及光武外，诸帝崩，吏民均服丧，禁嫁娶也”[③]。

晋孝武帝崩，太傅录尚书事会稽王道子议：山陵之后通婚嫁，不得作乐，以一朞为断。[④] 南朝宋高祖崩，葬毕，吏民至于宫掖，悉通乐，唯殿内禁。[⑤] 北周明帝崩，遗诏天下，葬后不禁嫁娶：“（二年）夏四月，帝因食遇毒，庚子大渐，诏曰：‘……葬讫，内外悉除服从吉，三年之内，勿禁婚娶，饮食一令如平常也。’”[⑥]

唐代曾有居皇后丧禁婚娶的禁令，庄宪王皇后曾遗令改之，“（元和）十年崩，年五十四，遗令……服二十七日释……无禁婚嫁……已释服，听举乐”[⑦]。

宋孝宗也遗诏，三日释服，不禁嫁娶，“（孝宗崩，遗诏）诸路州府长吏以下，三日释服，在京禁音乐百日，在外一月，无禁嗣祀嫁娶”[⑧]。居皇后丧，也须除服之后方能嫁娶，《宋会要辑稿·礼三十三》载，（宣仁皇后崩），礼部太常言准遗诏节文，大行太皇太后崩，依章献明肃皇后典故施行，勘令士庶军

① （汉）司马迁：《史记》卷十《孝文本纪》，中华书局1959年版，第305页。

② （南朝宋）范晔：《后汉书》卷一《光武帝纪》，中华书局1965年版，第85页。

③ 陈鹏：《中国婚姻史稿》，中华书局1990年版，第512页。

④ （唐）房玄龄等：《晋书》卷二十《礼中》，中华书局1974年版，第618页。

⑤ （梁）沈约：《宋书》卷十五《礼二》，中华书局1974年版，第392页。

⑥ （唐）令狐德棻等：《周书》卷四《明帝纪》，中华书局1971年版，第60页。

⑦ （宋）欧阳修、宋祁：《新唐书》卷七十七《庄宪王皇后传》，中华书局1975年版，第3503页。

⑧ （清）徐松：《宋会要辑稿》第二十六册《礼三〇》，中华书局1957年版，第1106页。

民禁婚娶等。缘上件案例不全，今检准慈圣光献皇后故事，文武臣僚之家，并俟将来九虞祭毕，为卒哭，许嫁娶，其军民，即过禫除，仍不用花彩，各俟听乐日，依旧从之。

明太祖崩，遗诏，“天下臣民哭临三日，皆释服，毋妨嫁娶”[①]。此后，世宗、穆宗、熙宗均诏不禁嫁娶。其中也有例外，懿文太子薨，太祖伤痛不已，诏民间禁婚娶一月，“在京，停大小礼事及乐至服阕日，停嫁娶六十日；在外，停大小礼事及乐十三日，停嫁娶三十日”[②]。不过，礼部制丧礼要求居天子丧期间禁嫁娶，“宫中自皇太子以下及诸王公主成服日为始，斩衰三年，二十七日除，服内停音乐、嫁娶，祭祀止停百日。……婚嫁，官停百日，军民停一月”[③]。

二、尊亲囚禁期间不得嫁娶

不仅居尊亲丧不得嫁娶，即使尊亲囚禁期间也不得嫁娶，这里的“尊亲”，主要指祖父母及父母。

关于此禁条，可以见到的最早的资料是在唐代律令之中，官吏犯此禁条者免官，百姓犯此禁条者处刑。《唐律·名例律》“犯奸盗略人受财”条规定：祖父母、父母犯死罪，被囚禁，而作乐及婚娶者，免官。谓二官并免。爵及降所不至者，听留。【疏】议曰：曾、高以下，祖父母、父母犯死罪，见被囚禁，其子孙若作乐者，自作、遣人作者并同，上条遣人与自作不殊，此条理亦无别。“及婚娶者”，止据男夫娶妻，不言嫁娶者，明妇人不入此色，犯奸盗以下，并合免官。[④]《唐律·户婚律》“父母囚禁嫁娶”条：祖父母、父母既被囚禁，固身囹圄，子孙嫁娶，名教不容。若祖父母、父母犯当死罪，嫁娶徒一年……注云：祖父母、父母命者勿论。谓奉祖父母、父母命为亲，故律不加其罪。依《令》，不得宴会。[⑤]《故唐律疏议》卷第十三：【疏】议曰：祖父母、父母既被囚禁，固身囹圄，子孙嫁娶，名教不容。若祖父母、父母犯当死罪，嫁娶者徒一年半；流罪，徒一年；徒罪，杖一百。若娶妾及嫁为妾者，即准上文减三等。

① (清)张廷玉等：《明史》卷三《本纪第三》，中华书局1974年版，第55页。

② (清)傅维鳞：《明书·张智传》，商务印书馆1936年版。

③ (清)张廷玉等：《明史》卷五十八《志第三十四》，中华书局1974年版，第1446页。

④ 《故唐律疏议》卷第三《名例》。

⑤ [日]仁井田陞：《唐令拾遗》，栗劲、霍存福等译，长春人民出版社1989年版，第436页。

若期亲尊长主婚，即以主婚为首，男女为从。若余亲主婚，事由主婚，主婚为首，男女为从；事由男女，即男女为首，主婚为从。其男女被逼，或男年十八以下，在室之女，并主婚独坐。注云“祖父母、父母命者，勿论”，谓奉祖父母、父母命为亲，故律不加其罪。依令，不得宴会。

《宋刑统》沿袭唐代律令，《宋刑统》卷十三：诸祖父母、父母被囚禁而嫁娶者，死罪徒一年半，流罪减一等，徒罪杖一百。祖父母、父母命者勿论。【疏】议曰：祖父母、父母既被囚禁，固身囹圄，子孙嫁娶，名教不容。诸居父母丧，与应嫁娶人主婚者，杖一百。[①] 元代律典未见此禁条，但在《至元杂令》中设有此禁，“诸祖父母父母患重及在囹圄者，不得婚嫁。若祖父母父母有命以成礼者，听，即不得作宴会”[②]。

明代律典专设有此禁条，《明律·户律》“父母囚禁嫁娶”条：凡祖父母、父母犯死罪，被囚禁，而子孙嫁娶者杖八十，为妾者减二等。其奉祖父母、父母命而嫁女娶妻者，不坐，亦不得筵席。

三、有妻不得更娶

宗法制度要求严格区分嫡庶和长幼，在婚姻上对男子的要求就是“有妻不得更娶”“不得以妾为妻”，这也是宗法制在规范夫妻人伦关系方面的一个体现。

（一）有妻不得更娶

一夫一妻制是一项古老的婚姻原则，所谓一夫一妻，是指一个男子只能娶一个正妻。一夫一妻制确立的理论依据，一方面是天人契合说，中庸曰：“阴阳肇分，乾坤定位……夫妇之义存焉。”夫妇犹如日与月、阴与阳，是一一对应的关系。另一方面，一夫一妻制的确立是宗法制度本身的要求，宗法制要求严格区分嫡庶。

战国时期李悝变法制定的《法经》的“杂律”篇就严惩违反一夫一妻制的行为，“夫有一妻二妾，其刑聝，夫有二妻则诛，妻有外夫则宫，曰淫禁”[③]。

唐代严禁有妻更娶，《唐律·户婚律》：“诸有妻更娶妻者，徒一年，女家减一等。若欺妄而娶者，徒一年半，女家不坐，各离之。”【疏】议曰：“依礼，日

---

① 薛梅卿：《宋刑统》，法律出版社 1999 年版，第 216～217 页。

② 《元代法律资料辑存·至元杂令》。

③ 董说：《七国考》卷十二《魏刑法》，中华书局 1956 年版，第 366 页。

见于申，月见于庚，象夫妇之义，一与之齐，中馈斯重，故有妻而更娶者，合徒一年半……皆合离异。”由此条文及疏议可以看出，唐律注意区分有妻更娶的两种情形，并分别给予不同处罚：一是女方明知道男方有妻而嫁给男方，男方处一年徒刑，女方减一等处罚，即处杖刑；二是男子蒙骗女方，女方在不知道男方有妻的情况下嫁给男方，男方处一年半徒刑，女方免于刑事处罚。不论是这两种情形中的哪种情形，婚姻关系都必须予以撤销。有唐一代，立法者精心设计了一个较为完善的法律体系来维护宗法意义上的一夫一妻制。

《宋刑统》承袭唐律，明确禁止有妻更娶，要求一个男子只能有一个合法妻子，男子只能与嫡妻形成“齐体”关系。否则，如果男子有妻再次娶妻，就会受到法律的严厉制裁，并强行离异。

元代从至元八年（公元 1271 年）开始设有“有妻不更娶”的禁条，《元典章》十八户部卷之四载，“部符：自至元八年正月一日为始，已前者准已婚为定格，后犯者依法断罪听离。诸有妻更娶妾者，虽会赦犹离之，又更娶者，若妻自愿，听改为妾”。【有妻许娶妾例】“至元十年御史台奉　中书省札付户部定拟得：有妻更娶妻者，除至元八年正月二十五日以前，准已婚为定，据已后更娶妻者，若委自愿，听改为妾。今后依已降条画，有妻再不得求娶正妻外，若有求娶妾者，许令明立婚书求娶，都省准呈，仰依上施行。”【有妻许娶次妻】“至元十三年，御史台为孟奎有妻又娶王绣儿为次妻等事呈奉　中书省札付议得：孟奎既娶王绣儿为次妻，不系正妻，合依已婚为定，元追财钱回付。”《元史・刑法志》：诸有妻妾，复娶妻妾者，笞四十七，离之。在官者，解职记过，不追财礼。

《明律・户律・婚姻门》“妻妾失序”条：若有妻更娶者，杖九十，离异。《大清律例统纂集成注》：官员有妻再娶，杖九十，私罪，降四级调用，有成案。有妻更娶，聘而未娶，及女家知情故许，皆系不应。

清末推行司法独立后成立了各级审判厅和检察厅，由他们制作的批词和判决汇集——《各省审判厅判牍》记录了当时诸多判决和判词，从中我们可以看出中国最早地方法院运作的概貌。我们来看一例安庆地方审判厅判决的“有妻更娶”案：

> 缘谢光裕即谢兰亭，年三十三岁。程刘氏年四十二岁。分隶合肥、潜山等县，均寄居安庆省城。谢光裕伙开裕成东洋车公司。程刘氏故夫程成瑞系属武职，女冬儿现年十五岁。谢光裕因原配戴氏不育，意欲

更娶妻室以延嗣续，央媒张奶奶向程刘氏说亲，程刘氏允将伊女冬儿许与谢光裕为妻，彼此互换庚帖，遂于去年四月在小南门外另租房屋迎娶成婚，并将程刘氏接往同居，初尚相安，迨至本年正月间，程刘氏与谢光裕屡次因事争吵，二月初二日，由警区移送检察厅调查情节，因冬儿供称夫妇和好，当由检察厅饬谢光裕领回息讼。讵谢光裕与程刘氏仍复勃谿，冬儿与谢光裕亦相反目。谢光裕又状呈检察厅起诉到厅，兹经刑庭传集两造人证，讯悉前情，应即判决。查现行律载：有妻更娶妻者，处九等罚。后娶之妻离异归宗。又：不应为而为，事理重者，处八等罚各等语。此案谢光裕自有正妻，复娶程刘氏之女冬儿为妻，实属有妻更娶妻，自应按律问拟。谢光裕合依有妻更娶妻者处九等罚律，拟处九等罚，照例收赎银十二两五钱。程刘氏明知谢光裕本有妻室，辄将其女冬儿许给为妻，虽律例无治罪明文，究属不应。程刘氏应依不应为而为事理重者，处八等罚律，拟处八等罚，照例收赎银十两。与谢光裕均限于三月初五日缴案，分别取具的保保释。如届限不缴，提案改折工作。冬儿照律离异归宗，即交其母程刘氏另行择配。梁子醮讯系无干，释回安业。媒人张奶奶从宽免予提究。至财礼一层，据谢光裕供称交过洋四十元。质之程刘氏，则称未见分文，亦从宽免追入官。再谢光裕原词内夹有抄单一纸，内列金银、首饰、绸缎、衣服及借洋并东洋车等名目，当庭复请求追偿。诘据程刘氏，则称不但伊女冬儿并未收过谢光裕前项首饰、衣服，反被谢光裕将伊家内衣物等件哄骗不少，更无借洋之事。东洋车三乘系伊用洋一百二十五元所买，亦非谢光裕赠伊之物。两造情词各执，皆无凭据。讯之证人梁子醮亦称不知。应毋庸议。此判。[①]

此案中，不仅有妻更娶者谢光裕被处九等罚并处罚银，就连明知谢光裕有妻室而将女儿许配给他的程刘氏也被处八等罚并处罚银。

（二）不得以妾为妻

前文提到的《左传·哀公二十四年》记载："公子荆之母嬖，将以为夫人，使宗人衅夏献其礼。对曰：'无之。'公怒曰：'女为宗司，立夫人，国之大礼也，何故无之？'对曰：'周公及武公娶于薛，孝、惠娶于商，自桓以下娶于齐，此礼也则有。若以妾为夫人，则固无其礼也。'公卒立之，而以荆为大子。国

① 汪庆祺：《各省审判厅判牍》，李启成点校，北京大学出版社 2007 年版，第 67 页。

人始恶之。"[①]宗人衅夏不向公子荆之母献礼的"若以妾为夫人，则固无其礼也"，所以，后来哀公坚持把嬖立为夫人，把公子荆立为太子，还是得不到国人和宗人的认同。

《晋书·武帝纪》："辨上下，明贵贱""不得登用妾媵以为嫡正"。《全晋文》"王昌前母服议"载："诸侯无更娶致夫人之制，大夫妻死改室，不拘立嫡。昌父前妻，守德约身，幸值开通，而固绝之，此礼不胜情而渐入于薄也。昌母后聘，本非庶贱，横加抑黜，复不然矣。若令二母之子，交相为报，则并尊两嫡，礼之大禁。昔舜不告而娶，婚礼盖阙，传记以二妃夫人称之，明不足立正后也。圣人之弘，犹权事而变，而诸儒欲听立两嫡，并未前闻。且赵姬让叔隗以为内子，黄昌之告新使避正堂，皆欲以正家统而分嫡妾也。昌父已亡，无正之者，若追服前母，则自黜其亲；交相为报，则固非嫡。就使未达，追为之服，犹宜刑贬，以匡失谬。况可报梀施行，正为通例，则两嫡之礼，始于今矣。开争长乱，不可以训。臣以为昌等当各服其母者。"[②]

《唐律·户婚律》："诸以妻为妾，以婢为妻者，徒二年。"《唐律·户婚》"以妾为妻"条问答、《宋刑统·户婚》同上：以妾为媵，令既有制，律无罪名，止科违令之罪。[③]《桂苑丛谈·史遗》载，"淮南节度杜佑，先婚梁氏女。梁卒，策嬖姬李氏为正嫡。有敕封邑为国夫人，膺密劝，请让追封亡妻梁氏。佑请膺为表，略云：'以妾为妻，鲁史所禁。'又云：'岂伊身贱之时，妻同勤苦；宦达之后，妾享荣封。'梁氏遂得追封，李亦受命，时议美焉。其后，终为李氏所怒。社日，公命食彘肉，因为李氏置荎而卒。"

第四节　基于政治义务的婚姻禁制

所谓"政治义务"，通俗地讲，就是出于政治统治的需要，法律要求公民必须尽到对国家和社会的责任。为了维持统治，古代中国提出和实行的基于政治义务的婚姻禁制主要有涉及品官、宦官以及监临官等官员，僧道阶层、军人等群体，还有奸逃不婚等。

---

① 杨伯峻：《春秋左传注》(修订本)，中华书局 1990 年版，第 1723 页。

② (清)严可均：《全晋文》卷四十四，商务印书馆 1999 年版，第 446 页。

③ [日]仁井田陞：《唐令拾遗》，栗劲、霍存福等译，长春人民出版社 1989 年版，第 160 页。

一、涉及官员的婚姻禁制

(一)涉及品官的婚姻禁制

古代贵族寡妇再嫁,礼法不禁。《诗·鄘风·柏舟序》载,卫厘侯在位,世子早卒,恭姜守义,文武公欲召之归宁而嫁之。恭姜不许。连主张“三纲五常”的董仲舒都认为贵族新寡再嫁,合情合理,“臣愚《春秋》之义,言夫人归于齐,言夫死无男,有更嫁之道也”[①]。西汉时期,家底殷实且貌美秀丽的卓文君不幸十七岁时便新寡在家,巧逢家徒四壁却满腹经纶、一表人才的司马相如,“文君夜奔相如”而成就的一段婚姻被传为千秋佳话。三国时期,大将军何进的儿子被董卓杀死后,其媳妇成为寡妇,曹操娶其做了夫人即尹夫人。贵族妻妾再嫁不仅不被禁止,而且还大有提倡之势,曹操曾经跟他的妻妾说,“孤万年之后,你曹皆当出嫁。……孤此言,皆肝鬲之要也”[②]。魏文帝疾笃,遗诏,“后宫淑仪、昭仪以下归其家,是亦准其得改嫁也”[③]。孙权长女,孙鲁班,字大虎,先配周循,后配全琮,又称全公主;孙权次女,孙鲁育,字小虎,先嫁朱据,后嫁刘纂,又称朱公主。

魏废帝嘉平年间,钟繇之子钟毓任廷尉,始禁贵族寡妇改嫁,“曹爽既诛,入为御史中丞侍中廷尉。听君父已没,臣子得为理谤,及士族为侯,其妻不复配嫁,毓所创也”[④]。陈鹏先生说,“品官寡妻,不许再嫁,实始于此”[⑤]。

不过,魏晋南北朝时期,这一禁令也未能严格执行,卿大夫妻女寡而再嫁者不在少数。《世说新语》载,东晋尚书令诸葛恢将女儿嫁给外戚庾亮之子,庾亮之子死后,诸葛恢又将女儿改嫁给江彪。由于贵族寡妇再嫁多见,所以夫死能守其志者尤其值得矜表,南朝宋中书侍郎王微之弟王僧谦因病死后,其妇皆能守志不改,所以王微特以书告慰于其弟灵前,“弟由来意谓妇

---

① (宋)李昉:《太平御览》第六册《刑法部六》,夏剑钦校点,河北教育出版社 1994 年版,第 42 页。

② (晋)陈寿撰:《三国志》卷一《魏书·武帝纪》,(宋)裴松之注,中华书局 1959 年版,第 33 页。

③ (晋)陈寿撰:《三国志》卷二《魏书·文帝纪》,(宋)裴松之注,中华书局 1959 年版,第 86 页。

④ (晋)陈寿撰:《三国志》卷十三《魏志·钟繇华歆王朗传》,(宋)裴松之注,中华书局 1959 年版,第 400 页。

⑤ 陈鹏:《中国婚姻史稿》,中华书局 1990 年版,第 456 页。

人虽无子，不宜践二庭，此风若行，便可家有孝妇，仲长统昌言，亦其大要，刘新妇以刑伤自誓，必留供养，殷太妃感柏舟之节，不夺其志”[①]。

北朝的皇后改嫁现象较多见，更不用说贵族寡妇再嫁之多。《北齐书·元韶传》载，元韶字世胄，魏孝庄之侄……袭封彭城王，齐神武帝以孝武帝后配之，魏室奇宝，多随后入韶家。《北齐书·后主皇后斛律氏传》载，后主皇后斛律氏，左丞相光之女也。……光诛，后废在别宫，后令为尼，齐灭，嫁为开府元仁妻。《北齐书·后主皇后胡氏传》载，后主皇后胡氏，陇东王仁女也……邺不守，后亦改嫁。《北齐书·琅邪王俨传》载，俨妃，李祖钦女也，进为楚帝后，居轩则宫，齐亡，乃嫁焉。

隋代沿袭旧制，不禁贵族寡妇再嫁。隋文帝的第五个女儿兰陵公主，先是嫁给王奉孝，其夫死后，文帝又为其选夫，将她改嫁给柳述。[②] 中书舍人李谔上书要求对贵族寡妇再嫁现象予以禁止，“臣闻，追远慎终，民德归厚，三年无改，方称为孝。如闻大臣之内，有父祖亡殁，日月未久，子孙无赖，便分其妻妾，嫁卖取财。有一于兹，实损风化”[③]。文帝肯定了其建议，并于开皇十六年（公元 596 年）六月再次下诏，“九品以上妻，五品以上妾，夫亡不得改嫁”[④]。此诏后著为格，儒士刘炫认为此禁令不合时宜，牛弘等再次撰律时采刘炫之说。

唐律无再嫁之禁令，卿大夫之家也不以再嫁为耻。《旧唐书·宋璟传》载，御史中丞宋璟之子娶寡妇薛氏，“宋璟之少子浑使河南尉杨朝宗影娶郑氏，郑氏即薛稷外孙娣为宗妇。孀居有色。浑有妻，使朝宗聘，而浑纳之”。针对贵族妻女再嫁之风，宣宗下诏“夫妇教化之端，此后公主县主，有子而寡，不得复嫁”。唐末叶以降，士大夫家已有视再嫁为耻者，《北梦琐言》载，司徒裴璩嫁寡女的行为就为同僚们所嘲讽。

宋初，改嫁之风颇盛。据《宋史》载，薛居正子左领军卫将军惟吉死，继

---

① （梁）沈约：《宋书》卷六十二《列传第二十二》，中华书局 1974 年版，第 1671 页。

② （唐）魏征、令狐德棻：《隋书》卷七十八《列传第四十三·韦鼎传》，中华书局 1973 年版，第 1772 页。

③ （唐）魏征、令狐德棻：《隋书》卷六十六《列传第三十一·李谔传》，中华书局 1973 年版，第 1543～1544 页。

④ （唐）魏征、令狐德棻：《隋书》卷二《帝纪第二·高祖纪下》，中华书局 1973 年版，第 41 页。

妻柴氏携产谋改嫁右仆射张齐贤。[1] 范仲淹的母亲改嫁朱氏，范仲淹的孙女夫死后改嫁任氏。[2]《续资治通鉴长编》卷五十三载，宋仁宗庆历四年（公元 1044 年）八月，下诏禁止贵妇再嫁，"宗室大功以上亲之妇，不许改嫁。馀夫亡而无子者，服除听还其家"[3]。汝南王允让认为此禁令不合人情，要求修改此禁令。辽圣宗开泰六年（公元 1017 年），"壬辰，禁命妇再醮"。[4]

《元典章·户部》在"命妇夫死不许改嫁"条中规定包括品官妻妾在内的寡妇不许再嫁，"至大四年一月江西行省准中书省咨，礼部呈，奉省判，上都留守王忠议呈，窃闻男有重婚之道，女无再醮之文，生则同室，死则同穴，古今之通义也。夫亡守节之妇，有司为旌表门闾，朝廷每降德音，其于义夫节妇，未尝不为之褒谕，所以重风化之原也。近年以来，妇人夫亡守节者甚少，改嫁者历历有之，乃至齐衰之泪未乾，花烛之筵复盛，伤风败俗，莫此为甚。见今尚书省奏准，封赠流官父母妻室，颁行天下。妇人因夫、子得封郡县之号，即与庶民妻室不同，既受朝命之后。若夫子不幸亡殁，不许本妇再醮，立为定式。如不遵式，即将所受宣敕追夺断罪，离异。都省准呈，咨请照验施行"[5]。元仁宗延佑三年（公元 1316 年）八月定"流官封赠通例"，又明定"妇人因夫、子得封者，不许再嫁"[6]。四年（公元 1317 年），同卷"失节妇不封赠"条又重申此禁例，"除蒙古外，汉人职官，正室如系再醮失节之妇，不许受封"。据《通制条格》载，元成宗大德年间还禁止两广官员的妻妾不许再嫁，"大德三年十一月，中书省御史台呈，江西行台咨，两广烟瘴重地，比来官员染病身死，抛下妻妾，改适他人，将前夫应有资财人口，席捲而去。比在广亡殁官员，老小出广，已有应付站船定例，今后若有身故，抛下老小，听从本处官司依例起遣还家，其妻妾不得擅自改嫁，如有违犯，断罪听离，前夫家私，勒令陪偿，绝讼源，厚风俗之一端也。都省准拟"。此条禁令之所以禁止两

---

① （元）脱脱等：《宋史》卷二百八十二《列传第四十一·向敏中传》，中华书局 1973 年版，第 9555 页。

② （元）脱脱等：《宋史》卷三百一十四《列传第七十三·范仲淹传》，中华书局 1973 年版，第 10267 页。

③ （宋）李焘：《续资治通鉴长编》（第十一册），中华书局 1995 年版，第 3688 页。

④ 曾枣庄：《辽史·圣宗纪》，汉语大词典出版社 2004 年版，第 126 页。

⑤ 《元典章》卷十八《户部四·官民婚·命妇夫死不许改嫁》，陈高华等点校，中华书局、天津古籍出版社 2011 年版，第 641～642 页。

⑥ 《元典章》卷十一《吏部五·封赠·流官封赠通例》，陈高华等点校，中华书局、天津古籍出版社 2011 年版，第 419 页。

广官员妻妾改嫁，主要是为了保障官员身前财产及家人，与前述禁令的“重守节”的出发点不同。

明律、清律沿袭元代禁令。《明律·户律·婚姻门》“居丧嫁娶”条规定，夫丧而身自嫁者，杖一百……若命妇夫亡再嫁者，亦如之，追夺并离异，知而共为婚姻者，各减五等，不知者不坐。《大清律例增修统纂集成》引辑注云：“再嫁之父，不得受封，所以重名器也。命妇现已受封，义当守志，不容再嫁，以辱名器，故但曰夫亡，不曰居丧也。”《大明会典·吏部》：“凡妇因夫、子得封者，不许再嫁，如不遵守，将所授诰敕追本，断罪离异。”

（二）涉及宦官的婚姻禁制

为了维护国家管理秩序，宦官不能生育，故宦官不得娶妻。不过，“历朝律令，亦未见以明文禁之，盖以事属当然，不必禁也。”[①]

关于宦官的较早记载见于《诗经》，《诗经·小雅·巷伯》中提到的“寺人”就是“阉人”，郑玄注“巷伯，阉官寺人，内小臣也。阉官，上士四人，掌皇后之命于宫中，故谓之巷伯”。秦代设有宦官制度，中车府令赵高即为宦人，嫪毐也是诈称宦人才得以入侍宣太后。

两汉时期，尤其是东汉，史载宦官结婚的现象较多见。《后汉书·刘瑜传》载，广陵人刘瑜曾经疏言，“中官邪孽，毕竟立子嗣，光娶妻室”。《后汉书·超传》载，宦官单超多娶良人女为妻妾。《资治通鉴·汉纪·成帝纪》载，汉成帝时宦官名显与妻子徙于边郡。《史记·佞幸列传》载：“李延年坐法腐，与上卧起，甚贵幸。久之，寝与中人乱。”《史记·封禅书》载：“胶东宫人栾大，武帝妻以卫长公主。”《后汉书·宦者列传》载，东汉人栾巴，“以宦者给事掖庭，后阳气通畅，白上乞退。有子贺”。

北魏孝明帝时期，胡太后临朝执政，“阉寺专宠宦者之家，金玉满堂。萧沂曰：高轩斗升者，尽是阉官之嫠妇，胡马鸣珂者，莫非黄门之养息”[②]。

到了唐代，宦官娶妻的现象更为猖獗。唐肃宗宠爱宦官李辅国，把卿大夫之女配给他为妻，“肃宗又为辅国娶故吏部侍郎元希声侄擢女为妻”[③]。《新唐书·元载传》也记载了此事，“辅国妻，载宗女也”。记录唐末史事的笔

---

① 陈鹏：《中国婚姻史稿》，中华书局 1990 年版，第 472 页。

② （北魏）杨衒之：《〈洛阳伽蓝记〉》，周振甫译注，江苏教育出版社 2006 年版，第34 页。

③ （后晋）刘昫等：《旧唐书》卷一百八十四《李辅国传》，中华书局 1975 年版，第 4760 页。

记小说集《北梦琐言》记载了宦官周宝娶妻崔氏且受封号一事，“浙西周宝侍中博陵崔夫人，乃乾符中时相之姊妹也。少为女道士，或云寡而帔，自幽独焉。大貂素以豪侠闻，知崔有秀色，乃踰垣而窃之，宗族亦不知其存殁。尔后周除浙右，其内亦至国号，乃具车马，偕归崔门，曰：‘昔者官职卑下，未敢先言，此际叨尘，亦不相辱。’相国不得已而容之”[①]。

宋代对宦官管理较严，宦官娶妻之事，相对而言较少见。但是，对于宦官娶妻，朝廷采取默许的态度，宣仁皇后“又阴敕中人梁惟简，使其妻制十岁儿一黄袍，怀以来”[②]。

元代也存在宦官娶妻现象，“以宦者伯帖木儿妻及奴婢田宅赐撒敦”[③]。

明代开始明令禁止宦官娶妻，只是执行起来相当艰难。明太祖初年，以严刑禁止宦官娶妻，“太祖开国时，有赃官剥皮囊草之令，内官娶妻者，亦用此刑”[④]。明成祖偏宠内官，内官干政，于是内官娶妻再次重生，于前朝相比，有过之而无不及。但是，同一时期也有宦官娶妻判其离异的案例，《明大政纂要》卷二十九载：“（成化五年）命执御用监丞龙闰于司礼监治之，时闰娶南和伯方瑛妾许氏为妻，上曰：‘内官给事内廷，以其绝生道无外觊也。今闰在外娶妻，何异常人，其即离异。’”

崇祯末年，严禁内侍娶妻，然而，也不乏违禁者。“后世宫人，私与中官为偶，其绸缪甚于夫妇。至宫人放出，仍嫁内官者，至内官私在外娶妻及狎娼者，尤比比也。”[⑤]更有甚者，宦官不仅娶妻，而且还娶妾，《明史·宦官曹吉祥传》载，“韦力转者，性淫毒……卫军妻不与宿，杖死其军，又与养子妻淫戏，射杀养子。天顺元年工部侍郎霍瑄发力转……强娶所部女为妾诸不法事，帝怒执之，下锦衣卫狱，既而宥之”。

清初为了有效执行“宦官不得娶妻”的禁令，形成定制，朝廷每隔三年派大员详验其势，稍长者，再次宫之。所以，初年几乎没有宦官娶妻现象，但是后来，还是出现了宦官违令娶妻生子现象，“道光中，内中美丰仪者，颇得幸，既复为娶妇，使居南府中”[⑥]。《皇朝琐屑录》卷七载，同治年间，太监安德海

① （五代）孙光宪：《北梦琐言》，贾二强点校，中华书局 2002 年版，第 91 页。

② （元）脱脱等：《宋史》卷二百四十二《后妃传》（上），中华书局 1977 年版，第 8625 页。

③ （明）宋濂等：《元史》卷三十二《文宗一》，中华书局 1976 年版，第 716 页。

④ （明）沈德符：《万历野获编》卷十八，中华书局 1959 年版，第 457 页。

⑤ （明）沈德符：《万历野获编》卷十八，中华书局 1959 年版，第 176 页。

⑥ （清）徐珂：《清稗类钞》（第 1 册），中华书局 1984 年版，第 446 页。

携家眷外逃，后被就地正法，并累及家眷，“其妇马氏给披甲人为奴”。

(三)涉及监临官的婚姻禁制

1.监临官与部民不得通婚

此处所谓“监临官”，主要是指负有监察临视百姓职责的官员；所谓“监临官与百姓不得通婚”是指在任官员，不得与所辖区域的妻女通婚，主要是为了防止在任官员利用职权强娶民女。

汉律中仅有“禁奸部民之妻”之禁令，[①]禁止监临官娶所监临女首见于唐律。[②]《唐律·户婚律》“监临娶所监临女”条：“诸监临之官，娶所监临女为妾者，杖一百；若为亲属娶者，亦如之。其在官非监临者，减一等，女家不坐，即枉法娶人妻妾及女者，以奸论加二等；为亲属者，亦同。”《疏议》曰：“‘监临之官’，谓职当临统案验者，凡此色之人，娶所部人女为妾者，杖一百。即使是为亲属所娶，亦杖一百。亲属，谓本服缌麻以上亲及大功以上婚姻之家。既是监临之官为娶，亲属不坐。若亲属与监临官同情强娶，或恐喝娶者，即以本律首从科之，皆以监临为首，娶者为从。‘其在官非监临者’，谓在所部任官而职非统摄案验，而娶所部之女及与亲属娶之，各减监临官一等。女家，并不合坐。其职非统摄，临时监主而娶者，亦同。仍各离之。”[③]

据唐《户令》记载，开元二十二年二月发布“禁婚部民敕”：“男年十五，女年十三以上，听婚嫁。诸州县官人在任之日，不得共部下百姓交婚。违者虽会赦，仍离之。其州上佐以及县令，于所统属官同，其定婚在前，居官在后，及三辅内官、门阀相当情愿者，并不在禁限。”[④]此条禁令规定得更加详细、全面，禁止的时间限定为“在任之日”，若任前定婚，任内嫁娶，“不在此限”；禁止的对象主要针对部民交婚，如果“门阀相当”，则“不在此限”。比如，《白香山集判》记载的这样一个案例：

> 得甲为郡守，部下渔色，御史将责之，辞云，未授官以前，已纳采。判云：诸侯不下，用戒淫风，君子好逑，未乖婚义。甲既荣为郡，且念宜家，礼未及于结褵，责已加于执宪，求娶于本郡之内，虽处嫌疑，定婚于授官之前，未为纵欲。况礼先纳采，足明燕婉之求，聘则为妻，殊非强暴

① 陈东原：《中国妇女生活史》，上海书店1984年版，第8～13页。

② 陈顾远：《中国婚姻史》，上海书店1984年版，第136页。

③ 《故唐律疏议》卷第十四《户婚》。

④ [日]仁井田陞：《唐令拾遗》，栗劲、霍存福等译，长春人民出版社1989年版，第162页。

之政，宜听隼旟之诉，难科渔色之辜。

上述律令及案件说明唐代法律对监临官与部下百姓的婚姻界定相当严格。“官民不婚”这种婚姻禁制的禁止对象，既包括官吏本人，也包括其“亲属”，但若有触犯，往往只处罚官吏本人，可见主要是为了约束官吏，整饬吏治。

宋代亦禁地方长官与所属官吏通婚。《宋会要辑稿》载：景德二年（公元1005年）六月六日，禁诸路转运使副、诸州官吏，与管内官属结亲，违者重寘其罪。《宋会要辑稿》又载，政和六年（公元1116年），“廉访使者不得与本路在任官为婚姻，违者依违亲属为婚姻法”[①]。关于监临官禁娶监临女的禁条主要规定在《宋刑统·户婚律》以及户令之中，内容基本与唐代相同。《宋刑统·户婚律》卷十四：“诸监临之官，娶所监临女为妾者，杖一百。若为亲属娶者，亦如之。其在官非监临者，减一等。女家不坐。即枉法娶人妻妾及女者，以奸论，加二等。行求者，各减二等。各离之。”[②]户令云：“诸州县官人在任之日，不得共部下百姓交婚，违者虽会赦，仍离之。”[③]

元代，蒙古官吏倚仗权势夺娶部民为妻者多见，朝廷则加以庇护，仅择其“害政”者“互迁”之，“御史台臣及诸道奉使言，‘行省官久任，与所隶编氓联姻，害政’，诏互迁之”[④]。鉴于地方官员多为迁转派任，“时常不还乡里”，规定有所变通，“无妻或乏子嗣欲娶妻妾者，许令官媒往来通说，明立婚书，听娶无碍妇女。如违，治罪离异，追没元下财钱”[⑤]。

明代，复设严禁。《大明律》“娶部民妇女为妻妾”条：“凡府、州、县亲民官，任内娶部民妇女为妻妾者，杖八十；若监临官娶为事人妾及女为妻者，杖一百，女家并同罪，妻妾仍两离之，女给亲，财礼入官。强娶者各加二等，女家不坐，不追财礼。若为子孙弟侄家人娶者，罪亦如之，男女不坐。”“禁各卫所指挥千百户与所管旗甲军余互结婚姻徇情废事，违者比亲民官娶部民妇女律论罪。从山海卫指挥同知周俊言也。”[⑥]由此可以看出，明代强化吏治，

---

① （清）徐松：《宋会要辑稿》第九十七册《职官六三》，中华书局1957年版，第3816页。

② 薛梅卿：《宋刑统》，法律出版社1999年版，第250页。

③ ［日］仁井田陞：《唐令拾遗》，栗劲、霍存福等译，长春人民出版社1989年版，第162页。

④ （明）宋濂等：《元史》卷二十一《成宗四》，中华书局1974年版，第455页。

⑤ 方龄贵：《通制条格校注》，中华书局2001年版，第172页。

⑥ 《明英宗睿皇帝实录》卷之六十二。

对“亲民官娶部民妇女”的违禁行为，处罚与唐宋时期不同，比元代严厉。但司法实践中，官吏犯禁未必真如律典那般处罚。《国榷》卷十三载，“永乐二年正月丙辰，陕西按察副使王煜娶属吏女，被劾，征下狱”。

清代的《钦定大清会典事例》有专门“娶部民妇女为妻妾”条，凡府州县亲民官任内娶部民妇女为妻妾者，杖八十。若监临内外上司官娶见问为事人妻妾及女为妻妾者，杖一百。女家主婚人并同罪。妻妾仍两离之。女给亲，两离者。不许给予后娶者，亦不给还前夫，令归宗。其女以父母为亲当归宗，或已有夫又以夫为亲，当给夫完聚。财礼入官。恃势强娶者，各加二等。女家不坐。妇还前夫，女给亲。不追财礼。若为子孙弟侄家人娶者，或和或强，罪亦如之。男女不坐。若娶为事人妇女，而于事有所枉者，仍以枉法从重论。[1] 清代区分不同情形给予不同处罚，总体上比前代处罚轻一些。

嘉庆年间的一纸谕令，表明当时严禁“上司与下属结婚”。嘉庆十五年（公元 1810 年）壬寅，“又谕，薛大烈奏，为子续姻，恳请将宣化镇守备卢明善酌调督标一摺所奏荒谬已极。实属任性粗鄙，不知政体。儿女姻亲，事甚琐屑，岂可形之章奏，率行入告，且伊既知上司下属现任内不准结亲，何难为伊子另行择配，乃必欲向所辖守备求婚。竟敢奏请将该守备回避督标，以便其私。殊属胆大妄为，除不准所请外，并传上□日严行申饬。先行逐出乾清门，仍交部议处。总兵萧福禄违例作媒，亦有不合，并著交部察议”[2]。

2.禁止“以妻女行求”

《唐律》《宋刑统》除禁止监临官娶监临女为妻妾外，还禁止“以妻女行求”，也就是禁止部民慑于监临官手中职权或企图从监临官手里得到好处，主动以“奉送”妻子或女儿为条件，这些都是为唐、宋律所禁止的行为。《唐律疏议》卷十四“监临娶所监临女”条以及《宋刑统·户婚律》卷十四均规定：“诸监临之官，娶所监临女为妾者，杖一百。……行求者，各减二等。各离之。”

二、涉及僧道的婚姻禁制

僧道不得娶妻，尼及女冠不得嫁人，这一戒律主要是出于国家为加强对

① 《钦定大清会典事例》卷七百五十六《刑部》。

② 《清实录·嘉庆朝实录》卷之二百二十六。

宗教的管理而作出的规定，“不畜妻子者，使其事简累轻，道业易成也”[①]。

不过，戒律并未强制执行，从汉代到魏晋南北朝，“沙门畜妻”几乎成为风尚。南北朝时，僧尼嫁娶尤为普遍，且有僧尼结为夫妇者。《南史·蔡廓传附蔡兴宗》载：兴宗纳何后寺尼智妃为妾，姿貌甚美。《北史·齐后主皇后斛律氏传》载：左丞相光之女也……光诛，后废，在别宫，后令为尼。齐灭，嫁为开府元仁妻。《魏书·景穆十二王列传元遥传》载：时冀州沙门法庆既为妖幻……遥遣辅国将军张虯等率骑遮掩，讨破，擒法庆并其妻尼惠晖等斩之。

唐律没有关于僧道不婚的禁条。据《旧唐书·狄仁杰传》记载，当时和尚“身自纳妻”，僧寺中还可以公开蓄婢，僧婢奸通，是常见之事。唐代《番禺杂记》中有一语“广中僧有室家者谓之火宅僧”，这种“火宅僧”可以娶妻生子，与常人无异。还有我们熟知的杨贵妃一例，我们可以想见当时僧尼嫁娶是比较自由的。不过，据《新唐书·李叔明传》记载：“衣者蚕桑也，食者耕农也。男女者继祖之重也，而二教悉禁，国家著令，又从而助之……”由此可以看出，唐代不但佛教、道教的戒律禁止出家人嫁娶，国家法规中可能也有禁止性规定。

到了宋代，开始有了这方面的明确禁令。宋太祖深疾道士“不奉其教不诵经，惟假其冠服，则曰寄褐，皆游僧无所业者”。于开宝五年（公元972年）下诏：“道士不得畜养妻孥，已有家者，遣出外居止。”自此，道士禁娶妻，禁婚对象仅限于道士。南渡以后，还出现了道士娶尼姑的现象。宋太宗时，重申禁条，明令禁止“僧人置妻孥”，禁婚对象既有和尚也有道士。宁宗时，白莲教徒皆有妻子，庆元条法事类再次“严僧道为婚之禁”“诸僧道辄娶妻，并嫁之者，各以奸论，加一等，僧道送五百里编管。有本师寺观寺主者，及同居尊长，知而听之者，各杖一百。厢耆邻保，知而不举者，杖八十，不觉察，减三等”。金熙宗时设有“僧尼犯奸并处死”之类的禁令。

元代尊宠沙门，和尚娶妻妾者，比比皆是。世祖在位期间，先后几次发布敕令限制僧道嫁娶行为，至元七年（公元1270年）敕，“僧道也里可温有家室，不持戒律者，占籍为民”。至元十三年（公元1276年）复敕，“西京僧道也里可温苍失蛮等，有室家者，与民一律输赋”。至元三十年（公元1293年）又

---

① （宋）张商英：《护法论》。

令，“僧官总统以下有妻者罢之”[①]。但由于尊宠已久，虽屡设禁条，也是有禁不止，故时有大臣上书谏言。成宗大德年间，御史郑介夫疏言：“学释老者，离嗜慾，去贪嗔，异于坐俗者也。而艳妻秾妾，汙秽不羞，夺利争名，奔竞无已，虽俗人所不屑为，甚非僧道之宜然也。僧道之盛，莫甚于今日。朝廷若不稍加裁抑，适所以重他日之烈祸也。”[②]大德七年遂“罢僧官总统有妻者”。世祖以后，历代都设此禁条，《元史·刑法志》：“诸僧道悖教娶妻者杖六十七，离之；僧道还俗为民，聘财没官。”《元典章·礼部》“和尚不许娶妻室”条：“至元二十八年十月初八日，宣政院官奏奉圣旨节：该有媳妇的和尚，有呵，宣政院官人分拣者，坏了的寺每根底，修补者，种田啊，种纳的数目，俺根底说来道来，钦此。”又“道官有妻妾归俗”条：“至十四年十月行御史台准御史台咨来，咨浙西廉访司申，加兴路玄妙观住持提点杨立之畜养妻子及典雇张十四娘等三名，通房使唤，革后，不行悛改，……违例畜妻，罪合决六十七下，退罢为民……还俗当差。”

明代将僧道娶妻之禁直接入律，违者杖而离之，《明律·户律·婚姻门》“僧道娶妻”条：“凡僧道娶妻妾者，杖八十，还俗，女家同罪，离异；寺观住持知情与同罪。不知者不坐。若僧道假托亲属或僮仆为名求娶，而僧道自占者，以奸论。”明太祖洪武年间敕令，“有妻僧道，许人殴辱，赶逐，并勒索钱钞”。《明会典》：“僧道有妻妾者，许诸人赶逐，相容隐者，罪之。”洪武二十七年（公元 1394 年）勅礼部榜文：“凡僧有妻者，诸许人捶辱之，更索取钱钞，如无钞者，打死勿论。”洪武年间、正统年间多次颁布类似诏令。《新纂四六合律判语》则直言僧人“门专寂灭，当遵释氏之条；故夫妇虽人纪之常，而僧道无娶婚之理”。至于僧道犯奸，则比凡人处罚更重，“以僧道犯奸加凡人和奸罪二等论，妇女还亲，财礼入官。系强者以强奸论”。

清代西北边郡，僧道娶妻成俗。据清人赵翼《陔馀丛考》记载，吕兰言鲭谓，陕西边郡山中，僧人皆有家，不以为异。不知其地近蒙古风俗，凡喇嘛多娶妻食肉，毋足怪也。《燕京杂记》：僧之畜妻，虽不敢显置寺中，而于寺之前后，别营一室，雇一车夫，挂名门牌，僧寝食其间，宛如民间夫妇。朝廷自知莫之能禁，但又不得不禁，所以往往以经济惩罚方式来禁止僧道嫁娶，重修安徽通志卷五，引雍正八年（公元 1730 年）上谕：“……今僧之中有是为应付

① （明）宋濂等：《元史》卷十七《世祖十四》，中华书局 1976 年版，第 374 页。

② （清）孙承泽：《元朝典故编年考》卷五《建郊祀坛》。

者，各分房头，世守田宅，饮酒食肉，并无顾忌，甚者且畜妻子，道士之火居者亦然。……着直省督抚饬各州县按籍稽查，(署)应付僧火居道士皆集众而问，还俗者听之，愿守寺院者亦听之……但所有货产如何，量给还僧还俗及守寺院者为衣食计，其余归公。”

僧道不得嫁娶，从宋代以后，直到明清，历代都有禁令，只是事实上总是存在违禁之僧道，呈屡禁不止之势。

三、涉及军人的婚姻禁制

军队是任何朝代不可或缺的重要的武装力量，加强对军人的管理，强化军队的建设，对于提高军队的战斗力，在战争激烈、政权频繁交替的中国历史上有着极为重要的作用。因此，历史上许多朝代都重视对军人这一特殊团体的婚姻的保护，形成了一些特殊的婚姻禁制。

唐代宗大历二年(公元 767 年)二月二日敕，“皇五等已上亲，不许与军将婚姻。驸马郡主婿，不许与军将交游”[①]。这一禁制禁止军人与皇室联姻，主要是为了防止军人势力过大，危及皇权。

《元典章·户部》卷“出征军妻不得改嫁”条：至元二十六年(公元 1289 年)四月，尚书礼部奉尚书省劄付，湖广行省咨广南宣慰司呈，出征交趾军人多有隔绝溃散，各家为见久不回还，父母将各军妻小改嫁，以致分居，殆失人伦，咨请定夺。送礼部议得：出征军人未知存亡抛下妻小，其父母不合一面改嫁，合咨本省改正，仍将主婚人等断罪。相应都省准呈合下，仰遍行禁约。[②] 有元一代，为了维护军人婚姻，稳固军心，禁止出征军妻任意改嫁。

四、涉及奸逃的婚姻禁制

奸逃不婚主要包括两种情形，一是相奸不得为婚，二是在逃不得嫁娶。

(一)相奸不得为婚

春秋以降，相奸而婚的贵族男女较多见。《左传·宣公四年》载，楚若敖娶于䢵，生斗伯比。若敖卒，从其母畜于䢵，淫于䢵子之女，生子文焉。遂以其女妻伯比。《史记·卫康叔世家》载，卫孔圉文子取太子蒯聩之姊，生悝。

① (宋)王溥：《唐会要》卷七十二，株式会社中文出版社 1978 年版，第 1300 页。

② 《大元圣政国朝典章》卷十八《户部四·军民婚·出征军妻不得改嫁》，陈高华等点校，中华书局、天津古籍出版社 2011 年版，第 645 页。

孔氏之竖浑良夫美好，孔文子卒，良夫通于悝母，悝母使良夫于太子，太子与良夫言曰："苟能入我国，报子以乘轩，免子三死。"母所与，与之盟，许以悝母为妻。《史记·田单列传》载，战国齐湣王子法章，与太史嬓女通，后法章为齐王，太史氏女遂为后。《魏书·裴骏传》载，后魏太原公主寡居，与裴询奸，肃宗即以询尚主，询遂以主婿除散骑常侍。《北齐书·薛琡传》载，北齐薛琡初与魏东平王妾张氏奸，后纳为妇，逐前妻于氏，不认其子。隋代不禁奸婚，竟起到了稳定军心的重要作用，《隋书·裴矩传》载，隋炀帝末年驻扬州，骁果等思归，将变，裴矩献策，召江都境内寡妇及未嫁女，皆集宫监，又召将帅及兵等，恣其所取，因听自首，先有奸通妇女及尼女冠等，并即配之，由是骁果等悦。唐代也有公主奸婚现象，《新唐书·安乐公主传》载，唐中宗女安乐公主，初嫁武崇训，崇训死，主与武延秀乱，即嫁之。

综上可见，唐代以前，贵族男女先奸后婚的现象常见，正式律文中未见"相奸不得为婚"的禁条，不过，唐令中有此禁令内容，"假令，先不由主婚，和合奸通，后由祖父母等立主婚已讫后，先奸通事发者，纵生子孙犹离之耳。常赦所不免，悉赦除者，不离。唐令犹离者非"[①]。由此令文可见，唐代对奸婚予以否定并处以重罚，尤其是从"纵生子孙犹离之耳"的规定，可以看出唐代统治者严惩奸婚的坚定决心和态度。

宋代统治者虽然出生武行，但是他们在政权建立之初，就把符合其统治需要的儒家思想贯彻到政治法律统治之中。为了维护父母对子女婚姻大事的主婚权，《庆元条法事类》明确规定："诸先奸后娶为妻者，离之。"然而，宋代奸婚现象仍时常出现，虽经检举，初不断离。《涑水记闻》载，布衣徐禧，得洪州进士黄雍所著书，窃其语，上书褒美新法，而蔡承禧收得雍草，封上之。承禧又言，(徐)禧母及妻，皆非良家，(徐禧)与其妻先奸后婚，妻恃此，淫佚自恣，禧不敢禁。

元代沿袭宋代禁制，对于先奸后婚者断离异，《元史·刑法志》规定，"诸先通奸，被断，复娶以为妻妾者，虽有所生男女，犹离之"。此条主要针对未婚男女相奸而后成婚的情形，只判离异。对于已婚女子与人通奸，离其夫或未离而与奸夫结婚者，则杖而离之。《元史·刑法志》规定，"诸和奸同谋，以财买休，却娶为妻者，各杖九十七，奸妇归其夫"。《元典章》十八户部四"通

---

① [日]仁井田陞：《唐令拾遗》，栗劲、霍存福等译，长春人民出版社 1989 年版，第161 页。

奸成亲断离”条:“至元二十三年八月……宪司看详,赵阿叶、易三千既是通奸成亲,已今(经)断离,又行再犯,兼本妇系有夫妇人,量情各决三十七,离异,财钱拟没入官;媒人易阿彭年老免断。牒可遍行禁止。”看来,对于已婚妇女通奸成亲,最初规定杖三十七,后来增加到杖九十七,加重了处罚。

明律中只有已婚女子与人通奸的规定,《明律·刑律》“犯奸”条:“合奸刁奸者,男女同罪……奸妇从夫价卖,其夫愿留者听。若价卖与奸夫者,奸夫本夫各杖八十,妇人离异归宗,财物没官。”也就是说,对于犯奸的已婚女子,其夫得而卖之,但不能卖给奸夫,否则都要受到相应的刑罚处罚。不过,法条虽设,实践中未必严格依照法条执行。《明镜公案》卷四载有“王御史判奸成婚”一案,王御史依循人情,不仅没有处罚相奸者,反而“判奸成婚”。案例如下:

亭中净几绣座,色色珍异。亭左另一燕居,小巧奇绝。中有牙床绣枕,乃倦游而憩息之所也。徐生心思此地甚好投机矣,便恳求曰:“蒙小姐垂爱,得入仙宫。若不插枝花以归,亭外百花也笑人。愿得阳台一会,百岁铭心。”高氏曰:“与公子缔好,亦芝兰同味,但闺女犯此,恐玷物议。”徐生曰:“外人不知,何以招议?即有知者,昔张生于莺莺、韦铬于瑜娘,皆在室先通后为夫妇,至今传作美谈。吾与汝皆未婚娶,今日事若有人知,父母必当自为婉转,遣媒成婚,岂不更妙乎?”高氏见说知奸则父母必为结亲,此话可信,因不推辩。徐生遂为之解玉扣,脱绣襦。高氏半推半就,半喜半羞。只见温玉生香,春意满怀。罗帏中携云握雨,锦衾下倒凤颠鸾。氏如嫩蕊海棠新着雨,生如娇嘶渴马奔清泉。煞多情,浑身通泰;忒有趣,两意和谐。花谢春犹在,战酣兴正浓。及云收雨散,双双相携而起。高氏曰:“妾以千金之躯托于公子,不知何日得为夫妇也?”徐生曰:“人有善愿,天必从之。”留恋已久,日已近午,名香复来催食午。此时徐生欲去而不忍去,高氏不留而意欲留,两情难割。徐生曰:“我明日复来,幸勿见拒。”高氏曰:“一日有情,终身难舍,何忍再拒?”由是,徐生懒去向书馆,日来园外。高氏懒去拈针线,日往园中。私下偷情,如胶如蜜。往来月余,人并不知。

上告时,探花王刚中出为御史,巡按福建。以徐、高二家皆阀阅名家,亲提问之,曰:“你亦宦家子弟,当知礼义。何为强奸人室女,辱玷祖宗?当问死罪矣。”徐守恂曰:“宦家后园墙高数仞,不是他女任开门,延纳小的,何以飞人?奸情不敢隐,但和奸非强也。可怜士夫女妻并未婚娶，若打死杖下，不如放生，望老爷垂仁超度。”王御史问高氏曰：“和奸是真，必非强也？”高氏曰：“一时之错不可返，白圭之玷不可磨。望天恩曲庇，泽及闺帏，死不忘德。”王御史曰：“汝两下都认和奸，可先供状，然后拟罪。”徐生、高氏各援笔而成供状，词皆四六，赡博富丽。王御史见其供出成奸之由，起于咏诗句。而所供之状，果有才学。乃曰：“汝能为诗乎？此檐前有蛛网悬蝶，试面赋之。”徐生吟曰：“只因赋性太颠狂，游遍花间觅遍香。今日误投罗网里，转身便是探花郎。”王公悦，又指竹帘谓女曰：“汝试赋之。”高氏遂吟云：“绿筠劈破条条直，红线经开眼眼奇。只为爱花成片瑕，致令直节有参差。”王公怜二人之才，见其供称俱未议婚，乃谓之曰：“据律则通奸者该各杖八十，姑念汝天生一对，才貌两全。古云‘君子乐成人之美’，当权正好行方便。吾何惜一屈法，不以成人美乎？可令你结成姻缘，宜室宜家，是亦一大方便也。”

高从正执曰：“如此则律何以禁？且非礼成婚，何以为训也？”王公曰：“岂不闻卓茂云：‘律设大法，礼顺人情。’又程子云：‘王道之大本乎人情。’则苟顺于情即合礼合道，何奸于律？”由是，从正不敢再执。各放之宁家，徐生高氏遂为夫妇。时人因号御史为王方便。

按：判奸成婚本不合律，但以文士才女各未婚娶，爱惜其才，判之成婚。一时人情不以为非，可见善持法者在变通从宜，不必胶柱鼓瑟也。故记之以为钦恤者训。

清律沿袭明律“犯奸”禁条，乾隆二十九年(公元1764年)定：“如系先奸后娶，或私自苟合，或知情买休，虽有媒妁婚书，均依凡人科断。”嘉庆十三年(公元1808年)议准：“婚娶违律，均应离异。而情节各有不同。如系先奸后娶，或私自苟合，或知情买休，律应离异。”①

关于相奸者禁止结婚，不仅在古代中国，其他古代国家也有此婚姻禁制，欧洲古代寺院法也禁止相奸者为婚。20世纪40年代以前，日本、德国、丹麦以及旧中国都仍然保留有相奸不得为婚的禁制。此一禁制的立法原意是为了杜绝淫乱之风，但现代各国都意识到这一禁制有破坏婚姻自由之嫌疑，于是都取消了这一禁制。

(二)在逃不得嫁娶

在逃不得嫁娶，一是男子不得娶逃亡在外的女子为妻，二是男子逃亡在

---

① 《钦定大清会典事例》卷七百五十六《刑部》。

外期间不得结婚、生子。

1.男子不得娶逃亡在外的女子为妻

男子不得娶逃亡在外的女子，又特指两种类型的女子，一是因为犯罪已发在官而逃亡在外的女子，二是背夫在逃或逃婚的女子。

(1)犯罪已发在官而逃亡在外的女子

唐律云，“诸娶逃亡妇女为妻妾，知情者与同罪，至死者减一等，离之；即无夫，会恩赦免罪者，不离”。

《宋刑统》卷十四户婚律承袭唐律，【疏】议曰：妇女犯罪逃亡，有人娶为妻妾，若知其逃亡而娶，流罪以下并与同科，唯妇女本犯死罪而娶者，流三千里，仍离之。即逃亡妇女无夫，又会恩赦得免罪者，不合从离。其不知情而娶，准律无罪，若无夫即听不离。①

据《元典章·户部》卷“逃躯妾冒良人为婚”载，至元八年(公元1271年)七月，尚书户部据中都路来申勘责到逃躯王纳单术招伏，壬子年于本使王里伯术户下作躯口附籍，至元二年(公元1265年)背使在逃，至元五年(公元1268年)娶讫香阿县良人故杨伟妹杨粉儿为妻。罪犯杨粉儿招伏无异，媒人刘斌主婚，故杨伟妻阿李状称除相同外为杨粉儿故夫张择弟张元告发杨伟擅自将嫂改嫁与张元，物折钞两定作财礼收讫取到，张元既是立媒无服，不合勒要钱物，招伏除将王纳单术在逃罪犯，另断外躯良成婚并张元受钱一节，乞明降事为此照。②

《明律·户役门》“收留迷失子女”条：若收留在逃子女……为子孙妻妾者，杖八十，徒二年。

(2)背夫在逃或逃婚的女子

遇到背夫而逃的女子，也不可与之为婚，否则与之同罪。《宋刑统》云：“妻妾擅去者徒二年，因而改嫁者加二等。”周显德五年(公元958年)七月七日敕条：妻擅去者徒三年，因而改嫁者，流三千里，妾各减一等，娶者，并与同罪。如不知其有夫者，不坐；娶而后知者，减一等，并离之。③

据《元典章·户部》卷“娶逃妇为妻”条载，至元六年(公元1269年)五月

① 《宋刑统》，薛梅卿点校，法律出版社1999年版，第249页。

② 《大元圣政国朝典章》卷十八《户部四·嫁娶·逃躯妾冒良人为婚》，陈高华等点校，中华书局、天津古籍出版社2011年版，第664页。

③ 《宋刑统》，薛梅卿点校，法律出版社1999年版，第253页。

二十六日，彰德路申奉中书户部符文，安阳县李伴姐告磁州滏阳县人户胡大安等将逃妻高唤奴打夺去了，约会问得有李伴姐父母主婚立媒下财童养到高唤奴为妻十三岁上才方成婚，十五岁上在逃，高唤奴并媒人等取责相同，被论人胡闰称凭朱阿唐作媒下财娶到高唤奴为妻，见有所生儿男，并不知李伴姐定娶事因，既有所出合无于胡闰名下，李伴姐元下财钱候高院士到官却行追还，乞照验事省部相度，既是媒证邻佑方阿姚等指证得高唤奴委是李伴姐父母下财童养到儿妇在逃，难同胡闰立媒下财娶到终是李伴姐妻室，合行改正，仰将高唤奴依旧分付李伴姐为妻施行。[①] 遇到逃婚的女子，也不得娶为妻妾。

清末推行司法独立后成立了各级审判厅和检察厅，由他们制作的《各省审判厅判牍》记录了当时诸多判决和判词，其中记载了两则由保定地方审判厅负责审判的"背夫在逃"案：

案例一：妻背夫在逃

缘毛张氏、张顺均籍隶清苑县，彼此认识。毛张氏现年四十二岁，张顺现年二十八岁，父名张洛玉，年六十，母郑氏，年五十八岁。兄弟两人，该犯居长，妻田氏生有一子，一向赶车营生。毛张氏因前夫吴俊病故，于光绪三十四年（公元 1908 年）凭媒说合，再醮满城县郎村人毛洛同为妻。毛洛同性情暴躁，毛张氏被殴责，因此夫妇不和。宣统三年（公元 1911 年）二月间，毛洛同欲携眷赴奉谋事，毛张氏虑恐跟随出外受气，起意背夫私逃。即于是月初九日乘归宁之便，私自逃至保定城内，找向张顺告知逃情，嘱令窝藏。张顺应允，即代赁王寡妇房屋一间居住，并代给租钱。王寡妇不知逃情。嗣毛洛同因毛张氏日久不归，赴伊母家查找无获，即与伊兄张玉四出侦察，访悉情由，投知西区巡警局，将毛张氏、张顺一并抓获，送由地方检察厅起诉前来。当经提犯审讯，据供前情不讳，诘无诱拐及改嫁情事，应即判决。

援据法律某条及理由：查律载：妻背夫在逃者，徒二年。窝主同罪等语。此案毛张氏因与伊夫毛洛同不睦，时被殴打，辄敢背夫私逃，殊属不法。查毛洛同既向张玉找寻，即无愿离之情，自应按律问拟。毛张氏合依妻背夫在逃者徒二年律，拟徒二年。系妇女，准其照例赎罪，追

① 《大元圣政国朝典章》卷十八《户部四・嫁娶・娶逃妇为妻》，陈高华等点校，中华书局、天津古籍出版社 2011 年版，第 617～618 页。

取赎银三十四两入官册报，给令其夫领回，听其离异。张顺虽讯无诱拐情事，惟既知毛张氏背夫私逃，辄敢代赁房屋居住，即属窝留，亦应按律问拟。张顺合依窝主同律，与毛张氏同罪，拟徒二年，解交保定习艺所依限工作，罪满释放。王寡妇不知逃情，应免置议。此判。①

案例二：背夫在逃因而改嫁

缘刘吴氏、王廷俊分隶蠡县、清苑等县。刘吴氏现年四十九岁。王廷俊现年五十七岁，父母俱故，弟兄三人，该犯居三。刘吴氏因前夫齐洛凤病故，于光绪三十三年（公元1907年）凭已故之尹洛玉为媒，在醮与刘瑞为妻。刘瑞籍隶深泽县，向在保定城内售卖丝绵带子为生。刘吴氏亦随同在省居住。先本夫妇和睦，后因屡次反目，刘吴氏时被刘瑞殴打，因此失和。宣统二年（公元1910年）十二月初十日，刘瑞因回籍省亲，留刘吴氏在省独处，刘吴氏因屡被殴责，心生气忿，起意私逃改嫁。即自赴清苑县属大侯村素识之孙八子家中，向孙八子之妻捏称被夫休弃，意欲改嫁，并向告私逃情由，孙八子之妻即留刘吴氏在家居住，复转托孙洛泽媒合改嫁与王廷俊为妻。嗣刘瑞由籍回省，见刘吴氏不在家中，四处探寻，访晰前情，报经臧村巡警局询明，饬令刘瑞将刘吴氏领回，刘吴氏回家后眷念后夫，复于十二月二十日乘间逃亡王廷俊家中。王廷俊容留住宿，经刘瑞前往找获，投报巡警局解送地方检察厅起诉前来。当经提犯审讯，据供前情不讳，诘无诱拐情事，应即判决。

援据法律各条及理由：妻背夫在逃者，徒二年。因而改嫁者，加二等。知情娶者同罪等语。此案刘吴氏因与伊夫刘瑞不睦，屡被殴责，乘刘瑞回籍省亲，辄敢私逃改嫁王廷俊为妻。嗣经刘瑞找获，复眷念后夫，乘间逃往王廷俊家住宿，殊属不法。查刘瑞既经控追，即无愿离之情，自应按律问拟。刘吴氏合依妻背夫在逃者徒二年，因而改嫁者加二等律，拟徒三年。系妇女，准其照例赎罪，追取银四十两入官册报给领，其夫领回，听其离异。王廷俊媒娶刘吴氏为妻，其先不知私逃情由，尚无不合。惟既经刘瑞报经巡警局饬令将该氏领回后，该犯已知系有夫之妇，乃于刘吴氏重奔至该犯家时，复敢容留住宿，即与知情媒娶无异，亦应按律问拟。王廷俊合依知情娶者同罪律，与刘吴氏同罪，拟徒三

① 汪庆祺：《各省审判厅判牍》，李启成点校，北京大学出版社2007年版，第70～71页。

年，解交保定习艺所依限工作，限满释放。孙洛泽及孙八子之妻不知私逃情由，均无不合，应免置议。此判。[①]

从以上两个案例可以看出，清末对于背夫在逃的女子处两年徒刑，对背夫在逃并改嫁的女子加二等处罚，知情者与之同罪。

2.男子逃亡在外期间不得结婚、生子

男子逃亡在外期间不得结婚、生子，否则连所生子女都要受到相应处罚。《钦定大清会典事例》"逃人外生之女"条："康熙十年题准：凡逃人在外娶妻所生之女，已聘嫁民人者，不断与逃人之主，仍归给本夫。十二年题准：凡逃人从伊主家带逃之妻，有所生之女，已聘嫁民人者，追银四十两，给逃人之主。若不能纳银者，其女给予伊主。乾隆八年定：凡逃人将外娶妻所生之女聘嫁与人者，不论已婚未婚，断给伊夫完娶外。若将带逃之妻外生之女、私聘与人，未婚者，追还财礼，将女断给伊主；已婚者，不拘年限，俱免其离异。向私娶之人追银四十两，给主。如贫难无力，量追一半。其嫁女之逃人，照例鞭刺。知情聘娶者，杖一百。媒合人等杖八十。不知者不坐。"[②]

当然，传统中国婚姻禁制远远不止前文所述，如未达到法定婚龄（适婚龄）禁止结婚等，但限于篇幅，其他相对琐碎的内容，不再一一赘述。

① 汪庆祺：《各省审判厅判牍》，李启成点校，北京大学出版社2007年版，第71页。

② 《钦定大清会典事例》卷八百五十六《刑部》。

第三章　近现代中国的婚姻禁制及其变革

近现代中国即西法东渐后的中国，肇始于清代中叶，勃兴于甲午战争以后。西方法律文化和理念通过多种渠道向中国等东方国家多个领域的传播，催生了中国近代法学，进而推进了中国法律近代化乃至现代化进程，婚姻家庭法领域也随之迈入近现代化。

第一节　清末、北洋时期的婚姻禁制

道光二十年(公元 1840 年)，英国以清政府销毁鸦片、阻碍自由贸易为借口，发动蓄谋已久的“鸦片战争”。腐败的清政府战败，被迫签订了《南京条约》《虎门条约》《望厦条约》以及《黄埔条约》等一系列不平等条约，被迫割地、赔款、开放通商口岸、允许外国人自由传教，并进一步侵夺中国的关税主权与司法主权。这一系列的主权丧失给中华民族带来了深重灾难，客观上迫使中国清政府从经济、政治、法律等各方面作出相应的调整。

随着中国海禁大门的打开，西方法律文化犹如潮水般涌进中国，中国传统的法律文化面临强大的冲击与挑战。西方人大肆指责中国法律与欧洲人的公平正义观念不相容，“它(中国法律)的体系在许多方面与欧洲人公平或正义的观念不相容”。[①] 在这种内有封建统治岌岌可危、外有西方列强不断施压的形势之下，清政府于 1901 年 1 月发布变法上谕，提出“世有万古不变之常经，无一成罔变之治法”，表示“大抵法积则弊，法弊则更”“法令不更，锢习不破，欲求振作，须议更张”，[②]要求军机大臣、大学士、六部九卿、出使各国大臣、各省督抚等中央和地方官员参酌中西要政，提出改革条议。同年 4 月，清政府成立“督办政务处”，作为推动新政的专门机关。“资产阶级的法

① 高道蕴、高鸿钧、贺卫方:《美国学者论中国法律传统》，中国政法大学出版社 1994 年版，第 450 页。

② 《大清德宗景皇帝实录》卷四七六。

律文化在‘西学东渐’成为时代潮流的条件下，逐渐占据上风。”[①]从此，中国传统法律体系开始瓦解，法律近代化进程全面展开。

一、《大清民律草案》及其婚姻禁制

光绪三十三年四月（1907 年 5 月），民政部向朝廷奏请拟定民律，制定民法的问题被正式提上日程。1908 年 11 月，修订法律馆在沈家本的主持下聘请日本法学家松冈义正为顾问，开始起草民法。其中，民律中的前三编即总则、物权、债权由法律馆起草，后两编即亲属、继承由礼学馆起草。法律馆、礼学馆起草民律必须遵循的原则有四个，一是“注重世界最普通之法则”，二是“原本后出最精确之法理”，三是“求最适于中国民情之法”，四是“期于改进上最有利益之法”。[②]

《大清民律草案》就是在这样一种历史背景之下，于宣统三年（1911 年）编纂完成。“这是中国民法史上第一次按照欧陆民法原则和理念起草的民法典”，[③]尽管随着清政府统治的结束，《大清民律草案》没来得及正式实施，但是它首次打破中华法系传统，大量引进西方立法理念和立法技术，在中国民法史上有着重要的地位。

《大清民律草案》分为总则、债权、物权、亲属、继承共五编，前三编主要效仿德国、日本民法典的体例，大量引用大陆法系的法律术语；后两编虽然也采纳了一些西方国家法律的规定，但更注重吸收中国的礼俗，如亲属编采取家属主义而非个人主义，规定“家长以一家中之最尊长者为之”等。“亲属编”共 142 条，共分为七章，其中第三章是专门关于婚姻的规定，婚姻禁制的内容就在“婚姻之要件”当中。

（一）同宗不婚

《大清民律草案》第 1333 条：同宗者，不得结婚。这一条禁令沿袭和发展了唐代以来的“同宗不婚”原则，由于历史上出现过因功赐姓、私自易姓或冒姓、为避仇或避讳而改姓等改变姓氏的现象。随着社会的发展，同姓不同宗或同宗不同姓的状况越来越复杂，为了尽量避免血缘关系亲近造成的灾

---

① 朱勇：《中国法制通史》（第 9 卷），法律出版社 1999 年版，第 159 页。

② 谢振民：《中华民国立法史》（下册），中国政法大学出版社 2000 年版，第 744～745 页。

③ 杨立新：《大清民律草案・民国民律草案》，吉林人民出版社 2002 年版，第 6 页。

难,“男女同姓,其生不蕃”,《大清民律草案》确立了“同宗不婚”原则。也就是说,只要是出自同一祖先,无论支派远近、地域差别,均不得通婚。

(二)近亲不婚

《大清民律草案》第1334条:在本律规定之亲属范围内,不得结婚。但外亲或妻亲中之旁系亲,其辈分同者,不在此限。

前项规定,于第1322条亲属关系解销后,不得结婚。又,《大清民律草案》第1322条:由婚姻或承嗣而生之亲属关系,于离婚或归宗时即解销。《大清民律草案》第1317条:本律称亲属者如下:(1)四亲等内之宗亲;(2)夫妻;(3)三亲等内之外亲;(4)二亲等内之妻亲。父族为宗亲,母族及姑与女之夫族为外亲,妻族为妻亲。

立法者把第1334条与第1322条结合起来进行规定,其本意是为了防止尊卑为婚,防止诸如娶宗亲妻妾的现象。

(三)不得重婚

《大清民律草案》第1335条:有配偶者,不得重婚。按照法律馆的解释,此条主要是为了防止有妻更娶,一夫多妻或一妻多夫都为法律所禁止。

(四)限期不婚

《大清民律草案》第1336条:女从前婚解销或撤销之日起,非逾十个月不得再婚。若于十个月内已分娩者,不在此限。此条主要是从血统考虑,如果前婚解销或撤销不超过十个月就再婚,再婚所生之子的血统就无法辨别。

(五)相奸不婚

《大清民律草案》第1337条:因奸而被离婚者,不得与相奸者结婚。此条主要是为了禁淫逸,明廉耻。

二、北洋政府时期的婚姻立法及婚姻禁制

北洋政府的许多立法活动都沿袭了清末的法律,是在清末法律基础上的延伸和发展。1912年3月10日,袁世凯在北京就任临时大总统后曾发布命令:“现在民国法律,未经议定颁布,所有从前施行之法律及新刑律,除与民国国体抵触各条应失效力外,余均暂行援用,以资遵守。”[1]

1914年,大理院在其发布的上字第304号判例中进一步明确规定:“民国民法典尚未颁布,前清之《现行律》除制裁部分及与国体有抵触者外,当然

① 《临时大总统令》,见《现行法令全书·司法》,中华书局1921年版。

继续有效。至前清《现行律》虽名为《现行刑律》，而除刑事部分外，关于民、商事之规定，仍属不少，自不能以名称为刑律之故，即误会其为已废。"此判例所指《现行刑律》民事有效部分包括：服制图、服制、名例、户役、田宅、婚姻、犯奸、斗殴、钱债等。除此之外，还包括《大清户部则例》中的户口、田赋、租税等。这些都是北洋政府时期实际施行的民法，统称为"现行刑律民事有效部分"。

（一）《民国民律草案》及其婚姻禁制

史称中国"第二次民草"的《民国民律草案》于 1925 年完成编纂，当时正值北洋政府发生北京政变，囚禁了曹锟，解散了伪国会，因而此草案未予以公布，只在各级法院作为条理适用，统一指导民事司法实践。

《民国民律草案》相对《大清民律草案》而言，发生了以下主要变化：一是"总则"削弱个人主义色彩，弱化私权观念，同时出于与各国通商的需要，增加了对外国法人的规定。二是将"债权编"改为"债编"，从偏重保护债权人的利益变为注重保护债权关系双方的利益。三是在"物权编"删除原来仿照德国制定的土地债务制度，代之以中国固有的典权制度。四是在"亲属编"中更多地沿袭封建礼教的内容，扩大家长权，强化封建包办婚姻制度。五是在"继承编"中增加宗祧继承等封建制度内容。总体而言，《民国民律草案》相对《大清民律草案》是一个历史的倒退。《民国民律草案》规定的婚姻禁制有以下内容：

1.同宗不婚

《民国民律草案》第 1100 条：同宗者，不得结婚。

2.近亲不婚

《民国民律草案》第 1101 条：在本律规定之亲属范围内，不得结婚。但外亲或妻亲中之旁系亲，其辈分同者，不在此限。前项规定，于第 1061 条、第 1062 条亲属关系消灭后适用之。在本律规定之亲属范围外，而有切近之尊卑辈分或为同母异父者，亦不得结婚。

第 1061 条：由婚姻而生之亲属关系，于离婚或在醮时消灭。

第 1062 条：由承嗣或养子而生之亲属关系，于归宗或解除养子关系时消灭。嗣子或养子之妻，直系卑属及直系卑属之配偶人，以在嗣子归宗或养子关系解除时随而离去者为限，其与嗣家或养家之亲属关系消灭。

3.不得重婚

《民国民律草案》第 1102 条：有配偶者，不得重婚。

4.限期不婚

《民国民律草案》第1103条:女从前婚解销或撤销之日起,非逾十个月,不得再婚。但于十个月内已分娩者,不在此限。

5.相奸不婚

《民国民律草案》第1104条:因奸而被离婚者,不得与相奸者结婚。

(二)大理院判决例体现的婚姻禁制

从清末官制改革到北洋政府时期,大理院作为全国最高司法审判机关,掌有指挥、监督各级审判的权力,其判决例对其他各级司法机关具有指导性的作用。

1.同宗不婚

(1)同宗不得为婚姻

【正】现行律载"凡娶同宗无服之亲或无服亲之妻者,各处罚"等语。律意所在,盖无非重伦序而防血系之紊乱。故同宗无服之解释不拘于支派之远近、籍贯之异同,但使有谱系可考其尊卑长幼之名分者,于法即不能为同宗,而禁其相互间婚姻之成立(现行律"婚姻门·娶亲属妻妾"条律)。(三年上字第596号)[1]

(2)不许娶同宗亲妻妾

【正】现行律载"凡娶同宗无服之亲或无服亲之妻者,各处罚"。是但使其人已为同宗亲妻妾,即无论其亲或为小功或属缌麻,又或推而至于无服,依法均不许娶(现行律"婚姻门·娶亲属妻妾"条律)。(四年上字第1174号)[2]

(3)同宗亲已出之妻亦不得娶

【正】现行律内"凡娶同宗无服之亲或无服亲之妻者,各处罚。若娶缌麻亲之妻及舅甥妻,各徒一年。小功以上,各以奸论。其曾被出及已改嫁而娶为妻妾者,各处罚"等语。是同宗亲之妻,依法均不许娶。至曾否被出及有无改嫁情事,原非所问。明文规定,意即显然(现行律"婚姻门·娶亲属妻妾"条律)。(四年上字第2401号)[3]

---

① 郭卫:《大理院判决例全书》,吴宏耀等点校,中国政法大学出版社2013年版,第387页。

② 郭卫:《大理院判决例全书》,吴宏耀等点校,中国政法大学出版社2013年版,第389页。

③ 郭卫:《大理院判决例全书》,吴宏耀等点校,中国政法大学出版社2013年版,第391页。

(4)同宗为婚律应撤销

【正】娶同祖兄弟之妻者,其婚姻依律应撤销。(七年上字第 387 号)[1]

(5)现行律不禁同姓为婚

【续】现行律不禁同姓不宗者相为婚姻。(八年上字第 1093 号)[2]

(6)异姓入继禁止与所继之家结婚

【续】异姓入继虽属违法,惟当初并无有继承权人出而告争,事历多年相安无异,并且数世载入宗谱,则其子孙与所继之家久已发生家族关系。对于同载宗谱者,既有世系可寻,即其尊卑长幼之名分自应与同宗同视,其相互间当然不能为婚姻之结合。(十一年上字第 1431 号)[3]

2.疾病达到一定程度即应通知

【正】现行律"男女婚姻"条所谓"疾病"云者,当然别乎残废言之。凡依现在医术,其程度达于不易治疗而于生活上有碍或为恒情所厌恶之疾病,皆应包括在内(现行律"婚姻门・男女婚姻"条律)。(四年上字第 1223 号)[4]

3.太监亦得娶妻

【正】查前清《大清律例》"户律・杂犯门"内载"新进太监由内务府验明,年在十六岁以下并未娶妻者"云云。依文义解释,亦只规定新进太监必以十六岁以下并未娶妻者为合格,否则不许投充而已;决不能因投充太监须未娶妻之人,即解释为已充太监即终身不得娶妻,其理本至明显。若谓前清宫中则例,太监请假有限、外宿有禁,管束綦严,使太监无娶妻之机会,是即消极禁止其娶妻之义云云,则亦未免曲解。查前清立法,鉴于宦寺之祸,防微杜渐,种种限制极为详密,固不待言,然不能以此推定其娶妻亦在禁止之列。况以僧道娶妻有禁、律著明文而论,果欲禁太监娶妻,则事同一律,自可明著为令,又何必籍种种管束法规隐相箝制,以阴行其禁止,此尤事理之所必无。故以此谓太监娶妻有禁云云,实非有据。至谓太监娶妻当时法令亦无特许

---

① 郭卫:《大理院判决例全书》,吴宏耀等点校,中国政法大学出版社 2013 年版,第 395 页。

② 郭卫:《大理院判决例全书》,吴宏耀等点校,中国政法大学出版社 2013 年版,第 398 页。

③ 郭卫:《大理院判决例全书》,吴宏耀等点校,中国政法大学出版社 2013 年版,第 399 页。

④ 郭卫:《大理院判决例全书》,吴宏耀等点校,中国政法大学出版社 2013 年版,第 389 页。

之明文，则太监娶妻安见即为适法？不知男女婚嫁本为人之大伦，无论何国，除法律明文禁止者外，其一般男子当然可以娶妻，固无俟有明文之特许。今前清法律于太监娶妻既无科刑禁止之条，虽其身遭阉割，亦尚不失为男子。则依男子可以娶妻之定则言之，太监娶妻不在禁例，毫无疑义。（四年上字第 1608 号）①

4.有妻不得更娶

(1)有妻不得更娶妻

A.有妻欺饰更娶者，后娶之妻应离异。

【正】现行律妻妾失序门内载"若有妻更娶妻者，后娶之妻离异归宗"等语。是已有妻室之人，如果欺饰另娶，其后娶之妻应在离异之列（现行律婚姻门妻妾失序条）。（五年上字第 1167 号）②

B.有妻更娶先经通知者，后娶之人为妾，不得离异。

【正】若在许婚当时实已明白通知有妻室者在，应则其后之妻在法律上仅为妾之身份，即不得为欺饰而遽令离异。（五年上字第 1167 号）③

(2)不得以妾为妻

【正】按现行律载"妻在以妾为妻者，处刑并改正"等语。细绎律意，原以妻在时不得以妾为妻。妻若不在，其夫有以妾为妻之意识表示，即不在禁止之列。（六年上字第 896 号）④

5.夫死未久不得改嫁

【续】夫死未久即欲改嫁，依照现行律居丧嫁娶门居夫丧而身自嫁者离异之规定，自在禁止之列。（现行律婚姻门居丧嫁娶条律）。（九年上字第 541 号）⑤

---

① 郭卫：《大理院判决例全书》，吴宏耀等点校，中国政法大学出版社 2013 年版，第 390 页。

② 郭卫：《大理院判决例全书》，吴宏耀等点校，中国政法大学出版社 2013 年版，第 392 页。

③ 郭卫：《大理院判决例全书》，吴宏耀等点校，中国政法大学出版社 2013 年版，第 392 页。

④ 郭卫：《大理院判决例全书》，吴宏耀等点校，中国政法大学出版社 2013 年版，第 393 页。

⑤ 郭卫：《大理院判决例全书》，吴宏耀等点校，中国政法大学出版社 2013 年版，第 398 页。

第二节 南京国民政府时期的婚姻禁制

南京国民政府时期,国内和国际社会都发生了翻天覆地的变化。国内的政治、经济和文化的变化,加上这一时期国外婚姻立法对国内婚姻立法的影响,这一时期的婚姻制度也必然随之发生变化。

南京国民政府成立以后,积极致力于法制建设,制定和颁布了一系列包括婚姻法规在内的法律文件。

一、南京国民政府时期的主要婚姻法律文件

(一)"民十七年草案"

1927年8月25日,国民政府定都南京。1928年10月,国民政府法制局制定出台《亲属法草案》(以下简称"民十七年草案"),该草案共分为夫妻和婚姻关系两章。

"民十七年草案"制定的宗旨,根据原附说明,此草案要"应党国之急切需要",所以必须做到既不受传统观念之束缚,又能符合现实社会需要,并且还得符合社会学、伦理学以及其他各种科学原理。因而该草案确立和贯彻了三大原则:承认男女平等;增进种族健康;奖励亲属互助。在此三大原则指导之下制定出台的"民十七年草案"取得很大成就,日本法学博士中岛玉吉以及国内著名民法学家胡长清先生都对此草案给予了高度评价。中岛玉吉博士认为,该草案采用改造主义立法原则,以立法手段改造社会,不仅立法速度惊人,而且能够将立法原则切实贯彻到立法之中。中岛玉吉博士还运用列举的方式对草案的成就一一进行阐释,他从家族制度以及男女平等原则两个方面说明草案之立法成就所在。[①] 胡长清先生也认为,该草案所采个人主义,去除了家属主义在社会上、经济上、政治上的弊害,具有创造精神。[②]

(二)"民十九年草案"

1928年12月,南京国民政府在成立立法院后,加快编制民法的起草进

① [日]中岛玉吉:《读中华民国亲属法及继承法草案》,胡长清译,载《法律评论》第289期。

② 胡长清:《新亲属法草案之特色》,载《法律评论》第315期。

度。1929 年 1 月，立法院成立了民法起草委员会。民法起草委员会根据国民党中央政治会议确定的民法典各编立法原则，以北洋政府“第二次民律草案”和国民政府法制局制定的“民十七年草案”为基础，参照德、日等大陆法系国家的民法典，首先编订民法之前三编，即总则编、债编及物权编，并相继于 1929 年 10 月及 1930 年 5 月实施。与此同时，积极筹备亲属及继承两编的起草工作，立法院民法起草委员会先将这两编的重要问题分别交付各委员及顾问，让他们详加比较和研究，同时立法院征求司法院之意见，亲属法先决问题共计九条，不久之后，相关意见拟定送立法院，立法院采纳后提交中央政治会议，此即为《民国民法典》的亲属编（以下简称“民十九年草案”）。

“民十九年草案”与“民十七年草案”相比较而言，既有共同点又有差异。

“民十九年草案”与“民十七年草案”共同点，主要有：(1)不再坚持传统的家属主义而采用西方的个人主义；(2)采用西方法律划分亲属的方法，确立男女平等的原则，将亲属划分为配偶、血亲（直系血亲、旁系血亲）和姻亲三类；(3)不再明文规定同姓不婚或同宗不婚；(4)厘定夫妻财产制；(5)摒弃传统的宗法制度，废除嫡子、庶子、嗣子和私生子，将子女分为婚生子女、非婚生子女和养子女等。

“民十九年草案”与“民十七年草案”的差异，主要体现在具体法律制度上的差异：(1)婚约制度。“民十七年草案”有 5 条，“民十九年草案”有 8 条。(2)近亲不婚制度。“民十七年草案”规定四亲等内之血亲及姻亲辈分不相同者，不得结婚，但下列辈分相同之血亲除外：①母之旁系卑亲属不在三亲等内者；②祖母之旁系卑亲属；③曾祖母之旁系卑亲属。“民十九年草案”规定的禁婚亲属范围为：①直系血亲及直系姻亲；②旁系血亲及旁系姻亲之辈分不相同者，但旁系血亲在八亲等以外者；旁系姻亲在五亲等以外者，不在此限；③旁系血亲之辈分相同，而在八亲等以内者，但表兄弟姐妹不在此限。(3)夫妻财产制度。“民十七年草案”无夫妻财产制之名称，规定夫妻各自享有和管理特有财产，不相侵害。采用分别财产制为法定财产制。“民十九年草案”有夫妻财产制之名称，细分为法定财产制和约定财产制。

（三）《中华民国民法》

1930 年 12 月 26 日，中国历史上第一部正式颁行的民法典——《中华民国民法》由南京政府公布。该法典在国统区适用 20 年，中华人民共和国成立以后，宣布废止包括民法典在内的国民党“六法全书”，该法典后来仅在台湾地区适用。《中华民国民法》的颁布和实施，促进了中国婚姻立法的近代化进程。

《中华民国民法》在继续参考德、法、日、瑞等国民法典的基础上，还吸收了苏联等国民法典的编纂体例与内容。该法典以社会本位主义为立法原则，强调保护社会公益原则和保护弱者原则，对所有权、契约自由进行限制，引入无过失责任原则，这些原则和内容在第217条、第765条、第774条等条款中得以体现。该法典还进一步排除了传统礼教对民法的影响，这一特点主要体现在亲属与继承两编。"亲属编"抛弃传统的五服亲属制度，将历次民律草案中依男系划分的宗亲、外亲及妻亲改为体现男女平等的血亲、姻亲和配偶；将历次民律草案中采用的寺院亲等计算法改为罗马法亲等计算法。"继承编"中，废除了宗祧继承，嫡子、庶子、嗣子、养子、私生子等在民事权利上的差别，妇女无继承权等具有封建礼教内容的条款。《中华民国民法》是一部真正具有近代意义的婚姻法，在我国婚姻立法史上具有不可替代的重要地位。

二、南京国民政府时期的婚姻禁制

（一）"民十九年草案"中的婚姻禁制

"民十九年草案"提出的"亲属法"立法原则有亲属分类、姓氏、亲属之范围等九点，其中，亲属结婚之限制原则：与下列亲属不得结婚：(1)直系血亲及直系姻亲；(2)旁系血亲及旁系姻亲之辈分不相同者，但旁系血亲在七亲等以外，旁系姻亲在五亲等以外者，不在此限；(3)旁系血亲之辈分相同，而在六亲等以内者，但表兄弟姊妹不在此限。

对于上述禁婚亲属范围的规定，谢振民先生作了这样的说明：

> 直系血亲之禁止结婚，中外一律，即直系姻亲虽有例外（苏俄及美国诸州）而以禁止者为多。至旁系血亲与旁系姻亲，各国禁止范围不一，较我国甚为狭小，按我国旧律，凡属宗亲，皆在禁止之列，几无范围之可言，而对于外亲、妻亲较宗亲为狭，悬殊已甚。今斟酌损益于中外法制之间，对于我国向不禁止者，仍不禁止，例如原则第3款但书表兄弟姐妹是也。对于我国禁止过广者，缩小其范围，例如原则第2款旁系血亲及旁系姻亲辈分不相同者，从前不问远近，均禁止之，兹拟加以但书之限制，盖取解放之意也。至关于姻、血亲结婚之限制，于非婚生子女，及其子孙，亦适用之。又关于姻亲结婚之限制，于姻亲关系消灭后亦适用之，均为多数国立法例之所同。此外基于其他原因而应禁止通

婚者，尚不止一端，其中有虽非亲属而略相仿佛者，则(1)为养亲与其所养子女之关系；(2)为监护人与被监护人之关系，似应略仿外国立法例，规定在关系存在期间，或监护人责任终了前，不得结婚。凡此诸端，皆属于详细条文，故不列入原则。[①]

(二)《中华民国民法》中的婚姻禁制

《中华民国民法》“亲属编”规定的禁止结婚的亲属：直系血亲及直系姻亲；旁系血亲及旁系姻亲之辈分不相同者，但旁系血亲在八亲等之外，旁系姻亲在五亲等以外者，不在此限；旁系血亲之辈分相同，而在八亲等以内者，但表兄弟姐妹不在此限。《中华民国民法》“亲属编”对禁婚亲属范围的规定摒弃了传统的宗亲、外亲和妻亲的划分方式，采用西方国家依据亲属关系发生的原因以及亲属关系远近来确定范围。其禁婚范围比较广，不仅旁系血亲禁到八亲等，就连旁系姻亲也禁到五亲等。其禁婚范围不禁表兄弟姐妹，而禁同等堂兄弟姐妹，体现出浓厚的重男宗的伦理色彩。

第三节　革命根据地和新中国的婚姻禁制

第一次国内革命战争失败后，以毛泽东为代表的中国共产党人创造性地运用马克思列宁主义，将马克思列宁主义同中国革命的具体实践相结合，逐步探索出一条实行工农武装割据，以农村包围城市，武装夺取政权的革命道路。自1927年毛泽东同志率领秋收起义的队伍在井冈山开辟第一个农村革命根据地始，中国共产党组织领导中国人民先后在全国各地创建了众多的革命根据地。在新民主主义革命进程的不同历史时期，革命根据地的具体名称有所不同。1927—1937年第二次国内革命战争时期建立的革命根据地，因建立了苏维埃政权而被称为“苏区”。1937—1945年全面抗日战争时期建立的抗日根据地，因大多数处于数省交界的地区而被称为“边区”。抗日战争后期的大反攻阶段，中国共产党领导抗日人民武装收复了大片国土，解放了广大受日寇奴役的中国人民，此时的根据地被称为“解放区”。

革命根据地的人民民主政权，以马克思主义国家观、法律观为指导，结合中国革命斗争和政权建设的实际情况，进行了新民主主义法制创建和发展的伟大实践。新民主主义法制集中体现了人民的意志和利益，是一种完

① 谢振民：《中华民国立法史》(下)，中国政法大学出版社2000年版，第783页。

全新型的法律制度。它不仅有力地保障和推动了新民主主义革命的顺利进行，而且为新中国社会主义法制建设奠定了坚实的基础。

1949年，解放战争即将取得全面胜利，新民主主义法制与国民党法制的斗争也到了最后关头。为了彻底废除国民党政权的“旧法统”，为建立和发展新中国法律制度指明方向。1949年2月，中共中央发布了《关于废除国民党“六法全书”及确立解放区司法原则的指示》，该指示的颁布，标志着中国中止了移植大陆法的法制现代化进程，开始按照苏联的法制模式重新选择法制现代化道路。

一、革命根据地的婚姻立法及婚姻禁制

（一）革命根据地法制形成和发展的阶段

1.革命根据地法制的开创阶段（1927—1937）

第二次国内革命战争时期是革命根据地法制的开创和奠基阶段，始于1927年10月井冈山革命根据地的创立，结束于1937年7月抗日战争全面爆发。1927年大革命失败后，党的八七会议确立了开展土地革命和武装推翻国民党反动派的方针。中国共产党领导人民在湖南、江西、湖北、四川、广东等省相继发动武装起义，创建了若干农村革命根据地，建立了各级工农民主政权。为适应革命斗争和政权建设的需要，各革命根据地制定了许多地区性的革命法规。1931年11月中华苏维埃共和国宣布成立后，陆续制定了一系列重要法规，包括宪法大纲、政权组织法、土地法、劳动法、经济法规、婚姻法、刑事法规和诉讼法规等，初步形成了比较系统的法律体系，为革命根据地的法制建设奠定了基础。

2.革命根据地法制的发展阶段（1937—1945）

抗日战争时期是革命根据地法制的发展阶段，始于1937年7月抗日战争全面爆发，结束于1945年8月抗日战争胜利。1937年7月抗日战争全面爆发后，国共两党实现了第二次合作，正式建立了抗日民族统一战线。1937年9月，中华苏维埃共和国中央临时政府西北办事处改为陕甘宁边区政府。以后，中国共产党又在敌后开辟了18个抗日根据地，建立了抗日民主政权。各抗日民主政权依据中国共产党在抗日战争时期的纲领和路线，制定颁布了施政纲领、保障人权条例，以及土地、劳动、婚姻、刑事等大量法律、法规，并创造了新的司法制度和司法工作方法，如人民调解制度、“马锡五审判方式”等，全面丰富和发展了革命根据地的法律制度。

3.革命根据地法制的完善阶段(1945—1949)

第三次国内革命战争时期是革命根据地法制进一步发展并臻于完善阶段,始于1945年8月抗日战争胜利,结束于1949年10月中华人民共和国的成立。在全面内战爆发之前,各解放区人民政权基本上继续实行抗日战争时期的法律制度。1946年国民党反动派撕毁“双十协定”,发动全面内战。中国共产党领导人民进行了解放战争,并于1947年6月转入战略反攻。解放区也由小到大,由分散到集中,形成几个大的解放区。各解放区人民政权根据中国共产党在解放战争时期的纲领和路线,在抗日民主政权法制的基础上,制定了宪法原则、施政纲领、施政方针,以及土地、劳动、婚姻、刑事等各种法律、法规,并开始建立地方各级人民法院,使人民民主政权法制更为充实和完善,并为中华人民共和国成立后的法制建设,创造了极为有利的条件。

(二)革命根据地的婚姻立法及婚姻禁制

1.工农民主政权的婚姻立法及婚姻禁制

(1)工农民主政权的立法性质

第二次国内革命战争时期,随着红军区域的开辟而逐步建立起来的工农民主政权是与国民党政权根本对立的、体现广大人民群众利益的、具有新民主主义性质的政权,用毛泽东同志的话说,就是“我们的政府不但是代表工农的,而且是代表民族的。这个意义,是在工农民主共和国的口号里原来就包括了的,因为工人、农民占了全民族人口的百分之八十到九十”。“所有这一切也都是为着一个目的:推翻地主资产阶级在全国的统治,驱逐帝国主义出中国,将几万万民众从帝国主义国民党统治的压迫剥削之下解放出来,阻止灭亡中国的殖民地道路,建立自由独立领土完整的苏维埃中国。”[①]因此,工农民主政权的立法具有鲜明的时代特色和阶级属性。各“苏区”先后制定和发布的法律、法令及法规,都集中地反映广大人民群众反帝反封建的革命意志,集中地体现广大人民群众的利益。

(2)工农民主政权的婚姻立法及婚姻禁制

中华苏维埃临时中央政府成立后,通过了《中华苏维埃共和国宪法大纲》(以下简称《宪法大纲》),《宪法大纲》明确宣布“中华苏维埃政权以保证彻底的实行妇女解放为目的,承认婚姻自由,实行各种保护妇女的办法,使

① 张希坡:《中国法制通史》(第10卷),法律出版社1999年版,第107页。

妇女能够从事实上逐渐得到脱离家庭束缚的物质基础，而参加全社会经济的、政治的、文化的生活”。

依据《宪法大纲》的基本精神制定的婚姻法规主要有：1931 年 12 月 1 日公布实施的《中华苏维埃共和国婚姻条例》和 1934 年 4 月 8 日公布实施的《中华苏维埃共和国婚姻法》。以《中华苏维埃共和国婚姻法》为代表的工农民主政权的婚姻立法，在中国历史上第一次废除了封建的及半封建的婚姻家庭制度，确立了以婚姻自由、一夫一妻、保护子女利益为基础的新民主主义的婚姻家庭制度。其所规定的婚姻法的基本原则和主要制度，对后来的新民主主义婚姻立法乃至社会主义的婚姻立法都产生了重要影响。

1934 年的《中华苏维埃共和国婚姻法》是第二次国内革命战争时期通行各苏区的最完善、最具有代表性的婚姻法规，共 7 章 21 条。

《中华苏维埃共和国婚姻法》全面实行一夫一妻制，禁止重婚纳妾，明确宣布“禁止一夫多妻或一妻多夫”。凡一夫多妻或一妻多夫者，均以重婚论，并且构成离婚的条件。工农民主政权确认鳏夫、寡妇结婚为合法婚姻，任何人不得非法干预，法律特别保护寡妇再婚的自由，非法干涉者将受到法律制裁。

为了提高人口质量，保障下一代乃至整个民族的健康，工农民主政权的婚姻法作了血亲婚禁、疾病婚禁等方面的规定。

A.血亲婚禁

1931 年的《中华苏维埃共和国婚姻条例》第 5 条规定的禁婚亲属范围为“禁止男女在五代以内亲族血统的结婚”。由于农村往往是亲族聚居，关系密切，《中华苏维埃共和国婚姻条例》规定的“男女在五代以内亲族血统的不得结婚”这一条很难得以贯彻执行，因此，1934 年的《中华苏维埃共和国婚姻法》对禁婚亲属范围作了修改：“禁止男女在三代以内亲族血统的结婚。”

B.疾病婚禁

1931 年的《中华苏维埃共和国婚姻条例》第 6 条规定：“禁止花柳病、麻风、肺病等危险性的传染病症人的结婚，如上述病症经医生验明许可者，则仍可以结婚。”第 7 条规定：“禁止神经病及风人结婚。”

1934 年的《中华苏维埃共和国婚姻法》第 6 条规定：“禁止患花柳病、麻风、肺病等危险性传染病者结婚，但经医生验明认为可以结婚者，不在此例。”第 7 条规定：“禁止患神经病及风瘫病者结婚。”

2.抗日民主政权的婚姻立法及婚姻禁制

抗日民主政权的婚姻法规,继承了工农民主政权婚姻法的基本精神,《陕甘宁边区抗战时期施政纲领》规定:“实行男女平等,提高妇女在政治上、经济上、社会上的地位,实行自愿的婚姻制度,禁止买卖婚姻与童养媳。”各边区政府以施政纲领为依据,先后制定了若干适合本地情况的婚姻单行条例、决定和办法等,主要有1939年4月的《陕甘宁边区婚姻条例》,1941年4月的《晋西北边区婚姻条例》,1943年1月的《晋察冀边区婚姻条例》,1945年3月的《山东省婚姻暂行条例》等。《陕甘宁边区婚姻条例》共5章22条,总则第3条规定:实行一夫一妻制,禁止纳妾。第9条规定:有配偶者,未经离婚,不得重为结婚。

此外,这一时期还有专门保护抗日军人婚姻的法规,1943年1月的《陕甘宁边区抗属离婚处理办法》,1943年6月的《山东省保护抗日军人婚姻暂行条例》和《修正淮海区抗日军人配偶及婚姻保障条例》等。

抗日民主政权的婚姻法律文件中关于婚姻禁制的规定,整体上比工农民主政权时严格。

(1)血亲婚禁

《陕甘宁边区婚姻条例》规定,禁止直接血统和直系血统关系者结婚。

《晋察冀边区婚姻条例》规定:“与下列亲属不得结婚:一、直系血亲及直系姻亲。二、八等亲以内之旁系血亲,但表兄弟姐妹不在此限。三、五等亲以内之旁系姻亲辈分不同者。”

《山东省婚姻暂行条例》规定:“本族五服以内之血亲不得结婚,亲姑表姨亦尽量避免缔结婚姻。”

(2)疾病婚禁

《陕甘宁边区婚姻条例》第8条规定有下列疾病者,禁止结婚:患花柳病、麻风病、神经病、风瘫病等不治之恶疾,经医生证明者。

(3)不得与相奸者结婚

晋察冀、山东、淮海区等根据地政府受国民政府的影响,还在婚姻条例中规定:“因奸经判决离婚或受刑之宣告者,不得和相奸者结婚。”

3.解放区人民民主政权的婚姻立法及婚姻禁制

解放战争时期,老解放区大多沿用抗战时期制定的婚姻条例,强调男女平等、一夫一妻制、禁止包办买卖婚姻、禁止重婚纳妾等原则和内容。但也有些地区参照老解放区的规定,修订和制定了新的婚姻法规,如1946年4

月修正颁布的《陕甘宁边区婚姻条例》，1948 年的《关东地区婚姻暂行条例(草案)》，1948 年《华北人民政府司法部关于婚姻问题的解答》，1949 年的《辽北省关于婚姻问题暂行处理办法(草案)》，1949 年 7 月的《修正山东省婚姻暂行条例》等。这些婚姻法规针对新形势下出现的新问题作出了一些新规定，这一时期，还特别强调保障革命军人的婚姻，婚姻禁制方面出现一些新的变化。

(1)严禁与已婚男女恋爱

《华北人民政府司法部关于婚姻问题的解答》指出："和没有离婚的男女搞恋爱，是不道德的、妨害他人家庭的行为。依前《晋冀鲁豫边区妨害婚姻治罪暂行条例》第 3 条第 4 款'挑拨他人夫妇不和，而鼓动离婚者'；和第 5 款'与有配偶之人通奸者'，如一方告发，证据确实，得处一年以下徒刑，并酌科罚金。"

(2)军偶不婚

1946 年 4 月晋绥边区政府发布的《关于保障革命军人婚姻问题的命令》规定："各级民政科与司法科遇到抗属请求离婚时，应耐心说服，非经丈夫本人同意，不准离婚。凡未经对方同意或未经政府批准，违法与他人结婚者，如对方愿要追回，即准予追回，聘礼一般不退还。"1949 年 4 月华中行政办事处、苏北支前司令部颁发的《关于切实保障革命军人婚姻的通令》规定军人妻子宣布离婚或解除婚约，都必须事先征得其丈夫同意，"凡系革命军人妻室，不论已婚或未婚，在未得其丈夫本人同意正式宣布离婚或解除婚约前，任何人不得与其非法结合。过去造成既成事实者，在法律上一概无效，并须追究责任；如有故违，当事人应科以刑事处分，干部中如有违犯者更须从严加倍论处"[①]。

二、新中国的婚姻立法及婚姻禁制

新中国成立以后，政治、经济、文化各个方面都发生了重大变革，"随着每一次社会的巨大历史变革，人们的观点和观念也会发生变革"[②]。新中国成立之初，也是新中国民主和法制的创建时期，1950 年《婚姻法》适应广大人民群众树立新的婚姻观念和建立新的婚姻制度的要求，从体系和内容上

① 张希坡：《中国法制通史》(第 10 卷)，法律出版社 1999 年版，第 575 页。

② 《马克思恩格斯全集》(第 7 卷)，人民出版社 1959 年版，第 240 页。

废除和改良了传统的婚姻制度,全面贯彻"婚姻自由""一夫一妻""禁止重婚纳妾"等婚姻原则,标志着中国婚姻制度现代化进程的开始。

"文革"时期,社会主义法制建设遭到严重破坏,社会上出现了很多婚姻家庭问题。"文革"结束后,沐浴着十一届三中全会的改革开放的春风,1980年9月第五届全国人民代表大会第三次会议颁布了新的《中华人民共和国婚姻法》。1980年《婚姻法》是依据1950年《婚姻法》施行三十年来的实践经验,结合20世纪70年代以来出现的新情况而制定的。它的出台,标志着我国婚姻立法进入了一个崭新的阶段。在1980年《婚姻法》适用20年后,2001年4月28日第九届全国人民代表大会常务委员会第二十一次会议通过了《中华人民共和国婚姻法(修正案)》,对1980年《婚姻法》进行了适当修改。

新中国成立以后的《婚姻法》继续贯彻男女平等原则,而且大大缩小了禁婚亲属范围,也规定了一些禁止结婚的疾病种类。

(一)1950年《婚姻法》中的婚姻禁制

1.禁婚亲属范围

1950年《婚姻法》第5条第1款规定,男女为直系血亲,或为同胞的兄弟姊妹和同父异母或同母异父的兄弟姐妹者,禁止结婚;其他五代内的旁系血亲间禁止结婚的问题,从习惯。[①] 对于"其他五代内的旁系血亲间禁止结婚的问题,从习惯"的规定,《关于中华人民共和国婚姻法起草经过和起草理由的报告》是这样解释的:

> 第一,中国大多数人五代以内辈分不同和辈分相同的旁系血亲间都不结婚的,照原有的习惯办。第二,五代以内旁系血亲间的表兄弟姊妹间有结婚的,也照原来习惯办。而正是这个表兄弟姊妹间应否结婚的问题,往往聚讼纷纭:反对和赞成的两方面都大有人在,反对中表婚的(即是表兄弟姊妹间结婚的)人所持的理由,大体上不外乎1928年国民党法制局起草的"亲属法草案"说明书所讲的道理:"姑舅两姨之子女,彼此通婚,习惯、法律俱所不禁。然就血统之远近言,亲姑、亲舅、亲姨之子女与伯叔之子女,均属同等之血亲,特以中国习惯法律向来重视男统,轻视女系,遂致对一方极端限制,而他方则极端放任,不惟立法轻重失宜,抑且显违科学上遗传的公例……"外国以苏联为例,除直系血

① 张培田:《新中国法制研究史料通鉴》,中国政法大学出版社2003年版,第726页。

亲及同胞兄弟姊妹和同父异母或同母异父的兄弟姊妹外，其他旁系血亲的兄弟姊妹间不是都可以结婚吗？为什么实行同宗不婚—甚至同姓不婚的中国人中，却又有实行表兄弟姊妹间通婚呢？这不能单拿“重男轻女”“男系中心”等原因来解释，也不能拿老百姓不懂遗传科学来解释，而应当从人民的生活环境、生活条件和生活经验中去找解释。占中国人口最大多数的农村人口，平时大抵是聚族而居和安土重迁，又加以同宗不婚—甚至同姓不婚的限制，于是某一部分不能不实行表姊妹兄弟间的通婚。这就是产生中国历来中表婚的生活环境和生活条件。当然，从历史的事实看，封建贵族之间实行中表婚，还有“门当户对”和以“亲上加亲”的纽带来相互增强封建势力的用意，中表婚的结果，一般的没有什么害处，老百姓从生活经验中感觉到没有普遍禁止的必要。反之，如果生活经验证明有禁止的必要，即使没有任何法律去禁止，老百姓也会自动禁止的。这征之于远古时代的人从近血缘婚过渡到远血缘婚的历史发展过程，可以确信不疑。而近千百年来人们的科学水准，比几万年、几千年前的人们要高得很多，这也是确信不疑的。远古时代的人之所以从近血缘婚发展到远血缘婚，也是由他们当时的生活条件和生活经验所决定的。由于经济落后和交通闭塞，社会（以原始的氏族或部落为单位）范围小，人口少，生活资料简单而缺乏，社会活动狭隘而单调，这就是他们当时的生活条件。因而血统过近的社会或成员间结婚，很容易把某部分人在肉体上或精神上的弱点或缺陷，积累地遗传下来成为严重的弱点或缺陷。同时，正如恩格斯在《家族、私有财产及国家之起源》一书中所引证的摩尔根的意见一样：“不属于同一血统的两个部落间的结婚，则产生在肉体上和精神上都更强健的人种。”这就是他们当时的生活条件和生活经验。由于经济的发展和交通的发达，近代人的社会范围不可比拟地扩大了；近代人的生活资料和社会活动的多样复杂和经常变化，更非远古时代的人所可比拟的。因而近代人的一部分近血缘男女之间的通婚（如中国的表兄弟姊妹间或苏联及欧洲其他民族的堂兄弟姊妹间及表兄弟姊妹间通婚等），比远古时代人的两个不属于同一血统内氏族或部落的人之间通婚的血缘关系实际上还要远得多。因而苏联人等的堂兄弟姊妹间及表兄弟姊妹间通婚的，以及中国人的部分或全部的表兄弟姊妹间通婚的，除非通婚者本人有肉体上和精神上积累的遗传下来的严重的弱点或缺陷的情况之外，一般的是没有什么坏的血统遗传影响的。因而从中国"中表婚"的历史发展过程和现代苏联人及其他民族很多旁系血亲间不禁止通婚的实例看来，现在在中国以法律禁止"中表婚"，是没有必要的。同时，估计到中国经济落后和聚族而居的情况，在好些地区依然存在，提倡过近的旁系血亲者之间的通婚(中表婚为其中之一)，似乎也没有必要的。所以作"从习惯"的规定。[①]

上述立法理由的阐释主要是依据有先例性的苏联及欧洲有些民族的禁婚亲属范围和民众的生活环境、生活条件和生活经验，同时也为中国民众生活中普遍存在的中表婚作了辩解。

2.疾病婚禁

1950年《婚姻法》第5条第2款、第3款规定有下列疾病的不得结婚：有生理缺陷不能发生性行为者；患花柳病或精神失常未经治愈，患麻风或其他在医学上认为不应结婚之疾病者。

(二)1980年《婚姻法》中的婚姻禁制

1.禁婚亲属范围

1950年《婚姻法》施行三十年后，1980年《婚姻法》第6条第1款把原有的禁婚亲属范围进一步缩小，规定禁止直系血亲和三代以内的旁系血亲结婚，三代以内的旁系血亲包括：(1)源于同父母的兄弟姐妹，包括同父同母的兄弟姐妹、同父异母或同母异父的兄弟姐妹，异父异母的兄弟姐妹不受此限；(2)源于同祖父母、外祖父母的辈分不同的伯、叔与侄女、姑与侄子、舅与外甥女、姨与外甥；(3)源于同祖父母、外祖父母的同辈分旁系血亲，包括堂兄弟姐妹和表兄弟姐妹。

对此禁婚亲属范围的改动，全国人大《关于中华人民共和国婚姻法(修改草案)的说明》是这样解释的：

关于旁系血亲间禁止结婚问题。原婚姻法规定："其他五代内的旁系血亲间禁止结婚的问题，从习惯。"许多地方、部门都提出，旁系血亲间结婚生的孩子，常有某些先天性缺陷，现在推行计划生育，孩子少了，更应讲究人口质量，要求在婚姻法中明确规定禁止近亲通婚。据此，草案改为"三代以内的旁系血亲"禁止结婚，即包括同一祖父母或外祖父

① 张培田：《新中国法制研究史料通鉴》，中国政法大学出版社2003年版，第902～903页。

母的“姑表”“姨表”之间都禁止结婚。由于某些传统习惯的原因，特别在某些偏远山区，实行这一规定需要有一个过程，不宜简单从事，采取“一刀切”的办法。[①]

相对而言，1950年《婚姻法》注重中国民众的生活环境、生活条件和生活经验，而1980年《婚姻法》注重讲究人口质量，提出了优生的科学理论。金眉老师认为，“新中国成立后的婚姻家庭立法在破除宗法制度、奉行科学主义的同时，明显存在忽视伦理因素的倾向”[②]。

2.疾病婚禁

1980年《婚姻法》第6条第2款规定有以下疾病者禁止结婚：患麻风病未经治愈或患其他在医学上认为不应当结婚的疾病。

2001年4月通过的《中华人民共和国婚姻法(修正案)》将“患麻风病未经治愈或患其他在医学上认为不应当结婚的疾病”改为“患有医学上认为不应当结婚的疾病”，主要是由于麻风病在我国几乎绝迹，为适应新形势的需要，对禁止结婚的疾病类型作了这样一种概括性表述方式，增加了法律的灵活性和可操作性。

第四节　近现代中国婚姻禁制的承继及变革

中国法律的近现代化进程伴随着中国社会的近现代进程，从1840年鸦片战争到1919年的五四运动，是中国人民进行反帝反封建的旧民主主义革命时期；由1919年的五四运动到新中国的成立，是中国新民族主义革命时期；从新中国的成立到现阶段，是社会主义革命和建设时期。

“中国传统之于中国人如影随形，只争朝夕的努力可能使一个国家‘旧貌换新颜’，但试图变革某种传统就不要抱怨‘一万年太久’。”[③]在中国近现代化进程中，婚姻立法总是在继承的基础上有所变革，在变革的形势下有所继承。美国法学家伯尔曼也曾说过，“可以认为秩序本身存在着一种内在的

---

① 中国人民大学法律系：《中华人民共和国婚姻法资料选编》(一)，收藏于中国政法大学图书馆，第9～10页。

② 金眉：《中国亲属法的近现代转型》，法律出版社2010年版，第137页。

③ 张德美：《探索与抉择——晚清法律移植研究》，清华大学出版社2003年版，第402页。

紧张关系:它需要变革又需要稳定”[①]。

一、近现代中国婚姻禁制对传统的承继

范忠信教授认为,传统中国历代立法都立论于社会不发展不变迁的指导思想之上,所谓“垂宪万年”“立万世之法”。智者们多认为,社会的纷纭世事虽有古今不同,但都只是皮毛之变,社会的根本结构、运作规律、人际关系、政治体制、伦理纲常等是永远不会改变的。[②] 晚清变法修律以“会通中外”为指导思想,西方的法律思想和法律制度逐渐被接受,传统的礼法观念也逐步淡化,这种变化是近代工业化运动的必然产物。晚清立法者在“会通中外”思想的指导之下,在大量移植日本、德国以及其他欧美国家的相关法律制度时,也充分考虑到中国的国情与民俗,大理院正卿张仁黼说:“一国之法律,必合乎一国之民情风俗。”这样一来,晚清立法中仍保留了大量传统的法律制度。所以,中国社会历代立法没有大的变动,只是根据世事的小变化,做些灵活变通。婚姻立法也不例外,近现代中国婚姻禁制的很多内容都是对古代中国的婚姻禁制的承继。

(一)以“近亲不婚”为主要内容

近代史上,1911 年的《大清民律草案》、1925 年的《民国民律草案》一直到新中国成立以后的历次婚姻法都规定了“近亲不婚”,都有效地把尊卑为婚、近亲为婚排除在外。不过,历次立法规定的禁止结婚的亲属范围有所变化,总的变化趋势是禁止结婚的亲属范围越来越窄,其原因是随着社会生产力的发展和科学技术的进步,人们可以更科学地认清和划分可能影响后代繁衍的血亲的界限,再也不像以前那样笼而统之地规定血亲婚禁。

(二)中表禁婚

如前所述,古代中国唐以前不禁姑表、姨表兄弟姊妹结婚,宋代开始将中表婚列为禁制,明清律因袭之。但中表婚在中国古代实际生活中屡见不鲜,如宋代的苏洵之女、陆游等都是中表通婚,从《袁氏示范》中可见的侄女嫁于姑家,甥女嫁于舅家,姨女嫁于姨家的几种类型的中表婚都有,当时社会风气可想而知。到了明清两代,民间的中表通婚已经相沿成习,便呈现

① [美]哈罗德・J.伯尔曼:《法律与革命——西方法律传统的形成》,中国大百科全书出版社 1993 年版,第 24 页。

② 范忠信:《中西法文化的暗合与差异》,中国政法大学出版社 2001 年版,第 65 页。

“自立其禁而自弛其禁”[①]的状况，法律不得不迁就民间习惯，“明洪武十七年，帝从翰林朱善言，其中表为婚已弛禁矣，特未纂为专条，仍不免言人人殊”[②]。对于民间中表通婚的现象，只要无人告发，官府不加干预，但如果有仇家告发，官府便不得不依法判离。清代后期，通过案例形式干脆废止了中表为婚的禁制，《清律附例》：“姑舅两姨为婚，听从民便。”

“民十七年草案”“民十九年草案”以及《中华民国民法》均不禁表兄弟姐妹结婚。工农民主政权时期的《中华苏维埃共和国婚姻法》规定“禁止男女在三代以内亲族血统的结婚”，表兄弟姐妹结婚在禁止之列。抗日民主政权时期的《陕甘宁边区婚姻条例》《晋察冀边区婚姻条例》不禁表兄弟姐妹结婚，《山东省婚姻暂行条例》则采取不提倡不干预原则“亲姑表姨亦尽量避免缔结婚姻”。新中国建立以后，1950 年《婚姻法》对于表兄弟姐妹结婚作了“从习惯”的规定，1980 年《婚姻法》及 2001 年《婚姻法(修正案)》均明文禁止堂兄弟姐妹、表兄弟姐妹结婚。

中国古代史上，大多数时期都不禁中表婚，一个主要原因是民间习惯世代相袭，加上中表通婚本身对历代政权没有危害性，反而能够“亲上加亲”，维护宗法社会的稳定性。近现代史上，不禁中表婚的主要原因是遵从民间习惯，禁止中表婚则是出于优生的需要。

（三）有妻不得再娶

在中国历史上，从商代中后期时期确立“一夫一妻制”的原则开始，历朝历代的婚姻立法都要求男子只能娶一个正妻，否则要受到相应的刑罚处罚。唐宋律以及《大明律》都对此作了明文禁止，主要是为了维护宗法等级秩序而设。近现代史上，相关民事法规都明文规定“禁止重婚”，一方面是为了有效维护和保障“一夫一妻制”原则，另一方面也是为了有效维护和保障因婚姻缔结而产生的相应各方的合法权益。

（四）相奸不婚

传统中国社会，禁止相奸者为婚是从唐宋时期一直到明清时期都沿袭的一条婚姻禁制。《大清民律草案》《民国民律草案》也都规定了相奸不婚，并且把相奸为婚作为无效婚姻处理。晋察冀、山东、淮海区等根据地受国民

---

① 瞿同祖：《中国法律与中国社会》，中华书局 1981 年版，第 93 页。

② (清)薛允升：《唐明律合编》，怀效锋、李鸣点校，法律出版社 1999 年版，第 342～343 页。

党政府的影响，也规定“因奸经判决离婚或受刑之宣告者，不得和相奸者结婚”。新中国成立以后的历次《婚姻法》没有将这一禁制写入法典。我国古代到近代之所以都有“相奸不婚”的禁制，主要是为了禁淫逸，突出礼仪之邦的礼义廉耻。

二、域外婚姻禁制的主要内容

在中国近现代法律发展进程中，对中国法律传统产生重大影响的域外文化，当数以德国、日本以及法国等国家为代表的大陆法系国家以及“十月革命”后的苏俄法制。

近现代西方国家的婚姻法大多受到罗马法的影响，要了解近现代西方国家的婚姻禁制，有必要先梳理一下罗马法中的婚姻禁制，即罗马法中的婚姻障碍。

（一）《罗马法》中的婚姻禁制

我们不仅可以从《民法大全》中看到婚姻禁制的原始文献，还可以从盖尤斯的《法学阶梯》以及查士丁尼的《法学阶梯》中了解罗马人的婚姻禁制的立法理由。根据罗马法，结婚不得有亲属关系和政治身份、社会风化、宗教等方面之障碍。

1.亲属关系的障碍

(1)关于宗亲和血亲。凡直系亲之间，不论亲等远近，一律不得结婚。旁系亲之间，古代法限于六亲等以内不得结婚，但习俗通行堂兄弟姐妹和表兄弟姐妹间的结合，以后改为四亲等以内不得结婚。法律昌明时期又改为三亲等以内不得结婚，但当事人的一方与同源祖先只相差一亲等的也不得结婚。故兄与妹、伯叔与侄女，因系二亲等和三亲等，且兄妹与父、伯叔与祖父仅相差一亲等，当然不得结婚，即使叔祖父与侄孙女间已是五亲等，但由于叔祖父与双方同源祖先曾祖父只相差一亲等，因而二者仍不能结婚。这一规定至优帝时仍实行之，但其间曾有两次变更。公元49年，克罗地乌斯帝出于与侄女阿格里披那结婚的私欲，曾迫使元老院作出决议，允许叔伯与侄女结婚。对此一例外规定，应采取严格解释，因此它不适用于姑母与内侄、舅父与甥女、姨母与外甥间的婚姻。由于这种结合不符合罗马人的传统，后来该决议就被君士坦都二世（Constantius Ⅱ）和君士坦斯（Constans）两帝明令废止。特奥多西乌斯一世又禁止堂兄弟姊妹与表兄弟姊妹间的婚姻，但这一限制后来又被阿卡迪乌斯和霍诺里乌斯两帝取消。

收养行为产生拟制血亲的效果，收养关系消灭后，虽宗亲关系已经消灭，但原直系养亲间仍不得结婚，如原养父母与养子女，旁系间则不受此限，如原养兄弟姊妹。[①]

(2)关于姻亲关系。罗马法上初无构成婚姻障碍的规定，到帝政以后，规定婚姻关系消灭后直系姻亲间不得结婚。因此，任何人不得与其前配偶的父母结婚，也不得与其前配偶同第三者再婚后所生子女联姻。在旁系姻亲方面，君士坦斯禁止原配偶的一方与原对方之兄弟姊妹的婚姻，即丈夫与前妻的姊妹，或妻子与前夫的兄弟间不得结婚，此项禁令一直维持到优帝一世时仍有效力。至于和父母前配偶与他人所生的子女，既无血缘关系又非姻亲，则不在此限。[②]

2.政治身份的障碍

(1)平民与贵族通婚的限制。古罗马时期，贵族与平民的等级森严，两者之间的阶级界限明显。《十二表法》第十一表第 1 条规定，平民与贵族不得通婚。后经平民斗争，终于在公元前 445 年由军伍会议通过了保民官卡努莱乌斯提议的《卡努莱亚法》(Lex Canuleia)，废止了该项禁制。

(2)生来自由人与解放自由人通婚的限制。古罗马法规定，生来自由人与解放自由人不得通婚，不过此项规定仅就男子而言。到西塞罗时，实际上已不再遵守。至于自由女子，则仍不得与解放的男奴隶结婚，这一限制后被尤利亚法和帕披亚·波拜亚法所废止。但是，奥古斯都为维持元老阶层血统的纯正，仍禁止元老院议员及其三亲等内的后裔与解放自由人结婚，后被优帝一世明令取消。

(3)元老院阶层与从事“贱业”者通婚的限制。奥古斯都还禁止元老院议员及其子孙与从事贱业者如娼妓、女演员、开妓院的人等联姻，君士坦丁一世甚至还禁止元老院议员及其子孙与小贩、开旅店的妇女以及这些人的女儿结婚。这些结婚限制后来被优斯体努斯一世和优帝取消，主要原因是优帝即位前曾与马戏团的一个女演员——特奥多娅相恋，而她的父亲又是该戏团的马夫，依照规定，他们是不能结婚的，因此他恳求舅父优斯体努斯颁布敕令，规定演员只要放弃现在的工作，不再重操旧业，就可终止其不光彩的身份而与任何高尚的人结婚。他即位以后，又以第 117 号新敕令将此

① 周枏:《罗马法原论》(上册)，商务印书馆 1994 年版，第 171～172 页。

② 周枏:《罗马法原论》(上册)，商务印书馆 1994 年版，第 172 页。

范围扩大到其他贱业。

(4)职务的限制。此处是指因担任一定的职务而构成缔结婚姻的障碍条件。罗马法规定,地方官员在职时,其本人及其子孙不得与其管辖范围内的妇女结婚,以免其滥用权势;监护和保佐在罗马被视为一种公务,所以监护人和保佐人及其子孙,不得与被监护人或不满25岁的被保佐人结婚,以防监护人、保佐人逃避结算和归还财产,从而保护被监护人和被保佐人的利益。但在担任监护人或保佐人之前已订婚的或是由被监护人、被保佐人的家长以遗嘱安排的,则不在此限;监护、保佐任务完成以后,被监护人、被保佐人愿与原监护人、原保佐人结婚的,不受此限制。[①]

3.社会风化方面的障碍

(1)婚约解除后,原订婚一方不能与对方的直系亲属结婚,即子与前未婚妻之母,女与前未婚夫之父,父与其子的前未婚妻,母与其女的前未婚夫,他们之间虽无亲属关系,也禁止结婚。

(2)婚姻关系解除后,原继父不能与原继子的妻子结婚;原丈夫不能与原妻子的继母结婚;父亲不能与原女婿的后妻结婚,母亲不能与原儿媳的后夫结婚。

这些关系,或是涉及原来配偶的血亲的配偶,或是涉及血亲原来的配偶的配偶,并非法律上的姻亲、血亲,但因风化原因,限制有关当事人缔结婚姻。

A.通奸的双方不能结婚。

B.拐骗者与被拐骗者不得结婚。

C.妇女于婚姻关系消灭后非逾禁婚期,不得与他人结婚。按罗马教规,夫死后,妻应为夫守孝10个月,在此期间,不得再婚,称"守孝期",后赋予守孝期以法律上的效力,违者其婚姻有效,但主婚人(家长、监护人)受"丧廉耻"的宣告。帝政以后,随着法律思想的进步,守孝期的目的变为防止血统的紊乱,同时为了鼓励生育,夫死后已生子女的寡妇,不再遵守10个月"守孝期"的规定。而妇女离婚的,也不受"守孝期"的限制。公元381年,特奥多西乌斯一世将守孝期间改为一年。这样一来,妇女离婚后礼记再婚的,婚后6个月到10个月内所生的孩子,根据当时的科学水平,无法确定孩子是前夫的孩子还是后夫的孩子。因此,特奥多西乌斯二世于公元449年又将

① 周楠:《罗马法原论》(上册),商务印书馆1994年版,第172～173页。

守孝期的限制适用于离婚的妇女。[①]

4.宗教方面的障碍

帝政以后，基督教逐渐盛行，法律禁止基督教徒与犹太教徒结婚，禁止教父、教母与接受其洗礼的教子、教女结婚。

5.健康及生理状况方面的障碍

精神病人、双重性别的阴阳人或性别不明的人、石女、去势的人等，均不得结婚。[②]

（二）大陆法系国家的婚姻禁制

我们再来看看受罗马法惠泽的德国、日本等大陆法系国家在近现代时期的婚姻禁制。

1.《日本民法典》中的婚姻禁制

《日本民法典》是世界上重要的民法典之一。日本于1890年制定了旧民法典；1898年制定新民法典，后历经多次修改，2004年进行了一次全面修改。

《日本民法典》将婚姻放在第四编“亲属编”，涉及婚姻禁制的内容在“婚姻的成立”中得以体现。

(1)第732条　(重婚的禁止)有配偶者不能重复结婚。

(2)期限禁婚

第733条　(再婚禁止的期间)

A.女方自前婚解除或撤销之日起，非经6个月后，不能再婚。

B.女方在前婚解除或撤销之前怀胎时，自其分娩之日起，不适用前项的规定。

(3)血亲及拟制血亲禁婚

A.第734条　(近亲婚姻的禁止)

直系血亲或三亲等内的旁系血亲之间不能结婚。但养子女与收养方的旁系血亲之间，不在此限。

B.第736条　(养亲子女等之间婚姻的禁止)

养子女及其配偶、养子女的直系卑亲属及其配偶，与养父母及其直系尊

---

① 周楠：《罗马法原论》(上册)，商务印书馆1994年版，第174页。

② 周楠：《罗马法原论》(上册)，商务印书馆1994年版，第175页。

亲属之间，即便在第 729 条规定的亲属关系终了之后，亦不能结婚。[①]

(4)姻亲禁婚

第 735 条 (直系姻亲间婚姻的禁止)

直系姻亲间不能结婚。即便在第 728 条或第 817 条之九规定的姻亲关系终了之后，亦同。

2.《瑞士民法典》中的婚姻禁制

《瑞士民法典》是一个很有特色的法典，其“民商合一”的立法原则对我国的民事立法有很大影响。1907 年 12 月 10 日，瑞士联邦议会全体一致通过民法草案，将《瑞士民法典》予以公布，并于 1912 年 1 月 1 日起施行，1936 年进行了全面修改。

《瑞士民法典》中的婚姻法的内容放在第二编“亲属编”之中，涉及“婚姻障碍”的法条有四条。

(1)亲属禁婚

第 100 条“亲属”第 1 款规定下述情况，不得结婚：

A.直系亲属间，全血缘或半血缘的兄弟姐妹间，以及伯、叔、舅、姨夫、姑夫与侄女、甥女间，伯母、叔母、舅母、姑、姨与侄、甥间，不问是因婚姻还是因收养而构成亲属的；

B.岳母与女婿间，公公与儿媳间，继父与继女、继母与继子间，不问其建立亲属关系的婚姻是否已被宣告无效，或因死亡、离婚已被解除的。

第 100 条“亲属”第 2 款规定：住所所在地的州政府，经慎重考虑认为正当时，可允许收养亲属之间的婚姻，但直系的收养亲属除外。

第 100 条“亲属”第 3 款规定以收养子女及其直系卑血亲为一方，以其出身的家庭为另一方的血亲及姻亲的婚姻障碍，不因收养而废除。

(2)疾病禁婚

《瑞士民法典》将禁止结婚的疾病放在婚姻能力中进行规定。第 97 条第 1 款规定：“必须是有判断能力的人，始得结婚。”第 97 条第 2 款规定：“精神病人，无论何种情形，无婚姻能力。”可见，该法仅针对患有精神类疾病这种情况作出禁止性规定。

(3)期限禁婚

A.第 103 条第 1 款“妇女禁止再婚的期限”规定：寡妇及婚姻已被解除

---

① 渠涛：《最新日本民法》，法律出版社 2006 年版，第 156～157 页。

或婚姻被宣告无效的妇女，在其前婚被解除或被宣告无效的三百日之后，始得再婚。

B.第 104 条第 1 款“离婚者禁止再婚的期限”规定：离婚者在判定禁止再婚的期限内，不得再婚。[①]

3.《意大利民法典》中的婚姻禁制

《意大利民法典》有关禁婚亲的内容在第 87 条规定得较为详细，其禁止结婚的亲属范围有：

(1)血亲及拟制血亲关系

A.法定直系尊卑亲属之间，直系尊卑血亲之间；同父同母、同父异母、同母异父的兄弟姐妹之间；叔、伯与侄女之间，舅、姨夫与外甥女之间；姑、婶、伯母与侄子之间，姨、舅母与外甥之间。

B.收养人、被收养人以及他们的子女之间；被同一人收养的子女之间；被收养人与收养人的子女之间；被收养人与收养人的配偶之间，收养人与被收养人的配偶之间。

(2)姻亲关系

直系姻亲之间，而且在婚姻被宣告无效、婚姻关系解除、婚姻的民法效力终止的情况下，这一禁止性规定仍然有效；旁系二等姻亲之间。

4.《德国民法典》中的婚姻禁制

《德国民法典》(Bürgerliches Gesetzbuch)，是德意志帝国在 1896 年(丙申年)制定的民法典。1900 年 1 月 1 日施行，以后为德意志共和国、德意志联邦共和国继续适用，现在仍然有效。这是继《法国民法典》之后，大陆法系国家第二部重要的民法典。它继承罗马法的传统，结合日耳曼法的一些习惯，并根据 19 世纪资本主义经济发展的新情况而制定，因而在内容上超出了自由资本主义时期法律原则的范围，在一定程度上适应了垄断资本主义时期的需要。

《德国民法典》将“民法上的婚姻”放在第四编“亲属法”中，其中，第 1306 条至第 1308 条是关于“婚姻的禁止原因”：

(1)姻亲禁婚

第 1306 条“现存的婚姻或同性生活伴侣关系”规定：在愿意相互缔结婚姻的二人中之一人和第三人之间，存在婚姻或同性生活伴侣关系的，不得缔

---

① 殷生根：《瑞士民法典》，法律出版社 1987 年版，第 23～24 页。

结婚姻。

(2)血亲及拟制血亲禁婚

A.第1307条“血统关系”规定:在直系血亲相互之间以及在同父同母的兄弟姐妹和同父异母或同母异父的兄弟姐妹相互之间,不得缔结婚姻。即使血统关系因收养而消灭,也适用前句的规定。

B.第1308条“收养”第1款规定:在第1307条意义上的血统关系因收养而成立的人相互之间,不应该缔结婚姻。收养关系已解除的,不适用前句的规定。①

5.《法国民法典》中的婚姻禁制

《法国民法典》(法语:Code civil des Français,又称《拿破仑法典》),是法国民法的法源中最重要的一部法律。1804年的《法国民法典》曾名为《拿破仑法典》,但1870年以后,人们一直称之为《民法典》。

该法典是根据法国政治家拿破仑的命令,由特龙谢(Tronchet)、马尔维尔(Malleville)、普雷阿梅纳(Bigot de Préameneu)及波塔利斯(Portalis)四位法学家起草,拿破仑也亲自参与了讨论和审议的工作,贡献了他在法律方面的智慧。1804年3月21日正式公布,后人又称之为《拿破仑法典》。

该法典基于个人主义思想和自由平等的观念,是近代民法典的典范。其核心为所有权的绝对化、契约自由及过失责任等三项原则。但是,随着19世纪末到20世纪经济社会的发展变化,该法典的原理也被判例和学说加以大幅的修正,也进行过部分的改正以及特别法的制定。

《法国民法典》与1896年颁布的《德国民法典》是大陆法系的两大支柱和源流,对后世的《日本民法典》《中华民国民法》等很多国家的民法立法都有着很大的影响。

《法国民法典》将“结婚”放在第一编“人”中,涉及婚姻禁制的内容体现在“结婚”这一章。

(1)期限禁婚

第147条　第一次婚姻解除前不得再婚。

(2)亲属禁婚

A.第161条　直系尊血亲与卑血亲间,不问其为婚生或非婚生,禁止结婚。直系姻亲间亦同。

---

① 陈卫佐:《德国民法典》(第2版),法律出版社2006年版,第425～426页。

B.第162条　旁系血亲兄弟姊妹间，不问其为婚生或非婚生，禁止结婚。同亲等的旁系姻亲间亦同。

C.第163条　伯叔与侄女间，舅父与外甥女间，姑母与内侄间，伯、叔母与侄间，姨母与姨甥间，舅母与外甥间，禁止结婚。①

（三）1918年《苏俄婚姻、家庭及监护法典》与1922年《苏俄民法典》

正如美国法学家伯尔曼所说："每次革命最终产生了一种新的法律体系，它体现了革命的某些主要目的，它改变了西方的法律传统，但最终它仍保持在该传统之内。"②苏俄十月革命建立了第一个社会主义政权，建立之初，苏维埃政权面临复杂的内忧外患，为挽救濒临崩溃的经济局面，保卫新生的革命政权，苏俄政府在1914年《苏俄民法典草案》的基础上，于1922年10月31日在全俄中央执行委员会上通过了《苏俄民法典》。1914年的《苏俄民法典草案》借鉴最多的是《德国民法典》和《瑞士民法典》，1922年的《苏俄民法典》则受到德国潘德克顿体系的影响，但在内容和结构上有自己的特色。结构上，采取民商合一的体例，坚持民法法典化的传统；内容上分为总则、物权、债和继承四个部分，将土地关系、雇佣关系及家庭关系，排除在民法典的调整范围之外，使民事法律关系变得过于简单，有些不适应新生政权的生产力的发展。但作为反对旧的资产阶级法统的社会主义性质的民法典，1922年的《苏俄民法典》贯彻了列宁独特的法治理念，即强调法制是改造社会的工具，政府要最大限度地自上而下地利用法制干预社会关系。

苏俄政权在立法方面的一大特点就是将婚姻法与民法区分开来，早在1922年《苏俄民法典》制定之前，苏俄政权就在1918年颁布了第一部苏维埃法典——《苏俄婚姻、家庭及监护法典》，1926年又颁布《俄罗斯苏维埃联邦社会主义共和国的婚姻、家庭与监护法典》。在苏联学者看来，民法调整的是财产关系，婚姻家庭法调整的是婚姻家庭关系。

1918年《苏俄婚姻、家庭及监护法典》第一编"婚姻"第二章"婚姻登记条件"第6条"不得登记的婚姻"规定：(1)双方间之一方已与他人在婚姻中者；(2)双方间之一方依法定程序认为系心神耗弱或患精神病者；(3)直系尊卑亲属间，以及完全血亲或不完全血亲之兄弟姊妹间的婚姻。

---

① 李浩培：《法国民法典》，商务印书馆1981年版，第23～24页。

② [美]哈罗德·J.伯尔曼：《法律与革命——西方法律传统的形成》，中国大百科全书出版社1993年版，第23页。

由上可见，以德国、法国、日本等为代表的大陆法系国家的婚姻禁制内容，具有以下特点：(1)在禁止结婚的亲属范围上：①关于血亲关系，这些国家大都禁止直系血亲及罗马法三亲等以内旁系血亲结婚，德国则禁止直系血亲及罗马法二亲等以内旁系血亲结婚，相对更严格一些；关于拟制血亲关系，这些国家大都禁止拟制血亲结婚，而德国仅禁止拟制直系血亲，又显得宽松一些。②关于姻亲关系，法国、意大利明确禁止直系及旁系姻亲结婚，日本、瑞士仅禁止直系姻亲结婚，德国则没有关于姻亲的禁制。同时，从各国的禁止结婚范围的规定来看，日本、意大利以及法国，都不禁止堂兄弟姐妹、表兄弟姐妹结婚。(2)在禁止结婚的疾病方面，意大利、瑞士有禁止性规定，但主要针对精神类疾病。以罗马法为渊源的大陆法系国家的婚姻禁制，无论是在禁止结婚的亲属范围上，还是在禁止结婚的疾病方面，对我国近代史上的婚姻法都产生过重要影响。

苏俄政权的婚姻立法观念以及立法习惯对我国的民法及婚姻家庭法，尤其是对新中国成立后的婚姻立法产生了直接影响。比如，苏俄婚姻家庭法中的婚姻缔结自由原则、夫妻平等原则、一夫一妻制、保护妇女和儿童等原则在我国革命根据地时期以及新中国成立后的婚姻法中都得到了充分体现，其关于婚姻缔结的禁止条件也深刻影响着我国革命根据地时期以及新中国成立后的婚姻立法中婚姻禁制的内容。

三、近现代中国婚姻禁制的变革及原因

近现代中国处在一个天翻地覆的时代，经历了中国社会的第二次大转型。在由帝制专制转为民主宪治的过程中，中国社会和法律都发生着史无前例的大变革。新中国成立以后，婚姻立法也经历了三次大的立法变化。

近现代化社会变革带来的新的婚姻观念以及域外文化带来的影响，猛烈冲击着传统的婚姻观念，婚姻法的变化正是对这一冲击的积极回应。

(一)同姓不婚的逐渐废止及其原因

随着历史的发展，同姓逐渐不再是同一血统的标志。自汉代以后，氏与姓混杂不分，氏也成了姓，而且常有功臣被赐姓，义子承袭义父之姓，还有的为了避仇而改姓，少数民族改从汉姓等，这样一来，同姓的人未必还有血统上的联系，同姓不婚也逐渐失去了原来的意义。以后历代法律仍然保留这种禁制，实际上这种法律已经与社会实际脱节，所以同姓不婚禁制不再对人

们有约束力，官府也不再认真执行，形成“法律自法律，人民自人民的情形”[1]。在《刑案汇览》中有很多夫妻同姓的例子，但官府采取的是不干预方式。乾隆时唐化经娶同姓之唐氏为妻，后因故砍杀其妻。湘抚以同姓为婚律应离异，不承认其夫妻名分，依凡斗问拟。刑部拨正，仍按夫殴妻致死律问拟，并议云：

同姓为婚律载妇女离异者，原属礼不娶同姓之正义。但愚民不谙例禁，穷乡僻壤娶同姓不宗妇女者往往有之。固不得因无知易犯，遽废违律之成规。由不得因违律婚娶之轻罪而转置夫妇名分于不论。其嫁娶违律罪不至死之案，自仍应按律断令离异，至遇有亲属被伤罪于凌迟斩绞重辟者，即应按照亲属已定名分本律科断。若因系同姓不婚，不问所犯罪情轻重，概以凡人定拟。设遇此等违律婚娶之案已成婚多年，生有子女，夫妻翁姑子孙名分久定，若其妇谋故杀夫并夫之祖父母父母，概拘律应离异之文而止科以至毙凡人之罪。似非所以重名分而整纲纪。[2]

可见，当时已经不严格执行同姓不婚的禁令，而且民间同姓不婚的现象也比较多见，法律所关注的与其说是同姓为婚的法律效力，不如说是更关注杀伤行为发生以后的名分问题。由此可以看出，法律与社会的失调以及法律试图适应社会的企图。清代末年，清政府通过法律解释，逐步废止了同姓不婚的禁令。《清律例汇辑便览》云：“同姓者重在同宗，如非同宗，当援情定罪，不必拘之。”清末法学家沈家本在《删除同姓为婚律》一文中，通过列举实例的方法，对禁止同姓为婚的律文进行了详细而透彻的批判，最后得出结论：“其本非同出一祖者，而亦以同姓论，于法于理实难允协而同姓为婚之律徒存此虚文，而无当于实事者也。”宣统二年（公元 1910 年），清政府明令废除“同姓不婚”，至光绪末年，将“禁止同姓不婚”的禁制改为“禁止同宗为婚”，即无血缘关系的同姓男女允许结婚，而同宗同姓男女不得结婚。《大清民律草案》《民国民律草案》都有“同宗不婚”的禁制。南京国民政府时期又干脆废止“同宗不婚”的禁制，此后婚姻立法中没有了此项禁制。

（二）禁婚亲属范围的变化及其原因

禁止一定范围内的亲属结婚，是各国婚姻立法的通例。这一禁制最初

① 瞿同祖：《中国法律与中国社会》，中华书局 1981 年版，第 90 页。

② 《清律例汇辑便览》“同姓为婚”条附。

源于人类早期社会对两性关系的禁忌，在进入个体婚的婚姻形态以后，人们开始有意识地避免一定范围的亲属结婚，进入阶级社会以后，通过立法手段限制一定范围的亲属结婚。

禁婚亲属范围的变化经历了一个由窄变宽、由宽到窄的变化过程。最初主要是出于伦理和繁衍的需要，历史上出现过直系血亲不婚、宗亲不婚、尊卑不婚、中表不婚等婚姻禁制，而这些亲属关系主要是以血亲为标准来进行划分的。到了近代，随着社会关系的日益复杂化，加之受到域外文化的影响，社会中存在的亲属关系除了传统的宗亲、妻亲及外亲之外，还出现了收养、监护等关系，这样一来，婚姻立法就必须规范这些新出现的亲属关系，禁止结婚的亲属范围慢慢扩宽。到了现代，人们的婚姻观发生了变化，以前人们侧重的是婚姻“合二姓之好”的社会功能，现代社会人们看重的是“婚姻是一男一女排他的自愿结合”的自愿与自由的特性，社会对婚姻的干预范围也越来越小，法律规定的禁止结婚的亲属范围越来越窄，出于遗传学、优生学的需要，禁止直系血亲和三代以内的旁系血亲结婚。

（三）疾病条件的增加及其原因

中国古代法律中规定了离婚的七个条件，即“七出”，“妇有七去：不顺父母去，无子去，淫去，妒去，有恶疾去，□多言去，窃盗去”[①]。“恶疾”作为离婚的条件之一，“有恶疾，为其不可与共粢盛也”。古代社会重视对祖先的祭祀，妻子患恶疾，不能与丈夫供奉祭品，所以被休掉，离开夫家。[②] 近现代史上，清末到南京政府时期，既没有将疾病作为结婚禁止的条件，也没有作为离婚的条件。1931 年的《中华苏维埃共和国婚姻条例》和 1934 年的《中华苏维埃共和国婚姻法》以及《陕甘宁边区婚姻条例》都有禁止花柳病、麻风病等疾病结婚的规定。新中国成立以后，1950 年《婚姻法》沿袭了这一禁止性规定，疾病种类也没有大的变化。1980 年《婚姻法》明文禁止结婚的疾病有麻风病或其他医学上认为不能结婚的疾病，2001 年《婚姻法（修正案）》则修改为“患有医学上认为不应当结婚的疾病”，禁止结婚。

作为婚姻禁制的疾病婚从无到有，到疾病种类具体化，再到疾病种类概括化，是伴随着人类医学技术的不断进步，人们对民族发展的人口质量的日益重视，出于优生学和保护婚姻当事人权益的考虑，逐步发展和完善的。

---

① 《大戴礼记·本命》。

② 林秀雄：《婚姻家庭法之研究》，中国政法大学出版社 2001 年版，第 26 页。

（四）其他一些重要变化及其原因

域外文化中，从古罗马法到大陆法系国家的法，都有“限期不婚”（待婚期限）的规定。中国古代史上，为了强调女人的“贞节”，往往限制或禁止女子离婚后或失去丈夫以后再婚。近现代史上虽不禁女子再嫁，但也对女子再嫁作了期限的限制，《大清民律草案》《民国民律草案》将女子再嫁期限规定为十个月，便于分辨孩子是前夫还是现任丈夫的血脉，这也是吸收域外文化的结果。这样的规定，有利于维护家庭的稳定，进而维护国家和社会的稳定。

第四章　从古代婚姻禁制看中国法律传统

法律传统是指一个民族或国度在历史长河中形成并流传下来的、有关法律现象和法律制度的特定的行为模式及思想观念等。“一种法律传统，归根到底是一个相对独立的地域和人群中的法律制度和观念的传统。”[①]法律传统具有民族性、延续性和稳定性。法律传统包括法律观念、法律制度以及法律行为等三个层面的内容，其中法律制度是其核心内容。

中国古代的法律制度，无论是在精神旨趣，还是在制度、技术层面，都是环环相扣，具有密切的联系性和完整的系统性，我们后人通常将这套经过几千年沉淀和积累的法律系统，概括地称为“中国法律传统”。这套法律传统，不仅以国家强制的方式积极而有效地统治着传统社会、传承着历代祖先的生活智慧和中华文明，而且也曾对封建时代的日本、朝鲜以及越南等东南亚国家的法律文化产生过重要影响，形成了世界法制文明中独树一帜的“中华法系”，这是中华民族文化的一笔宝贵财富。

中国当代著名法学家、中国政法大学终身教授张晋藩先生将中国法律传统概括为十二条：一是引礼入法，礼法结合；二是恭行天理，执法原情；三是法则公平，权利等差；四是法自君出，权尊于法；五是家族本位，伦理法治；六是重刑轻民，律学独秀；七是以法治官，明职课责；八是纵向比较，因时定制；九是立法修律，比附判例；十是援法定罪，类推裁断；十一是无讼是求，调处息争；十二是诸法并存，民刑有分。[②] 张中秋老师在《中西法律文化比较研究》一书中总结出中国法律文化与西方法律文化比较而言，呈现出集团本位、公法文化、伦理属性、法系的封闭性以及人治传统等特征。婚姻禁制作为传统中国婚姻法的重要内容，在其产生、发展和演变的过程中，体现出家国一体与家族本位以及礼法结合的伦理属性等浓厚的中国法律传统。

---

① 范忠信：《中国法律传统的基本精神》，山东人民出版社 2001 年版，第 34 页。

② 张晋藩：《中国法律的传统与近代转型》，法律出版社 1997 年版，目录。

第一节　从古代婚姻禁制看家族本位特征

一般认为，古代中国的国家形态是家国一体，家是国的缩影，国是家的放大，血缘宗法关系是使家国一体的社会正常运行的有力保证，天下是家族的延伸，家长是一家（家族）的家长，君主则是天下大家的主宰，两者以“移孝于忠，忠孝一体”紧密连接起来。

在家国一体的基本形态之下，家族实际上被视为政治、法律的基本单位，即传统中国的法律以家族为本位。

一、古代中国的家族制度

在古代中国，家族是一切社会组织的基本单位。社会由众多家族组成，家族本身又是由家族成员组成的小型社会。家族中的任何一个成员，都因为血缘关系与家族其他成员发生着不同的亲属关系。每一个家庭成员从一出生开始，就处在一个家族的包围圈之中。中国的家族是父系的，亲属关系按父系计算，母亲方面的亲属是被忽略的，她的亲属我们称之为外亲，以别于本宗。[①] 每一个家庭成员，按父系计算，从己身算起，上下共计九世为一个家族单位，即上自高祖、曾祖、祖父及父亲，下至儿子、孙子、曾孙及玄孙。家族中的每个成员都不是独立存在的个体，每个成员对家族这个团体都负有法定的责任和义务，比如父慈子孝、兄友弟恭、夫正妇顺等。已故日本历史学家守屋美都雄先生说过，“在涉及父与子、兄与弟、夫与妻的各类关系中，儒教的家族伦理总是强烈要求体现卑属对尊长的绝对服从，同时，遵奉以家族自然的亲近感为基调的伦理规范”[②]。

20世纪梁漱溟先生曾经总结过中国人的人生意义：(1)他们是在共同努力中；(2)所有努力者，不是一己的事，而是为了老少全家，乃至为了先人为了后代；(3)在他们面前都有一远景，常常在鼓励他们工作。中国人生便由此得了努力的目标，以送其毕生精力，而有所寄托。[③] 家族中的每个成员

---

① 瞿同祖：《中国法律与中国社会》，中华书局1981年版，第1页。

② ［日］守屋美都雄：《中国古代的家族与国家》，钱杭、杨晓芬译，上海古籍出版社2010年版，第286页。

③ 梁漱溟：《中国文化要义》，上海世纪出版集团2003年版，第102页。

的地位和价值只有在家族这个团体中才能得以体现。

中国的家族是父权家长制，父祖是统治首脑，家族中所有成员——包括他的妻妾子孙以及他们的妻妾，未婚的女儿孙女，同居的旁系卑亲属，以及家族中的奴婢，都在他的权力控制之下。家族中的经济权、祭祀权以及法律权都由家长一人掌握。就经济权而言，《礼记》中曾多次提到"父母在，不有私财"①、"父母在，不敢有其身，不敢私其财"②。禁止子孙拥有私财是一贯的原则和要求，如果家族成员有擅用家财等危害家族财产的行为，族长有权对其进行惩处。就祭祀权而言，祭祀权是家族内部最重要的权力，族长拥有最高祭祀权，主持族内祭祀也表明族长有权代表祖先将意志强加于族人。就法律权而言，族长享有对家族成员的处断权和惩戒权，同时还有送惩权，即族长有权将违反家族事务的成员交送国家司法机关惩处。另外，在民事法律方面，族长还有权对宗族内部财产、婚姻、继承等民事关系进行调整。

美国哈佛大学教授费正清先生这么评价中国的家族制度，"宗族的地位为清朝的法律所承认，法律总是维护族长的威信，并且按照亲属关系身份进行惩处。国家就是这样给家庭结构以法律上的支持，这是它维护社会秩序的一个明显的手段"③。

至明清时期，随着专制统治的进一步加强，家族统治组织也不断扩大。整个中国封建时代，以家长、族长为首领的家族统治体系，同地方政权互相支持、互相依存，家族权力与国家政权密切配合，维持着封建社会的长久统治。

二、中国法律传统的家族本位特征

（一）中国法律传统的家族本位特征

所谓法律本位，就是指法律的立足点、侧重点。梁启超先生说，"中国古代的政治是家族本位的政治"。④ 因此，中国古代的法律是以家族为本位的法律，是古代中国特定的社会状况的产物，"国之本在家""家齐而后国治"。

---

① 《礼记·曲礼上》。

② 《礼记·坊记上》。

③ 费正清：《剑桥中国晚清史》（上卷），中国社会科学出版社 1985 年版，第 12 页。

④ 梁启超：《先秦政治思想史》，上海书店 1986 年版，第 40 页。

"家族本位"观是一种家族利益至上的观念,家族本位在中国人的心目中根深蒂固。

任何一个民族的人们在结成各种不同的社会时,都会遵循一个基本的原则或准绳,这个原则或准绳,就是确定不同成员在团体中的地位及权利义务责任的基本规定或约定。[①] 一般说来,按照不同的原则或准绳建立起来的社会性质不同,组成社会的基本单位不同,体现在法律上的法本位也不同。

张中秋老师从法文化的角度审视中西法律本位的差异,认为传统中国的法律走上的是一条从氏族(部族)到宗族(家族)再到国家(社会)的集团本位道路,西方的法律本位则经历了一条从氏族到个人再经上帝(氏族)到个人的道路,因此将传统中国法律本位称为"集团本位",西方国家法律本位称为"个人本位"。[②] 但范忠信老师认为,描述中国古代法的本位,用"家族本位"比"集团本位"更确切。[③] 他们都以英国法律史学家梅因在《古代法》中的同一段话为论据,"我们在社会的幼年时代中,发现有这样一个永远显著的特点。人们不是被视为一个个人而是始终被视为一个特定团体的成员。……他的个性为其家族所吞没了……一个'家族'在事实上是一个法人,而他就是它的代表,或者我们甚至可以称他为是它的'公务员'。他享有权利,负担义务,但这些权利和义务在同胞的期待中和在法律的眼光中,既作为他自己的权利和义务,也作为集体组织的权利和义务"[④]。张中秋老师认为这是对古代东西方法律同处在"集团本位"时代的一种描述,但后来东西方国家的法律走向了不同的发展道路,传统中国由家族本位发展到国家本位,西方国家则由集团本位走向个人本位。范忠信老师认为,同样是团体内的成员,古代西方国家的团体成员之间地位是平等的,而古代中国家族内的成员之间地位是不平等的,与一般意义上的集体含义不同,况且在古代中国,一切社会组织甚至国家,都是按照血缘家族的宗法原则建立起来的,所以把古代中国法律本位称为"家族本位"更为合适一些。

古代中国自先秦时代开始,除国家制定法以外,社会上广泛盛行家族

---

① 范忠信:《中国法律传统的基本精神》,山东人民出版社 2001 年版,第 85 页。

② 张中秋:《中西法律文化比较研究》,南京大学出版社 1999 年版,第 37 页。

③ 范忠信:《中西法文化的暗合与差异》,中国政法大学出版社 2001 年版,第 58 页。

④ [英]梅因:《古代法》,沈景一译,商务印书馆 1996 年版,第 105 页。

规范。从商周时期开始，原初的家族规范中就产生了宗法制，宗法制成为贯穿中国古代每一层级、每一种类的社会的标准制式。国家统治网系成功地换算为“宗族网系”，国家的维系和统治章法也当然表现为“宗族章法”。[①] 西周时期，达到了宗法与政治的高度结合。进入封建社会以后，为了巩固政权、稳定社会，国家更需要家长、族长有效地管理家族内部事务，所以家族仍然是作为法律的主体而存在，国家赋予家长、族长以调解家族内部纠纷、处理家族内部事务等权力。尤其是北宋以来的家法族规，都是以封建纲常名教为指导，以国法和宗法习惯为基础制定的，与国法一起维持着社会秩序。

（二）中国法律传统的家族本位成因

传统中国法律的家族本位的形成不是偶然的，它的形成有着特定经济基础和社会基础。

1.经济基础：小农经济

孟德斯鸠说过：“法律和各民族的谋生方式有着非常密切的关系。”[②]小农经济是中国传统社会数千年的主导经济形态，上自夏商周，下至清末变法修律，小农经济一直是中国社会物质资料生产的主要进行方式。小农经济的落后的生产方式，是与落后的生产工具，极其低下的生产技术相适应的。而这种落后的生产方式，决定了生产组织形式不能是个体，而必须以团体为单位，父系大家族以它在血缘上的天然优势成为当时社会生产的基本单位，并且确立了古代中国法律的“家族本位”传统。

李大钊同志曾深刻分析了中国大家族制度产生的原因、地位与作用。在“五四”期间，他指出：“中国以农业立国……所以大家族制度在中国特别发达。中国的大家族制度就是中国的农业经济组织，就是中国两千多年来社会的基础构造。一切政治、法度、伦理、道德、学术、思想、风俗、习惯，都建筑在大家族制度上作他的表层构造。”[③]

2.社会基础：宗法制度

所谓宗法制度，就是根据亲属关系的远近、长幼、嫡庶之别来决定政治

---

① 范忠信：《宗法社会组织与中华法律传统的特征》，载《中西法律传统》（第 1 卷），中国政法大学 2001 年版，第 139 页。

② [法]孟德斯鸠：《论法的精神》（上册），商务印书馆 1982 年版，第 284 页。

③ 《李大钊文集》（下），中共北京市委党校，人民出版社 1984 年版，第 178 页。

上不同的地位或权利义务，即尊卑等级，以实现国家政治机器与王族组织结构合一的制度，系自西周时期建立起来的一套将家族血缘与国家政治“合二为一”的制度。

哈佛大学教授张光直先生在考察我国的原始社会与青铜时代之后，指出：“在中国历史的过程中，从史前到文明时代的另一个很重要的连续性是宗族制度。我认为，宗族制度在中国古代文明社会里面，是阶级分化和财富集中的一个重要基础。在周代就成为所谓的宗法制度……简而言之，中国的宗法制是阶级分化，以系谱为基础集中政治权力的一种很重要的基本制度。”[①]为了长久稳定地实行统治，周朝统治者以嫡长子继承制为基础，建立了“宗法制度”。所谓“宗法”，依《白虎通》的解释，宗指先祖，为整个宗族所尊，也即：“大宗能率小宗，小宗能率群弟，通于有无，所以纪理族人者也。”具体地说，“就是大宗分成小宗，小宗再分成更小的宗，一支支分出去，这在社会人类学上称之为分节的宗族制度。在分节的宗族制度里，系谱有着基本的重要性，它是从主支向分支分化的。反之，又把某些权力逐级逐层地集中到大宗手中”[②]。

三、古代婚姻禁制体现出的家族本位特征

传统中国的婚姻观念以及婚姻立法以宗法秩序为依归，就宗法伦理而言，婚姻是“合二姓之好，上以事宗庙，下以继后世”的宗族大事，不是婚姻双方的个人私事，“婚姻的缔结并不是为了男女当事人的，而是为了家族或者为了祖先，其性质是超个人的，属于家族与家族之间的结合”[③]。所以，国家的婚姻立法必须体现和保障婚姻的这一属性，以维护宗族（家族）利益，维护社会的宗法秩序。

就如史凤仪老师所说，古代中国的婚姻禁制，“绝大多数是以血统和家族为标准而设的束缚婚姻自由的枷锁”[④]。

《大戴礼记·本命》提出“五不娶”，是指“逆家子不娶，乱家子不娶，世有刑人不娶，世有恶疾不娶，丧妇长子不娶”。子，古亦指女子。据东汉何休

---

① ［美］张光直：《中国青铜时代》，生活·读书·新知三联书店1990年版，第121页。

② ［美］张光直：《中国青铜时代》，生活·读书·新知三联书店1990年版，第121页。

③ ［日］仁井田陞：《中国法制史》，牟发松译，上海古籍出版社2011年版，第191页。

④ 史凤仪：《中国古代的家族与身份》，社会科学文献出版社1999年版，第124页。

《公羊解诂》注，“丧妇长女不娶，无教戒也；世有恶疾不娶，弃於天也；世有刑人不娶，弃於人也；乱家女不娶，类不正也；逆家女不娶，废人伦也”。“五不娶”主要是为了维护家族利益而设立的禁制，此后在“五不娶”的基础上衍生出同姓不婚等婚姻禁制。

传统中国的婚姻法规禁止同姓为婚或同宗为婚，有出于优生学方面的原因，但更多的是出于维护宗法秩序的考虑。同姓为婚或同宗为婚很容易导致宗族内部尊卑长有秩序的紊乱，对宗法秩序是极大的破坏。更为重要的是，同姓为婚或同宗为婚所生的后代在宗法关系上的名分是混乱不清的，其父族、母族可能重合，属于同一个宗族，那么他对父族、母族不同的责任义务就无法确定，更无法履行。

以家族为中心的传统中国，称两家缔结婚姻为“秦晋之好”。我们知道，“秦晋之好”本来是指春秋时期秦国和晋国两个强国世为婚姻，而他们是通过异姓联姻来达到政治联盟的目的。婚姻讲究“门当户对”，对婚姻中的单个个人并不重视，特别重视缔结婚姻的两个家族的门第尊卑与高低，结婚的男女所属家族的势力因为他们的婚姻而得以加强，家族的利益通过婚姻而得以维护。

不娶宗亲妻妾，即禁止男性与同宗成员的妻妾通婚，也是为了维护宗族（家族）利益而设定的一项婚姻禁制。女子与其夫家亲属之间的性关系以及通婚都是被明文禁止的，在丈夫生前与其夫家亲属有犯奸的行为必须加重治罪，丈夫死后也只能改嫁外姓，而不能与附加亲属结婚，否则要按照其夫与后嫁者的亲疏关系治罪，即便已经成婚也要强制离异。唐代等多朝律典对这类污损名教、扰乱宗族（家族）的行为都是严惩不贷的。

在家国一体的古代中国，特别强调社会成员在家族中服从家长，在国家政治生活中服从君主的义务，这样，“一国之君”与“一家之长”从上至下地积极互动，从地方基层到中央朝廷，实现对人民的有效控制和管理。统治者除了充分利用家法族规加强对人民的统治之外，还利用国法赋予人民诸多政治义务，以维护国家的根本利益。传统中国婚姻禁制规定的品官妻妾不许再嫁、宦官不得娶妻妾以及监临官与部民不得通婚，僧尼道冠不婚，奸逃不婚等，主要是为了加强对社会成员的管理，基于对国家的政治秩序的维护而设立的。

第二节　从古代婚姻禁制看礼法结合的伦理属性

一、中国法律传统的礼法结合的伦理属性

当代中国法学名家俞荣根先生说中国法律传统的最重要特色是“伦理法”，[①]著名法史学者范忠信教授也说过，“中国法律思想几乎处处贯穿了‘伦理至上’‘伦理即法’的精神。……具体说来，就是贯穿了血缘宗法伦理（而不是市民伦理或宗教伦理等）的精神”[②]。

传统中国法律的伦理属性，是指传统中国的法律以儒家伦理为指导原则，无论是在法律思想层面，还是在立法和司法的制度层面都体现了儒家的伦理观。何谓“伦理”？“伦理”一词在我国出现较早，东汉郑玄注：“伦，犹类也；理，分也。”许慎的《说文解字》：“伦，辈也，从人，仑声。一曰道也。”段玉裁《说文解字注》：“伦，道也，理也。”[③]可见，伦理就是为人之道、为人之理，而儒家所强调的伦理就是以宗法血缘为基础的人伦尊卑等级秩序，也称“伦常”，其基本内容就是儒家的礼教。

儒家特别重视的几种人伦关系，即君臣、父子、夫妇、兄弟等关系。孔子说：“君君、臣臣、父父、子子。”[④]孟子说：“父子有亲，君臣有义，夫妇有别，长幼有序，朋友有信。”[⑤]荀子说：“君臣、父子、兄弟、夫妇，始则终，终则始，与天地同理，与万世同久，夫是之谓大本。”[⑥]父权是君权的化身，君权是父权的延伸，维系小家稳定的伦理道德与维系国家统治的国家法律是相通的，移孝作忠，正所谓“修身齐家治国平天下”之理。

正如张中秋老师所说，“中国传统法律的伦理化表现极其广泛，我们可以在传统中国法律文化的各个领域找到伦理化的证据，也可以在每一部法典甚至每一条律文中，体察到伦理精神和原则的均匀渗透”[⑦]。

---

① 俞荣根：《儒家法思想通论》，广西人民出版社 1992 年版，第 136 页。

② 范忠信：《中国法律传统的基本精神》，山东人民出版社 2001 年版，第 122 页。

③ （汉）许慎：《说文解字注》，（清）段玉裁注，上海古籍出版社 1981 年版，第 669 页。

④ 《论语・颜渊》。

⑤ 《孟子・滕文公上》。

⑥ 《荀子・王制》。

⑦ 张中秋：《中西法律文化比较研究》，南京大学出版社 1999 年版，第 126 页。

在这些诸多证据之中，最能体现中国传统法律的伦理属性的莫过于“礼法结合”。所谓“礼法结合”，就是将礼义即儒家的伦理道德原则和精神贯彻到法律中，成为立法和司法的指导思想，进而外化为具体的法律原则和制度。

礼原是父系氏族社会时期祭祀的仪式、规则，许慎的《说文解字》：“礼，履也，所以事神致福也。”由于最初的礼与天地鬼神是相通的，所以具有迫使人们自觉遵守的约束力。

正如张晋藩先生所言，“由于礼具有因俗制宜的功能和精神威慑力量，因此进入阶级社会以后便受到了统治者的重视”[①]。这些祭祀仪式、规则后来为统治阶级认可后，逐渐融入法律，与作为阶级社会的统治工具的法相结合，上升为具有普遍约束力的法。礼的内容也由单纯的祭祀仪式、规则发展为规范血统、亲属、婚姻以及君臣关系的行为规则，并进一步制度化、法律化。从这个层面来讲，礼与法同源，但二者是异曲同工，正如西汉贾谊所说：“礼者禁于将然之前，而法者禁于已然之后。”[②]他认为，礼与法的结合是维持国家长治久安的“经制”。

早在先秦时期，礼与法就相互渗透，相互补充。夏商统治者极力通过“至孝乎鬼神”，把礼改造成代表统治阶级意志的行为规范。礼的系统化、规范化起于西周的“周公制礼”，据《尚书·大传》载：“周公摄政，一年救乱，二年克殷，三年践奄，四年建侯卫，五年营成周，六年制礼作乐，七年致政成王。”可见，“周公制礼”是周公经过精心谋划的一次重大活动，其影响深远。周礼的主要内容就是确定尊卑贵贱等名分，维护以“亲亲”“尊尊”为原则的社会关系。“夫礼者，所以定亲疏，决嫌疑，别同异，明是非也。”[③]所谓“亲亲”即亲其所亲，就是要对亲属敬爱，要求一切亲属之间互敬互爱；所谓“尊尊”即尊其所尊，就是要对长上敬从，对于所有在社会中名分和地位高于自己的人都得尊敬服从。这两种美德是天下人共同的美德，“孩提之童，无不知爱其亲也；及其长也，无不知敬其兄也。亲亲，仁也；敬长，义也。无他，达之天下也”[④]。在儒家看来，人人都能做到“亲其亲”“敬其长”的话，则天下

---

① 张晋藩：《中国法律传统与近代转型》，法律出版社 1997 年版，第 5 页。

② （汉）班固：《汉书》卷四十八，中华书局 1962 年版，第 2252 页。

③ 《礼记·曲礼上》。

④ 《孟子·尽心上》。

大治，“人人亲其亲，长其长，而天下平”[①]。荀子认为“治之经，礼与刑，君子以修百姓宁”[②]，他是礼法融合的先行者，认为礼制与刑罚二者均是治国之良策。

至两汉时期，经过儒学大师们释经解律，不仅在立法上直接引礼入律，而且在司法实践中直接以儒家礼制为指导，确立“春秋决狱”制度。董仲舒撰写《春秋决事比》受到当时司法者的普遍欢迎，以致董仲舒告老还乡之后，汉廷还数次派遣廷尉张汤“亲至陋巷，问其得失，于是作春秋决狱二百三十二事，动以经对，言之详矣”[③]。司马迁在《史记·太史公自序》中说：“儒者……然其序君臣父子之礼、列夫妇长幼之别，不可易也。”就拿通奸来说，按汉律，常人通奸，“耐为鬼薪”，即三年徒刑，但亲属相奸，特别是以卑犯尊，则为“禽兽行”，处重刑。汉时，琅琊王刘泽之孙“定国，与父康王姬奸，生子男一人。……诏下公卿，皆议曰：‘定国禽兽行，乱人伦，逆天，当诛’，上许之。”[④]

魏晋南北朝时期，各封建割据政权为了自存和发展，纷纷加强立法，立法以儒家“德主刑辅”思想为指导，以经注律、以经解律的律学进一步兴盛，大大加快了礼法结合的进程。例如，曹魏《新律》根据“亲亲尊尊”原则作出规定：“至于谋反大逆，临时捕之，或汙潴，或枭菹，夷其三族，不在律令，所以严绝恶迹也。”[⑤]又“除异子之科，使父子无异财也。殴兄姊加至五岁刑，以明教化也”[⑥]。又如，由杜预、张斐起草和解释的《晋律》，以礼立法，以礼释法。立法中强调“固宜远遵古礼，近同时制”[⑦]，对《晋律》中的一些概念如“不敬”“不道”“恶逆”等都给予礼的角度的解释。《晋律》中的“准五服以制罪”是礼法结合的典型制度，它以血缘亲疏的服制为依据，定罪行轻重，以“峻礼教之防”。[⑧] 这一制度到清末变法修律时才予以废除。北朝政权入主中原以后，积极吸取先进的汉文化，北魏律的“存留养亲”制度，就是直接把

① 《孟子·离娄上》。

② 《荀子·成相》。

③ （南朝宋）范晔：《后汉书》卷四十八，中华书局1965年版，第1612页。

④ （汉）班固：《汉书》卷四十四，中华书局1962年版，第2157页。

⑤ （唐）房玄龄等：《晋书》卷三十《志第二十·刑法》，中华书局1974年版，第925页。

⑥ （唐）房玄龄等：《晋书》卷三十《志第二十·刑法》，中华书局1974年版，第925页。

⑦ （唐）房玄龄等：《晋书》卷二十《志第十·礼中》，中华书局1974年版，第622页。

⑧ （唐）房玄龄等：《晋书》卷三十《志第二十·刑法》，中华书局1974年版，第927页。

儒家的孝养观念写入律典。南朝刘宋律规定："子贼杀伤殴父母，枭首；骂詈，弃市；谋杀夫之父母，亦弃市。"[①]宋明帝时实行大赦，"唯子杀父母，孙杀祖父母，弟杀兄，妻杀夫，奴杀主，不从赦例"[②]。

到了唐代，唐律的制定以"一准乎礼"为原则，使礼制与法律规范有效地结合，形成具有典型"礼法结合"特征的中华法系。

首先，以礼义为立法指导原则。"德礼为政教之本"，用法律手段维护纲常之礼。凡属紊乱人伦、亏损名教的行为，均属"十恶"中的"恶逆""不孝""不义""不睦""内乱"，列为"常赦所不原"的大罪。魏征指出："礼义以为纲纪，养化以为本，明刑以为助。"[③]制定法律以礼义为指导原则，明刑是为了助礼。

其次，礼义的内容直接写入法典。比如，在西周"八辟"制度基础上发展而来的"八议"制度，关于离婚条件的"七出三不去"也是照搬周礼的"七出三不去"等。

最后，定罪量刑"以礼为出入"。以斗殴为例，一般斗殴者"笞四十"，但"诸殴缌麻兄姊，杖一百。小功、大功，各递加一等。尊属者，又加一等。……诸殴祖父母父母者，斩"。由于亲属间亲疏有别，长幼有序，所以以卑犯尊根据亲等，处以不同刑罚，这是礼义的要求。

我国著名的唐律专家刘俊文教授在系统点校和研究《唐律疏议》之后指出："《唐律》是一部典型的等级法和一部典型的宗法法。《唐律》的精义一言以蔽之，就是维护以皇帝为首脑的等级身份制和以尊长为中心的家族名分制，使'尊卑贵贱，等数不同，刑名轻重，粲然有别'，从而稳定并巩固封建的等级关系和封建的宗法关系，以及建立在这两种关系之上的封建社会的基本秩序。这就是《唐律》的真髓所在，也即是《唐律》的特质所在。"[④]

在司法审判实践中，也可以发现礼制影响司法的案例。古代中国法律不仅维护父权，还确认翁姑可以对子媳行使父权。如子媳殴骂翁姑即为不

---

① (梁)沈约:《宋书》卷五十四《列传第十四·孔季恭传》，中华书局 1974 年版，第 1534 页。

② (梁)沈约:《宋书》卷九十五《列传第五十五·索虏》，中华书局 1974 年版，第 2356～2357 页。

③ (宋)欧阳修、宋祁:《新唐书》卷五十六《志第四十六·刑法》，中华书局 1975 年版，第 1412 页。

④ 刘俊文:《唐律疏议笺解》(上)，中华书局 1996 年版，第 63～64 页。

孝，翁姑殴杀子媳则无罪。《册府元龟》记载了长庆年间，某姑鞭打其媳至死，京兆府断其死罪，柳公绰以礼改判。“柳公绰，长庆中为刑部尚书。京兆府有姑以小过鞭其妇至死，府上其狱，郎中窦某断以偿死，公绰曰‘尊殴卑，非斗也；且其子在，以妻而戮其母，非教也’。竟从公绰所议。”[①]

这里尤其值得一提的是从汉代开始确立，到唐代发展完备的“容隐”制度。“容隐”制度是体现传统中国法律礼法结合特征的典型制度。传统中国的容隐制度的出发点或基础就是人道亲情，后来就越来越强调亲亲尊尊、爱有差等。

中国古代的亲属容隐制度可以追溯到春秋时期，《论语·子路》载，孔子主张父子相互容隐，“子为父隐，父为子隐，直在其中矣”。春秋战国时期，人们对亲属容隐问题就有了一定的认识。到了汉代，正式通过皇帝诏令的形式确立“亲亲得相首匿”制度。汉宣帝地节四年(公元前 66 年)诏：“父子之亲，夫妇之道，天性也。虽有祸患，犹蒙死而存之。诚爱结于心，仁厚之至也，岂能违之哉？自今子首匿父母、妻匿夫、大父母匿孙，皆勿坐。其父母匿子、夫匿妻、大父母匿孙，罪殊死，皆上请廷尉以闻。”[②]这一诏令首次从常人“亲其所亲”的本性上说明了容隐制度的立法理由，正式赋予父子之间、夫妻之间以及祖父母与孙子之间相互容隐的权利，虽然尊卑亲属之间相互容隐的权利大小不同。

《唐律疏议》中将这一制度发展为“同居相为隐”，“诸同居，若大功以上亲及外祖父母、外孙，若孙之妇、夫之兄弟及兄弟妻，有罪相为隐；部曲、奴婢为主隐，皆勿论。即漏露其事及擿语消息，亦不坐。其小功以下相隐，减凡人三等”[③]。这一律文的意思是说，凡是同居的，或比大功更亲的亲属及外祖父母、外孙，或孙子的妻子、丈夫的兄弟及兄弟的妻子，有罪相互容隐；部曲、奴婢为主人隐瞒罪行，都不追究责任。即使给犯罪的人泄露机密或暗中报告消息，也不追究责任。比小功更远的亲属相互容隐，比一般人隐瞒罪行减三等处罚。

为什么古代中国允许明知家人犯罪却鼓励不予告发？究其原因，主要是因为统治者们都意识到：如果允许家族亲属之间相互告发，虽然有利于国

---

① (宋)王钦若：《册府元龟》卷六一六《刑法部·议谳第三》。

② (汉)班固：《汉书》卷八，中华书局 1962 年版，第 251 页。

③ 《唐律疏议》卷第六《名例》。

家惩治犯罪，但却破坏了家族亲属间的亲情，违背了宗法制度的“亲亲”原则，反而会得不偿失，所以在立法上作出这种抉择。当然，亲属容隐也是有限度的，“若犯谋叛以上者，不用此律”。

礼与法都是统治阶级意志与利益的体现，而礼又与古代中国宗法伦理的社会相符合，所以，自汉以后，历代统治者贯行“礼主刑辅”的“治世之端”。洪武三十年（公元 1397 年）《大明律》修成，朱元璋总结三十年的统治经验时说，“朕仿古为治，明礼以导民，定律以绳顽，刊著为令”①。强调“礼乐者，治平之膏粱；刑政者，救弊之药石”，唯有“以德化天下”，兼“明刑制具以齐之”②，才能使国家长治久安。《清史稿·刑法志》载，“中国自书契以来，以礼教治天下。劳之来之而政出焉，匡之直之则刑生焉。政也，刑也，凡皆以维护礼教於勿替”。可见，法律实质上是礼制基础上的法律，很多法律条文就是礼义规范与法律关系的结合。

综上可知，传统中国的礼与法互相补充。以礼入法，使法律道德化，增强法律的可行性；以法附礼，出礼则入刑。礼与法两者有效地结合，共同维持国家机器的正常运转，使得传统中国的法律体现出浓厚的礼法结合的伦理属性。这是中国法律的重要传统，也是中华法系的独有特征。

二、古代婚姻禁制体现的礼法结合的伦理属性

儒家正统的礼教思想，以“三纲五常”为核心内容。其中“君为臣纲，父为子纲，夫为妻纲”这三纲，作为中国传统伦理的基本原则，对婚姻领域自然具有指导性作用。《荀子·天论》载：“若夫君臣之义，父子之亲，夫妇之别，则日切磋而不舍也。”三纲原则主要是确认和维护君臣、父子、夫妇之间的主从等级关系，明确各自的权利义务，其目的在于尊夫权、敬父权、隆君权，以实现齐家治国平天下的理想政治。

（一）古代中国婚姻禁制体现出的人伦义务

古代中国婚姻禁制体现在对于结婚时间的选择上，不能与正统礼教所要求的人伦纲常相冲突。即结婚男女必须尽到居尊亲属丧禁嫁娶、居君主丧禁嫁娶以及祖父母、父母被囚禁期间不得嫁娶等人伦义务。

---

① （清）张廷玉等：《明史》卷九十三《志第六十九·刑法一》，中华书局 1974 年版，第 2284 页。

② 《明太祖实录》卷一百六十二。

居丧禁嫁娶之法，始源于礼，以礼入律，是礼法结合的典型体现。《礼记·曾子问》："曾子问曰：'既纳币，有吉日，女之父母死，则如之何？'孔子曰：'婿使人吊。如婿之父母死，则女之家亦使人吊……婿之伯父致命女氏曰：'某之子有父母之丧，不得嗣为兄弟，使某致命。女氏许诺，而弗敢嫁，礼也。婿免丧，女之父母使人请，婿弗取，而后嫁之，礼也。女之父母死，婿亦如之。'曾子问曰：'亲迎，女在涂，而婿父母死，如之何？'孔子曰：'女改服布深衣缟，总以趋丧。女在途，而女之父母死，则女反。'"孔子与弟子曾子的这段对话，探讨的是礼制对于居丧嫁娶的要求，而后世历代将"居丧禁嫁娶"写入律典就是以此为据而立的禁条。

宋儒重申此礼制要求，《朱子语类》："曲沃杨昶曰：'友有娶妻于他县者，女在涂，而友之母死，如之何？'先生曰：'女奔丧而不反，夫则居庐于丧，除丧而后婚，礼也。今子之友，其奚为也？'曰：'妇居丧于室，夫居庐于墓。'曰：'善哉，可与儿矣。'"

汉文帝以前，帝王的丧期内禁止百姓嫁娶。汉文帝遗诏一改其禁令，此后一般在帝王丧事三日内禁嫁娶，而贵族官僚们为了表示自己的忠心，都自觉地在帝王丧期一年内不嫁娶。

（二）古代中国婚姻禁制体现出的等差性

古代中国从奴隶社会到封建社会解体，"历来等级森严，阶级上的差别始终是婚姻择配不可逾越的一堵界墙"[①]。良贱不婚、士庶不婚以及贵贱不婚等婚姻禁制就是礼的等差性在婚姻缔结方面的具体要求所在。

周代就有君子与小人、国人与野人之分，《大戴礼记》就规定处在底层的士不能与上层的诸侯缔结婚姻，野人也不能与国人婚配。秦代、汉代以后，有贵族官僚与平民之分、良民与贱民之分。良民与贱民的划分，主要以户籍和家世为标准。良民包括士、农、工、商等平民，享有完全的民事权利；贱民没有政治权利，人身、财产权利受到很大限制，户籍另编入册。礼制上不允许良民与贱民结婚，良民与贱民结婚所生子女也受歧视，《文选》上说："奴以善人为妻生子曰藏。"从南北朝开始，法律上也明文禁止良民与贱民结婚，良民与贱民结婚被认为是犯罪，南宋的孝武帝和北魏的孝文帝都曾颁布禁止良贱通婚的敕令，《魏书·高祖孝文帝纪》载，太和二年（公元 228 年）五月发布诏书："……皇族贵戚及士民之家，不惟士族，下与非类婚偶。先帝亲发明

① 史凤仪：《中国古代的家族与身份》，社会科学文献出版社 1999 年版，第 130 页。

诏，为之科禁，而百姓习常，仍不肃改。朕今宪章旧典，祇案先制，著之律令，永为定准，犯者以违制论。”太和十七年（公元243年）九月又发诏书：“厮养之户不得与士民婚，有文武之才积劳应进者，同庶族例听之。”唐代以后，禁止良贱通婚正式纳入法典，贱民的种类也越来越多，官私奴婢、倡优、皂隶、番户、杂户、惰民、丐户、乐户、部曲、客女等都属于贱民。宋、元、明、清初也都禁止良贱为婚，直到雍正年间开始解放贱民，不再禁止良贱为婚。

兴起于南北朝时期的士庶不婚，是指同为地主阶级的不同阶层士族、庶族不得通婚。士族阶层自恃高贵，为了保持其政治、经济地位以及社会身份，不屑于与庶族通婚，北魏高宗时期专门立法明确禁止士庶通婚。在《晋书》《宋书》《南齐书》等诸多史书列传中，也可以见到许多大家士族不与庶民通婚的记载。唐代为了打击旧士族的势力，曾屡次发令禁止士族间自相婚配，使得这些大家世族逐渐衰落，加上“安史之乱”之后，社会政局动荡不安，士族间自相婚配已经是不可能，“取士不论家世，婚姻不问阀阅”①。此后，历代封建王朝再无禁止士庶通婚的禁令，但是婚姻讲究门第高下的风气和习惯却很难消除，门第高贵者不愿意与门第低下的缔结婚姻，所谓“龙配龙、凤配凤”，身份高贵者不得与身份卑贱的结婚，这条禁令就是“贵贱不婚”。

良贱不婚、士庶不婚以及贵贱不婚，实质上是将礼制上的阶级等差性通过婚姻禁制体现出来，也就是通过这一婚姻禁制维护礼制上的阶级等差性。

（三）传统中国婚姻禁制体现出的尊卑秩序

古代中国婚姻禁制体现在对结婚对象的选择上，也必须符合正统礼教关于尊卑秩序的规定。不仅同宗同姓不得为婚，有服制的尊卑不得为婚，就连无服制的尊卑也不得为婚。

唐代贞观年间修律时的“同姓不得为婚”条，只禁止同姓及外姻有服属尊卑为婚，对外姻无服是否属尊卑为婚没有规定。永徽年间修律时又增补了“父母之姑舅两姨姊妹及姨若堂姨、母之姑、堂姑，己之堂姨及再从姨、堂外甥女、女婿姊妹，并不得为婚姻。违者杖一百，并离之”。唐律的制定与修纂，始终以礼为指导。

清代在关外期间，存在着同族间不同辈分结婚的现象。皇太极即位以后，下令严禁尊卑为婚、收继婚等现象，“自今以后，凡人不许娶庶母及族中

① （宋）郑樵：《通志》卷二十五《氏族略第一》，中华书局1995年版，第69页。

伯母、婶母、嫂子、媳妇……若不遵法，族中相娶者，与奸淫之事，一例问罪”[①]。天聪三年（公元 1629 年）下令：“凡娶继母、伯母、弟妇、侄媳，永行禁止……同族婚娶，男女以奸论。”[②]由此可见，礼对于清代立法的重大影响。

古代中国的婚姻法规禁止有妻更娶，禁止以妾为妻，也是为了维护尊卑秩序。有妻更娶，违反一夫一妻之制，使“两嫡不能相事”，其家必乱；以妾为妻，打乱了家内的尊卑贵贱秩序，“亏夫妇之正道，黩人伦之彝则，颠倒冠履，紊乱礼经”[③]，所以要严厉禁止。一夫一妻以及妻妾尊卑有序都是宗法伦理秩序的重要内容，违反一夫一妻、以妾为妻破坏了宗法等级秩序，国家法律必须禁止这类行为的发生。

早在公元前 4 世纪中叶，希腊哲人亚里士多德就曾指出：“积习所成的不成文法比成文法实际上还更有权威，所涉及的事情也更为重要。”[④]古代中国的礼制就是积习而成的不成文法，它在古代中国社会中发挥着成文法不可替代的重要作用。

第三节　从古代婚姻禁制看农耕社会的封闭性

中国法律传统的封闭性，为目前大部分法律史学者所认可。中国法律传统的封闭性跟传统中国的农耕社会形态有着密切的关系。以鸿篇巨制《中国科学技术史》著称的英国著名汉学家李约瑟先生说过，“自然因素是造成中国和欧洲文化差异以及这些差异所涉及的一切事物的重要因素”[⑤]。

一、农耕社会的封闭性

所谓封闭，是指某种与外界隔绝或与外界没有联系和交流的状态。所谓封闭性，主要是指某个事物没有或缺乏与外界同类异质事物相互联系和交流的机能，这种机能是由该事物的内在机制所决定的结构而表现出来的，

① 辽宁大学历史系：《清太宗实录稿本》卷十四，辽宁大学历史系 1978 年版。

② 陈垣：《陈垣学术论文集》（第 1 集），中华书局 1980 年版，第 493 页。

③ 《唐律疏议》卷十三《户婚》。

④ ［古希腊］亚里士多德：《政治学》，吴寿彭译，商务印书馆 1981 年版，第 169～170 页。

⑤ ［英］汤因比：《历史研究》，曹未风译，上海人民出版社 1966 年版，第 74 页。

它具有稳定、保守和排异的性能。[①]

农业一直是古代文明社会发展的基础和动力,"文明是农业社会发展到一定阶段的产物,它同农业有着密切的关系,史前农业的诸多特点带给了文明相似的特点,这便是农业给文明的印记。史前农业社会推动社会发展的技术的或观念的巨大进步,也必然给文明出现产生重大影响,它们不能作为文明起源的标志,但也是文明社会所必需,定居和家畜饲养就是其中的两项"[②]。在农耕社会中,自然环境作为一种背景性存在影响和决定着人们的思想与生活。中国自古以农立国,是以农业耕作为主要生产方式的社会,即所谓农耕社会。在农耕社会中,土地是社会生活中不可或缺的一部分,人们依附于土地,通过手工和体力劳动,获取物质资料。冯天瑜教授说:"农耕民族国家,是在土地这个固定的基础上,在农业经济发达的前提下建立起来的,因而具有稳定性。"[③]相对于游牧、狩猎、渔业、工商航海的民族而言,这种最具有稳定性的农耕社会,又具有最强的因循守旧、固土重迁的特点,"这种固土重迁的习性,使华夏—汉族在几千年间养育出保守性和受容性极强的文化心态"[④]。

农耕社会的农业耕作是后一代人从前一代人那里获得生产的知识和经验,然后再传给下一代,就这样代代相传下去,在农业耕作基础上建立起来的农耕文化也是在这种代代相传中保持了很好的延续性和稳定性。在农耕社会中,人们通过对土地的耕作,其目的是获得维持自身生存和生活的资源,这是一种不以交换为目的的自给自足的经济形式。儒家亚圣孟子曾经对这种自给自足的生活进行过形象的描述:"五亩之宅,树之以桑,五十者可以衣帛矣;鸡豚狗彘之畜,无失其时,七十者可以食肉矣;百亩之田,勿夺其时,八口之家可以无饥矣。"[⑤]在这种自给自足的社会中,各种人群自成一个相对独立的小团体,这种小团体就是以家族、宗族的形式而存在,其生产和生活具有相对封闭性,很多社会关系和社会问题都在这个小团体内发生和解决。

传统中国农耕社会的封闭性,还表现在强烈的"华夷之辨"观念上。"华

① 张中秋:《中西法律文化比较研究》,南京大学出版社1999年版,第185页。

② 刘兴林:《史前农业的发展与文明的起源》,载《农业考古》2004年第3期。

③ 冯天瑜等:《中华文化史》(下),上海人民出版社2007年版,第88页。

④ 冯天瑜等:《中华文化史》(下),上海人民出版社2007年版,第84页。

⑤ 《孟子·梁惠王上》。

夷之辨”，又称“夷夏之辩”“夷夏之防”，古代华夏族群居中原，是古代中国文明的中心，其他边境民族则被称为北夷、南蛮、西戎、东夷或化外人。华夷之辨，从政治法律的角度上来讲，就是捍卫华夏政治法律制度的“纯种族”性。宋以前，“华夷之辨”的衡量标准是血缘、礼制宗法文化；宋以后，“华夷之辨”的衡量标准转变为单纯的文化衡量标准或地缘衡量标准。华夏族的文化自认为是最好的，所以只允许其他民族向华夏族学习，而不允许华夏族学习其他民族的文化，“夷狄人入中国，则中国之”[①]。孟子说：“吾闻用夏变夷者，未闻变于夷者也。”[②]华夏族最担心的就是被“夷狄”化，坚决拒绝接受“夷狄”的文化以及典章制度。

二、古代婚姻禁制体现的农耕社会的封闭性

古代中国的中表婚、收继婚禁而复弛、弛而复禁的反复过程，显示了民间习惯、风俗与国家法之间的博弈，这个博弈过程反映了国家法与社会之间的差距，而这个差距存在的主要原因之一就是农耕社会的封闭性。

关于中表婚，传统中国除明清王朝外，其他朝代原不禁止。由于积习难改，禁令也未能阐明中表为婚的实际危害，所以明律禁而复弛，清律在律文中禁止，在条例中又许可。近代以来的中国，也没有一贯禁止中表婚。比如，1930 年 12 月公布，1931 年 5 月 5 日开始执行的国民政府制定的《亲属法草案》(共 82 条)也没有禁止中表婚。其中的条款是：近亲不得结婚，但表兄弟姊妹不在此限。而《亲属法草案》是援用宣统二年(1910 年)颁布的《大清现行律》中的内容，说明清朝在一定时期也没有禁止中表婚。而 1950 年的中华人民共和国婚姻法并没有禁止表兄妹结婚，只是在 1980 年的婚姻法中才规定禁止三代以内的旁系血亲结婚，这实际上是针对中表婚。农耕社会，聚族而居、交通不便等因素是中表婚顽固存在的经济条件和生活环境。“由于自然条件的限制，农民只能在附近的村子与不同宗不同姓的人结婚，于是表兄弟姐妹成立联姻的对象。他们既可以亲上加亲，又能互相照顾，甚至可以相依为命。‘姑舅亲，辈辈亲，折断骨头连着筋。’”[③]

关于收继婚，古代中国，兄收弟妇、弟收兄嫂(包括同胞兄弟及大小功、

① 《论语・为政》。

② 《孟子・滕文公上》。

③ 高玉莲、刘莉：《浅析中表婚》，载《西北政法学院学报》1984 年第 3 期。

缌麻兄弟在内)是很普遍的习惯。有元一代,蒙古人独禁兄收弟妇,但不禁弟收兄嫂,所以法律上只有关于如何惩治"兄收弟妇"的规定,"诸兄收弟妇者,杖一百七,妇九十九,离之,虽出首仍坐,主婚笞五十七,行媒三十七"。[①]《元典章新集》载:"兄收弟妻断离。"据《元典章》十八载,若弟收兄嫂,除抱乳小叔、嫂叔年甲相悬及本妇自愿守志不收继外,都是法律许可的。汉人、南人禁止收继婚,"诸汉人、南人父没,子收其庶母,兄没弟收其嫂者,禁之"[②],但仍有收继现象。明清时期,法律明文禁止收继婚,但在民间,尤其是在较为穷苦的家庭,因为经济原因,常有收继的习惯,"在乡间恒有此习惯以免贫不能娶",并且往往是由家长主婚。《刑案汇览》"娶亲属妻妾"条所收兄收弟妇、弟收兄嫂之案共七起,除一案为本夫自行卖休给大功弟外,其余六起中仅一起因父出外久不归家自行婚配,余下五起均由家长主婚,计由父母主婚者四起,由胞兄主婚者一起。[③] 清初名臣郑端对民间收继婚俗也持消极应对态度,一般情况下,若无人告诉,官府是不会主动过问的:

> 上无教化,则下无见闻。如兄取弟妇,弟收兄嫂……于法合死,愚民皆不知也。乃有兄弟亡而收其妻谓之就和,父母主婚,亲戚道喜者。世道不明,罪岂专在百姓哉?凡遇此等狱情,有司自当审取何人主婚,有何证验,仍先将律法遍晓愚民,有改正离异者,免究,勿听讦告之言,轻成大狱也。[④]

农耕社会植根于乡土,农民扎根于乡村,乡村又依附于土地之上,是最基层的民间社会,乡民大众共同参与创造了农耕社会的文化,并且代代相传下去,农耕社会的文化具有突出的民间性和稳定性。由于收继婚有悖儒家所倡导的封建纲常伦理,所以会被禁止,但收继婚却屡禁不止,其主要原因是农耕社会的封闭性导致人们的观念意识保守,生活圈子封闭,加上有些地方由于经济落后等原因,发生在兄弟、父子等人之间的民间收继婚屡见不鲜,国家法中的禁令也只能是有令不行。

古代中国婚姻禁制中的"族际不婚""蕃民不婚"也都跟农耕社会的封闭性紧密关联。在农耕社会的封闭圈内,有诸多少数民族与汉族争夺政权;在

① (明)宋濂等:《元史》一百三《刑法二·户婚》,中华书局1976年版,第2643页。

② (明)宋濂等:《元史》一百三《刑法二·户婚》,中华书局1976年版,第2644页。

③ (清)祝庆祺等:《刑案汇览三编》,北京古籍出版社2004年版,第253~258页。

④ (清)郑端:《政学录》卷五,商务印书馆1936年版,第198页。

农耕社会的封闭圈外，有来自边境各游牧民族的常年掠夺性战争的威胁。如何对待和处理汉族与各少数民族的关系？如何应对圈内民族与边境民族的关系？这是自汉代以来一直存在于古代中国的最大忧患问题。不同的朝代，出于不同的政治等方面的考虑，采取了不同的应对之策。汉唐时期倾向于“和亲”政策，宋元时期实行“族际不婚”“蕃民不婚”，企图以隔断民族交往的方式自我保护起来，这一举措应该是深受传统的“华夷之辨”思想的影响所致。

第五章　当代中国婚姻乱象与婚姻禁制之完善

第一节　当代中国婚姻乱象

当代中国，经过三十多年的改革开放，经济飞速发展，国力大大增强，国民整体素质提高，社会主义法治建设的进程突飞猛进。但是，在这些喜人的形势面前，我们不能忽略那些可能影响国家和社会发展的社会“乱象”。随着信息化时代、大数据时代的到来，当代中国之婚姻乱象也日益显露出来。

一、妨害一夫一妻制的“包二奶”现象

“包二奶”是一种俗称，这个词汇源起于20世纪90年代经济较早发达起来的东南沿海地区。它在法律上的确切用语是“有配偶者与他人同居”，通常表现为有配偶的男性以金钱、物质给付女方，双方保持较为稳定的同居关系或较为固定的两性关系。

现实生活中，一些人钻法律的空子，婚外与他人同居，既不办理结婚登记，又不以夫妻名义同居生活，有的甚至生了几个孩子也不以夫妻名义同居生活。这种现象就是大家俗称的“包二奶”，也称“养小蜜”“养金丝鸟”“金屋藏娇”。“包二奶”的当事人涉及面广，有私营企业老板、个体户、外资企业管理人员、来大陆投资的港台商人，还有一些党政干部。

“包二奶”现象出现的原因，首先从包养者方面来看，部分社会成员拥有较多财富后，追求各种享受和刺激。有的人不满足于嫖娼或者出于对性传染疾病的顾虑，对一些姿色较好的女子以包租方式，长期占有。商界部分“款爷”，因为生意需要经常走南闯北，生活不稳定，与配偶团聚少，凭借其经济优势，走到哪里就在哪里安置一个安乐窝。也有的人仅仅是出于发泄欲望而猎取艳物，包养二奶。还有包养二奶是为了生意场搞“美人计”，让二奶出席各种不正常应酬场合，以美色诱惑某些有用的权贵争取生意上的订单，

实惠、方便。而有些党政干部，利用不正当手段敛取不义之财，或者直接利用手中的权势包养二奶，主要是思想空虚、精神颓废，以致生活堕落；也有的是为了证明自己有本事，还有的是嫌弃婚姻生活平淡无味转而寻求刺激；也有的是缺乏正确的是非和责任观念，错误效仿或追求西方某些不良社会现象；如此等等。

再者，从被包养者方面来看，多数是因为嫌贫爱富，不肯劳动，不愿吃苦，一心追求生活安逸和享受，甘愿被人包养；有的人是因为文化程度不高，不了解法律，不知道被他人包养是违法的事；有的是开始时受另一方欺骗发生了两性关系或者同居事实，得知真相后抱着“既已如此，变也无益”的想法，得过且过；有的是深陷感情之中不能自拔。

无论是包养者还是被包养者，部分人有一个共同心理——“从众心理”在起作用。“包二奶”在某些地区或某些社会阶层的人口中成为一种“时尚”时，当事人不以为耻，反会引以为荣，而且效仿者日众。有的年轻姑娘本是干着正当职业，见出卖青春有巨利可图，抛弃道德、价值、法律等一切社会约束，趋之若鹜。总之，从这些情况来看，“包二奶”现象涉及的当事人广、领域多，“包二奶”现象严重冲击和违背婚姻家庭一夫一妻制的原则，而且容易引发很多与婚姻家庭纠纷相关的违法犯罪现象，社会危害性很大。

二、损害国家机关廉洁性的“性贿赂”现象

“性贿赂”是一种不同于其他物质贿赂的“公关手段”，它是指行贿者对受贿者采用从物质到精神方面的“关照”，最后达到行贿者的非法目的的一种形式。“性贿赂”在我国历史上很早就有，轻则误国，重则亡国。据《史记·周本纪》载，早在商纣时期，“帝纣囚西伯于羑里。闳夭之徒患之，乃求有莘氏美女……因殷嬖臣而献之纣。纣大悦，曰：‘此一物足以释西伯，况其多乎！’乃赦西伯，赐之弓矢斧钺，使西伯得征伐”。周人抓住商纣“贪女色”的弱点，以“性贿赂”不仅换取了周文王的自由，而且换来了西周王朝。越王勾践、大臣范蠡采用“性贿赂”麻痹吴王夫差的斗志，最后把吴国推向败亡，越国得以复国。宋代《庆元党禁》记载了钱塘县令程松寿多次以“性贿赂”方式贿赂平原郡王韩侂胄，得以步步高升的史实。钱塘县令程松寿深谙权倾朝野的韩侂胄的脾性，“宠幸爱姬，垂涎美女”。一次，韩侂胄的爱姬因犯过失被逐出王府，程松寿高价将她买回来，与夫人一起每天伺候她，后将此爱姬送归韩侂胄，程松寿因此升为谏议大夫。不久，程松寿又花钱买来一美女

敬奉给韩侂胄,韩侂胄觉得此人忠心耿耿,于是将程松寿任命为同知枢密院事。程松寿在短短的两三年之内就由小小县令跻身于朝廷重臣之列,靠的就是“性贿赂”手段。程松寿因使用“性贿赂”得到个人私利,韩侂胄因接受“性贿赂”而损害了国家利益。

当下中国也不乏“性贿赂”的现象。早先就有原远华集团董事长赖昌星为其走私铺路,在厦门专门修建“红楼”和“白楼”,为向官员们使用“性贿赂”提供专门场所,使得走私活动畅通无阻,使得国家损失300多亿元税款。赖昌星之流大胆使用“性贿赂”手段,是因为当下“性贿赂”仍然大有市场。

近些年来纷纷落马的高官中,有很多都是因为接受“性贿赂”而一发不可收拾,一步步走向贪污腐败的犯罪深渊,最后东窗事发,后悔莫及。据2009年8月7日人民网报道,自党的十七大以来,中央累计查处严重腐败的省部级以上官员16位,平均每年8位,而这些巨贪的“落马”大多都与色、赌、洗钱三大基本方式有关,60%以上官员包养情妇,与地产商“权钱交易”以及“权色交易”最为突出。时任中纪委巡视组长祁培文就曾透露过:“在中纪委查处的大案中,95%以上都有女人的问题。”“为色而贪”成为官员犯罪的主要动力之一,在对这些巨贪的通报处理中,多人被提到违反生活纪律,“生活腐化堕落”,有的甚至拥有多名情妇,如北京市原副市长刘志华,包养情妇并为情妇谋取不当利益;山东省委原副书记杜世成,生活腐化,伙同情妇收受他人巨大财物;福建省委原常委陈少勇,民间嘲称其为“猪哥勇”,“猪哥”在福建地方方言意为“好色之徒”;吉林省人大原副主任米凤君,生活作风问题等等。

“性贿赂”本质上就是权色交易,它不仅腐蚀着中国官员的“官德”,严重破坏干部队伍的廉洁性,而且严重危害国家正常的经济秩序。原最高人民检察院副检察长赵登举曾明确表示:“性贿赂同样属于犯罪,而且是一种非常恶劣、危害极大的犯罪行为,未来修改法律时应考虑把‘性贿赂罪’纳入刑法。”

三、妨害传统伦理道德的婚姻乱象

(一)“翁媳婚”“岳婿婚”现象

“翁媳婚”是指公公娶儿媳现象,“岳婿婚”是指岳母与女婿结婚,这些现象在当今社会时有发生。下面,我们来看几个典型案例:

案例一:某市机械厂工人——48岁的方某的儿子方强与26岁的兰某

于1991年结婚，1992年生下一子取名方盛。夫妻感情一般，但日子过得尚可。但天有不测风云，1994年，方强在一次工地事故中受了重伤，经抢救无效而撒手人寰，留下了兰某与年幼的儿子，由于兰某无业，日子过得非常艰难，虽然有人劝她再嫁，但孤儿寡母谈婚论嫁也非易事，介绍了几次都不成。1995年，方某的老伴也因病去世，由于方某与老伴和儿子儿媳原来就住在一块，在双方都丧偶的情况下，彼此之间在生活上多有照顾，方某时常接济兰某，兰某对方某也是照顾有加，双方的感情渐渐逾越了亲缘关系。一次，兰某染上了严重的传染病，病情危急，方某不分昼夜地照顾，兰某深受感动，发誓这辈子再嫁就一定嫁给方某，出院后，两人就住在了一起，彼此以夫妻相待。1996年8月，双方到婚姻登记机关要求办理结婚登记。

案例二：2005年5月，发生在江苏高邮的一桩婚姻引起全国各大媒体的关注。59岁的丁老汉和30多岁的占某“喜结连理”。这桩婚姻引起争议，并非因为双方年龄的差距，而是因为双方本是公公和儿媳。据报道，丁老汉的二儿子丁某1994年经人介绍，与占某结婚，次年生下一男孩。因感情破裂，小两口于去年离婚，经法院判决，读小学二年级的男孩随母生活。丁老汉的老伴去年5月病逝，儿媳占某也是孤身一人，今年上半年，两人在该市民政部门登记领取了结婚证。

丁老汉和庄某的婚姻是否可行？我国婚姻法无明确规定，但按伦理和法理其行为并不可行。

1.不符合我国伦理道德

对丁、占二人的婚姻是否合法不能仅限于从《婚姻法》条文上去判断，还要看到国家制定《婚姻法》的根本目的是维持家庭中的伦理道德，维系和谐的家庭关系，这是《婚姻法》的特殊性之所在。《婚姻法》具体条文仅是“表”，“家庭伦理”才是《婚姻法》要维护的“里”。从《婚姻法》禁止结婚的内容可以看出这一点：直系血亲，三代以内旁系血亲；患有医学上禁止结婚的疾病；未达到婚龄；重婚。《婚姻法》规定的禁止条件，不仅有生理上的原因，更有伦理上的原因。《婚姻法》之所以规定“直系血亲、三代以内旁系血亲”不能结婚，主要是基于伦理上的考虑。尽管公公与前儿媳结婚不属于《婚姻法》禁止之列，但他们结婚违反了重大的伦理道德。我国《婚姻法》规定：父母与子女之间的关系不因父母的婚姻关系发生变化而变化，血亲关系，无论是当事人还是法律都无法改变的。如果法律认同丁老汉与占某的婚姻关系，会引起一系列重大的伦理关系的错乱，侵犯公序良俗。占某与她的前夫丁某宏由前夫妻关系，变成现在名义上的母子关系；丁老汉的孙子与他构成事实上的父子关系——养子关系。按占某的说法：她与丁老汉结婚完全是为了儿子，儿子也是愿意与他们一起生活，这样丁老汉与他过去的孙子的爷孙关系转变为现在的父子关系。丁老汉与他的儿子关系也会发生伦理上的颠倒：由父子关系变成继兄弟的双重关系。直系姻亲间虽然没有血缘关系，但却是除直系血亲和兄弟姊妹外最亲近的亲属。如果直系姻亲缔结婚姻，会对直系血亲的关系产生直接破坏作用，会使得家庭成员关系呈完全混乱状态。

2.不符合立法精神

在我国民事法律领域，判断一个行为合法与否不仅要考虑法律条文，还要考虑伦理道德和公共利益。《婚姻法》从本质上说是家庭法，是伦理法，是调整家庭成员之间的人身关系和财产关系的法律，是《民法》属下的特别法。《民法》的一些基本原理同样适用于《婚姻法》：比如"公序良俗"，公共利益，都是《民法》的具体条款。我国《民法通则》第 6 条、第 7 条规定：民事活动应遵守法律，法律没有规定，应遵守国家政策，遵守社会公德，不得损害社会公共利益。"公序良俗"和"公共利益"，既是《民法通则》中的具体法律条文，又是法律原理，在判断一个行为合法与否时，必须把二者一并考虑。

案例三：2008 年 10 月 16 日的《扬子晚报》报道"41 岁丈母娘爱上 24 岁准女婿离婚与其私奔睡帐篷"

41 岁的张某，南京本地人，长得面容姣好且身材婀娜，风韵犹存；24 岁的许某同样是南京人，长得英俊高大且憨厚老实。两人并肩走在大街上，路人肯定以为他们是姐弟俩，谁也不会认为他们是对相恋很深的情侣。两恋人年龄悬殊，其恋情自然不一般，许某原是张某女儿黄某的男友，黄某与许某认识数月后，带许某回家见家长，结果许某一眼就喜欢上了张某，张某对许某也有好感，两人竟鬼使神差地相爱了。为了长相守，张某和原配丈夫离了婚。但畸形恋情得不到许某家人支持，许某只好和张某漂泊在外，过着有上顿没下顿的生活。14 日晚，双方因生活困难在街头发生冲突，他俩的恋情才得以曝光。"快跟我回家，不要在街上耍酒疯了"，14 日晚上，一名 40 岁左右的妇女在南京升州路上耍酒疯，一名 20 多岁的男子强行拽着她要离开，她死活不肯，那名男子就对该女子一阵暴打，引起市民的围观。"你怎么能打女人呢？"该男子的行为引起一些女市民的反感。"我打自己老婆，跟你们有什么关系？"那名男子对市民的话置若罔闻，继续对中年妇女施以拳脚，中年妇女借着酒劲和他撕打起来。那名男子出手很重，中年妇女身材单薄，围观路人担心她被打伤，立即拨打110报了警。很快，110民警赶到现场，费了九牛二虎之力，才阻止住双方的打闹。就在这时，那名女子突然瘫坐在地上哭了起来，讲述起自己坎坷的恋情。该中年妇女就是张某，而打他的男子则是许某。许某急忙上前阻止张某，张某不予理睬，继续哭闹，为此双方再次扭打在一起。两人的行为引来市民的围观，给交通带来了一丝不便，民警只好带他们回附近派出所调解。“我和许某的相爱是一种机缘巧合，根本无法抗拒”，张某这么告诉记者。张某说，许某原是自己女儿黄某的男朋友。去年10月份，黄某和许某认识，许某的英俊且憨厚深深地吸引了黄某，很快两人相爱了。相处4个月下来，黄某决定带许某回家见见家长。黄某是个任性的女孩，之前谈了很多次对象，但都没谈成功，女儿的婚事一直是张某夫妇的一件心事。黄某带男孩子回家，是破天荒第一次，张某觉得许某应该是女儿的真命天子，接到女儿的电话后，就和丈夫忙里忙外，热心准备可口的饭菜，招待未来女婿。“伯母，您长得真漂亮，黄某都遗传了你的优点。”许某上门，见到漂亮的张某就夸赞了一番。张某见许某英俊憨厚，嘴巴还比较甜，对这个未来女婿比较满意。之后，张某对许某进行了一番考察，认为女儿没选错人。许某离开后，张某主动找到女儿谈心，让女儿一定要珍惜这份爱情，好好跟许某接触。可让张某没想到的是，黄某并没有收心，在外又交了两个男朋友，玩起了“四角恋”。很快，许某发现了这件事情，十分生气地找上门，可偏偏黄某不在家，家中只有张某一人，两人便聊了起来。聊天中，许某表白自己初次登门拜访时，夸赞张某的话是有感而发，从那时，他天天拿张某和黄某比较，比较多了就喜欢上了张某，认为张某才是自己“心中最爱”。“许某的表白让我有点受宠若惊，他确实比自己丈夫优秀。”张某这么评价许某。黄某带许某回家后，许某就常送黄某回家，到家后还主动承担一些家务活。张某越看越喜欢。张某说，她结婚已经21年了，但丈夫是个大老粗，只知道赚钱养家，根本不懂得爱情。为此双方没少发生争执，也多次提出过离婚，但双方担心女儿受到伤害，才勉强生活在一起。可这次不一样，许某的直白表达，让她有股少女初恋的感觉，心跳了好久才得以平静。之后，她拿许某和丈夫做了比较，发现自己多年渴求的东西在许某身上都能找到。梦寐以求的爱人就在面前，可偏偏是女儿的男友，要是走在一起，肯定得被唾沫淹死，还会伤害女儿，但她又有点不甘心。当晚，她借口找女儿谈心，将许某向她示爱的事情告诉了黄某，黄某当即一副不以为然的表情。黄某对妈妈说，许某是个不错的男孩，但是在年轻人的圈子感觉比较沉闷，没有一点幽默细胞,根本不适合她。黄某称自己一直坚持恋爱自由,许某要是追求妈妈,那是妈妈与许某两人的事情,她不会横加干涉,也不会为此憎恨任何一人。张某见女儿不反对,便决定与许某相处试试。两人相处两月后,彼此发现对方是自己的“最爱”。张某不想辜负许某,决定回家与丈夫离婚。丈夫见张某变心,十分生气,答应离婚,但不分给张某任何家产。张某觉得能和许某长相守就很幸福了,就放弃了分割家产。张某离婚后,许某也不想辜负张某,便带张某回家见他的父母。许某是家中唯一的男孩,长得又不错,找个年轻貌美的姑娘结婚应该不成问题,可偏偏带回一个比他大 17 岁还离过婚的女人,许某的父母自然不答应。许某铁了心要和张某结婚,这把许某的父母气得半死,当即要与许某断绝关系。许某一时冲动,就领着张某离开了家。生活需要房子、面包,两人都空手净身出门,没有一丝余钱,根本租不起房子,可这一点刚开始没有难倒他们。他们合计以后,到超市买了帐篷等户外用品,帐篷便成了两人的安乐窝。白天两人外出打工,许某总是将帐篷背在身上,晚上两人就找空旷无人的地方搭帐篷睡觉。一个月后,两人总算赚到了第一笔钱,不到 2000 元。之后,两人到秦淮区租了一间平房,结束了帐篷生涯。有房子住,两人本应该很和睦,可租房费用很高,他们很快开始了有上顿没下顿的生活。张某因此慢慢染上了酗酒的毛病,经常外出喝得醉醺醺才回家。前晚张某再次外出喝酒,不料又喝多了,就在马路上耍酒疯,实在看不下去的许某因此对张某动粗。双方被带到派出所后,民警做了双方的思想工作,让两人回家好好过日子。

案例四:2010 年 6 月发生在四川宜宾的“女婿娶丈母娘”的事件让土生土长的翠屏区长江村黄金塆农民尹某某成了大名人。2010 年,尹某某获悉黄金塆组由于宜宾市政府建设临港经济开发区需要,将面临征地拆迁。在确认消息属实后,尹某某和妻子李某某打起了“算盘”:按照两人事先“调查”得知的拆迁补偿方式,一般补偿均是按照人头计算,给予支付拆迁费和缴纳养老保险费补偿。李某某是外来媳妇,娘家在外地农村,家中老母亲已经 77 岁。

为了让丈母娘“老有所养”,每月领取固定的养老金,两口子盘算把“丈母娘”的户口也迁到黄金塆组。但此时政府已禁止了常规性户籍迁入,“前门”迁入被堵死了,两口子绞尽心思,想寻求“后门”突破。

终于,两人想出来了一个“天衣无缝”的计划——离婚、结婚、离婚、复婚,并立即付诸行动。2010 年 6 月 10 日,尹某某和李某某离婚;次日,尹某某和 77 岁的前丈母娘邓某某登记结婚；9 月 28 日，邓某某作为“妻子”落户尹某某家户籍本上；10 月 25 日，尹某某和邓某某办理了离婚手续；12 月 16 日，尹某某和李某某复婚。

通过不断的“婚姻”折腾，两人的如意“算盘”终于成为现实：2011 年，宜宾市翠屏区政府在征地拆迁补偿时，作为“户籍人口”的邓某某共“算”到拆迁费、养老保险费 141480 元。补偿到位后，邓某某获得价值 5.1489 万元的基本养老保险费，至 2012 年 5 月其领取养老保险费共 14467.72 元；尹某某、李某某两口子把邓某某“应得”的国家征地拆迁费 9 万元现金攥到手中。

2012 年 5 月，由于在黄金塆征地拆迁中村民户籍作假严重，翠屏区政府会同公安机关开展了联合清查打击活动。迫于打击压力，5 月 17 日，尹某某向公安机关投案自首，公安机关以涉嫌诈骗犯罪对尹某某、李某某立案侦查。7 月 23 日，翠屏区检察院以诈骗罪将尹某某、李某某向法院提起公诉。

针对此现象，当时的《鲁中晨报》曾以一首打油诗予以报道，“为求拆迁多补偿，女婿娶了丈母娘。拿着法律当儿戏，亵渎人伦实荒唐”。

案例五：《现代金报》2013 年 3 月 22 日报道，“公公为多拿拆迁款与儿媳结婚　称被政策逼迫”。

“如果公公和媳妇结婚后就能多分钱，那我也跟我老婆离！”最近，宁波高新区上王村出了件奇事，公公和媳妇为了拆迁而结婚，想以夫妻投靠名义把媳妇、孙女的户籍迁移到村里，想以此多分钱。这事在村里传得沸沸扬扬，可是，户口申请材料被退回来后，公公和媳妇转而联手将宁波市公安局高新技术开发区分局告上了法庭。昨日，这起宁波市首个因假结婚引起的行政诉讼案终于有了判决结果——法院当庭驳回了原告的诉讼请求。

(1)庭审背后：结婚是冲着金钱去的？

昨日上午 8 点多，上王村的村民早早地包了大巴车来到江东区人民法院。大家十分关注这件事，想看看法院到底是如何判决的。

“我们可不是原告亲友团，肯定不支持这样的做法！如果大家都像他们这么做，那岂不是要乱套了！”村民陈师傅说，去年 7 月 5 日，村里开起了土地征迁动员大会，到了 9 月 21 日，就听说村民陈××与自己的儿媳赖某结婚了。

一开始，大家对这一消息感觉有些不可思议。可是没多久，大家也渐渐明白了，陈××离婚原因其实不简单。村民们认为，作为媳妇的赖某，愿意放下面子，与自己的公公结婚，实际上是冲着金钱去的。

村民说，村里有经济合作社，只要是社员每年都能得到分红，比如去年的分红是人均 4.8 万元。

上王村党支部书记周永跃说，村里的村民以农业户口为主，也有部分是非农户口。非农业户口的村民，只能在计划生育、小孩入学等方面享受优惠政策，但是不能享受社员分红提成待遇。

村民陈××原配妻子王某是一名下乡知青。随着国家政策调整，她的户口也变成了农转非。而陈××的儿子陈×，也是居民户口，现为宁波某家具城的老板。整个家庭只有陈××和儿媳妇赖某是农业户口。

但是，赖某户口在鄞州区古林镇布政村陆家土奋。根据上王村政策，如果赖某的户籍迁入本村，她也可以享受社员福利待遇。另外，还可额外获得至少 100 万元的房屋拆迁补偿。

“如果法院判决下来，公公和媳妇这样的做法也能成的话，那接下去将会有更多的村民去效仿，整个村子就要乱套了。”上王村村主任张凯龙说，村民们都很在乎个人经济利益，但是大家还不至于想出这么雷人的方法来索要集体经济分红。一些村民告诉记者，这件事情村民们意见很大，甚至有村民主动到公安机关做了笔录。“他们既然离婚了，公婆还住一起，儿媳也住一起，这算什么行为?”村民黄女士说。

(2)庭审现场

①原告：公安不迁户口属违法

那么，法院最终会如何判决？被告方宁波市公安局高新技术开发区分局又为何将陈××和赖某的申请材料退回呢？记者旁听了整个案情。

原来，在 2013 年 1 月 22 日，江东法院就依法组成合议庭，公开开庭审理了此案。法院根据各方当事人提供的证据及当事人质证意见确认：

原告陈××是上王村农民，在村里拥有私宅，为农业户口，20 世纪 70 年代与妻子王某形成事实婚姻关系。2012 年 9 月 17 日，陈××与王某在鄞州法院办理了离婚手续。

陈××与王某育有一子陈×，是居民户口。陈×于 2003 年与原告赖某结婚，并育有一女小陈。2012 年七八月间，陈×与赖某办理了离婚手续。

2012 年 9 月 21 日，陈××与赖某登记结婚，赖某 8 岁的女儿小陈，则由赖某监护。同日，原告陈××向被告户籍管理部门申请办理赖某、小陈的户籍迁移。

2012年10月23日，梅墟派出所对原告户籍迁移事宜进行了调查询问。被告工作人员口头告知原告，要取得原告陈××所在村村民委员会的证明材料，并将申请材料退回。

陈××认为，他的户籍迁移申请符合法律规定，被告理应在法定期限内作出具体行政行为。而被告行为显然已超过《浙江省常住户口登记管理规定（试行）》及国家行政法规规定的法定期限，属行政不作为，因此于2013年1月4日向江东法院提起行政诉讼，请求法院依法判决，确认被告宁波市公安局高新技术开发区分局不作为违法。

②被告：不会纵容乱伦行为

被告宁波市公安局高新技术开发区分局辩称，赖某和陈××均是农村户口，根据相关法律规定，农村户籍登记需要村集体协助办理，村集体应为户籍迁移开具证明。但是，因为上王村村委会以不合社会公德及伦理规范为由，拒绝给陈××开出相关证明材料，故而原告在申请户籍迁移时，并未出具该项材料。根据《浙江省常住户口登记管理规定（试行）》第86条的规定，被告依法告知了原告需要补充材料，应去村民委员会盖章证明。被告依法履行了告知义务，不存在所谓的行政不作为。

陈××在高新区公安局所作的笔录中称："我与赖某结婚，按照国家政策，赖某与我孙女小陈的户口可以随我迁入上王村。""我和赖某结婚也是没办法，是政策逼迫我这么做的。"

对此，被告律师施周认为，陈××与原配"离婚"之后，仍生活在一起；而赖某与陈××的儿子陈×"离婚"之后，也是生活在一起；陈××和赖某的婚姻是不真实的，而是利用"假结婚"的方式隐瞒事实真相、编造虚假事实，以达到违法迁移赖某、小陈户籍的目的。施周说，陈××与赖某是公公与儿媳的关系，情况非常特殊，所在村村民对此意见很大，"原告的行为是一种不应被社会接受和容忍的行为。如果准许这种情况下的户籍迁移，就是默许和纵容这种乱伦行为，必将与法律的宗旨和目的不符，同时也必将损害社会良好的道德风尚和社会公共利益。同时原告的户籍迁移申请证明材料不齐全，被告已依法履行了告知义务，并不存在行政不作为"。

③法院：驳回原告诉讼请求

之所以判决驳回原告诉讼请求，江东法院给出的依据是，被告工作人员在收到原告的申请后对原告进行了口头答复，要求其提供上王村村民委员会的同意户籍迁移的证明。根据《中华人民共和国户口登记条例》第3条第

5 款的规定，以及参考《公安部三局关于执行户口登记条例的初步意见》“关于登记范围”第 3 点即“为群众到户口登记机关办理迁移手续开具证明”、《浙江省常住户口登记管理规定(试行)》第 86 条的规定，被告工作人员已对原告进行了口头答复，并告知其应取得村民委员会证明，程序上并无不当，并不存在行政不作为的行为，原告起诉要求确认被告行政不作为违法无相应事实和法律依据。

陈××的代理律师施先生表示，陈××等人将提起上诉。

④法官庭外说法：假结婚严重破坏公序良俗或构成诈骗罪

审理此案的翟法官认为，虚构婚姻事实以获取金钱利益的行为明显违反社会公序良俗，如若任其发展，则很有可能使得传统道德逐步沦丧。如本案原告陈××与赖某原是公公与儿媳的关系，却因受利益的驱动，分别办理了离婚手续并到民政部门办理了结婚登记，而因其不属于禁止婚姻登记或婚姻无效的情形，民政部门给其颁发了结婚登记。虽然其领到了合法的结婚登记证书，但该行为出于非法的目的，同时事实上仍保留着与原配偶的“事实婚姻”，应当说，原告的该种行为是对社会基本伦理道德的肆意践踏，是一种不能容忍的行为。

江东法院分管行政庭的副院长吴启贤说，陈××和赖某结婚虽然看起来符合婚姻法以及婚姻登记条例的规定，但却可能构成诈骗罪从而被判处刑罚。他说，根据刑法的相关规定，虚构婚姻事实从而骗取拆迁补偿安置款等行为完全符合诈骗罪的犯罪构成要件。

吴启贤说，在实践中，也有不少地方对类似行为进行过刑事处罚，他举了几个例子，如浙江湖州吴兴区法院 2007 年判处殷某、江某诈骗案，上海普陀区法院于 2009 年判处施某、郑某诈骗案，都是以结婚名义骗取征地拆迁款而被判处刑罚的案例。

本案中，法院判决驳回了原告的诉讼请求，一方面是公安机关已经履行了相关义务，另一方面也是希望原告不要在违法的道路上越走越远。

吴启贤告诫所有试图假借虚构婚姻登记事实骗取拆迁款的人，歪脑筋不要动，小便宜莫要贪，否则不但便宜没有捞到，还有可能要进牢房。

吴启贤认为，这起案件也揭露出我国婚姻法存在的一些漏洞，婚姻自由但更应该真实，希望相关部门对婚姻登记制度进行深入研究并作出适当修改，避免婚姻登记成为某些人谋取非法利益的工具。

案例六：2013 年 7 月 26 日《三峡晚报》报道了一则刚刚在湖北省宜昌

市夷陵区发生的“公公暴打前儿媳”的案件。“村里一名女子被前公公杀了。”7月10日下午2时许，樟村坪派出所接到当地村干部报警，民警赶到现场发现，35岁的丁某躺在血泊中，生命垂危。目击者介绍，当日中午，丁某正在屋前洗菜，一名男子开着农用三轮车赶来，没有说几句话，就用一根棍棒把丁某打伤了，有人认出，伤人男子是丁某的前公公黄某。随后，民警和百余村民沿着大山经一天一夜搜索，将潜逃回保康老家的黄某抓获。警方介绍，丁某此前嫁到了保康县，后离异回到樟村坪老家，黄某对丁某有非分之想，其儿子离婚也与此有关，黄某称，因妒忌丁某要再婚，于是赶到宜昌下了杀手。昨天，因涉嫌故意杀人罪，黄某被夷陵区检察机关批捕。

陈景良教授对这些社会乱象也有感而发，他还特作一首打油诗以喻世：

女婿与岳母结婚(为避国五条)

公公与儿媳结婚(为拆迁款)

公公爱儿媳，儿媳爱金钱，恭喜

孝道伴廉耻，廉耻不自爱，痴爱

诸如此类的“翁媳婚”“岳婿婚”等尊卑婚恋现象不胜枚举，我国《婚姻法》该如何应对这些社会现象，维护基本的人伦道德？个人认为，我国可以借鉴法国、意大利、瑞士、日本及英国等国家的相关法律规范，明确禁止直系姻亲缔结婚姻，即使该姻亲关系因婚姻关系的终止而解除，仍然应该禁止结婚。

(二)“甥舅婚”现象

案例：外甥女为房产与亲舅舅登记结婚　法院宣告婚姻无效

2020年4月，贵州省桐梓县人民法院审理了一起特殊的婚姻无效纠纷，母亲梁某向法院起诉确认其亲生女儿娄某与自己亲弟弟梁某某的婚姻无效。

基本案情：申请人梁某(63岁)与被申请人娄某(36岁)系母女关系，梁某某系申请人亲弟弟，即被申请人娄某的舅舅。梁某某系精准扶贫异地搬迁户，生前居住在桐梓县。2019年9月，梁某某检查出肝癌晚期，由于没有直系亲属照顾，被申请人娄某就自愿来照顾梁某某，与梁某某一起生活。直到2020年4月9日梁某某因病死亡，申请人梁某才知道自己的女儿，即被申请人娄某与自己的亲舅舅梁某某于2019年12月办理了结婚登记。为纠正被申请人娄某的错误，申请人梁某诉请宣告被申请人与梁某某的婚姻无效。被申请人娄某辩称：梁某某是其亲舅舅，对于确认其与梁某某的婚姻无效没有意见。

法院经审理查明：申请人梁某与被申请人娄某系母女关系。梁某某系梁某的亲弟弟，系娄某的亲舅舅。2019年9月，梁某某被检查出患有肝癌，已属晚期。娄某为获取梁某某的财产，于2019年12月与梁某某在桐梓县民政局婚姻登记处办理了结婚登记，后梁某某于2020年4月9日病亡。以上事实有申请人与被申请人的陈述，有申请人提交的证明、结婚证、死亡证明、谈话笔录在卷佐证。

贵州省桐梓县人民法院认为：我国《婚姻法》第7条规定“有下列情形之一的，禁止结婚：（一）直系血亲和三代以内的旁系血亲；（二）患有医学上认为不应当结婚的疾病”，梁某某系被申请人娄某的亲舅舅，属三代以内的旁系血亲，禁止结婚。最终判决被申请人娄某与梁某某的婚姻无效。

（三）“收养婚”现象

1.养父母与养子女之间

案例：甲女与丈夫赵某婚后一直没有生育，后领养了一个女儿，起名赵小雅，现已22岁。甲女死后，赵某因家境贫寒续弦未果。一天，赵某的一个朋友对他说：“小雅又不是你的亲生女儿，何不收其为妻，一则省事省钱，二则小雅年轻貌美，正合适。”经朋友点拨，一日赵某仗着酒性对小雅说要娶其为妻，并欲行不轨，遭到小雅坚决拒绝，后赵某酒醒自责，二人恢复正常的父女关系。

2.养子女之间

案例：丁男与戊女是一对夫妻，其身后留下一双儿女，即小强和小玉。当年丁男与戊女婚后几年未生育，遂领养小强为子，五年后才生了女儿小玉。后因工作调动，一家人迁往他乡，新的同事和邻居包括小玉都不知小强为养子，但小强自己知道内情。丁、戊夫妻不幸去世后，小强与小玉相依为命，互相关心，小强用自己的薪水供养小玉读完大学，然后向小玉说明他们并非同一父母所生。小玉知道实情后主动要求与小强结为夫妻，小强亦同意。后经有关机关审查情况属实，准予结婚。

3.继父母与继子女之间

案例：苏某出生后不久其生父死亡，母亲刘某独自抚养苏某到10岁，与同厂的何某结婚。何某比刘某小5岁，性情温和，很喜欢小孩，对继女苏某非常疼爱。何某不断与刘某一起供养、照料苏某的生活，还经常给继女苏某辅导功课，苏某也非常喜欢继父，一家三口生活幸福平静。刘某在苏某16

岁时被确诊乳腺癌晚期,三个月后就去世了。刘某在去世前将已经渐渐长大懂事的女儿苏某托付给何某,何某承诺要将苏某抚养成年。苏某此后一直与何某共同生活,相依为命,父女俩的感情也很好。多年来没有父亲又失去母亲的苏某非常珍惜现在的生活,对继父何某有一种很特殊的感情。苏某高中毕业后,在当地的一家大型超市找到一份工作。亲友给苏某介绍男友,均遭拒绝。在她的心中,继父是选择男友的唯一标准,她希望一辈子能够跟继父一起生活,或者嫁给继父。苏某向当地一家媒体的热线电话咨询,想知道没有任何血缘关系的继女与继父能否结婚。这家媒体于是向一家律师事务所咨询,律师的答复是可以结婚,理由是现行婚姻法并没有禁止继父继女结婚。媒体又向当地民政部门咨询,民政部门的答复是不可以结婚,理由是何某与苏某之间不仅仅是直系姻亲,由于已经形成抚养教育关系,所以他们是法律拟制的直系血亲,不得结婚。

四、妨害国家和社会管理秩序的婚姻乱象

(一)"监护婚"现象

所谓监护,是指为无民事行为能力的人或限制民事行为能力的人设立保护人的制度。设立监护人制度的主要目的完全是为了保护被监护人的利益,监护人不能借监护位置而谋取自身利益。依据 1986 年《民法通则》,监护人对被监护人享有人身监护权、财产监护权和民事行为与民事诉讼的代理权,但没有对监护权利的行使作出相应限制。比如,在监护期间或监护期满后,能否与被监护人缔结婚姻关系等。

我国 1986 年《民法通则》第 17 条规定,无民事行为能力或限制民事行为能力的精神病人的监护人主要由下列人员担任:配偶、父母、成年子女,其他近亲属,关系密切的其他亲属、朋友。在我国,已经达到法定婚龄的被监护人主要是指精神病人。从电视、报纸以及网络等渠道我们可以发现,随着城镇化进程的急剧加快,人口流动日益频繁,在现实社会生活中,出现了诸如"拾荒男收养精神病女子后与之同居"等现象,这些现象会引发一些婚姻家庭乃至继承等社会问题,我国民法及婚姻法必须积极应对这些新出现的社会问题。

(二)表兄弟姐妹通婚现象

表兄弟姐妹通婚,在历史上时禁时弛,1980 年《婚姻法》与 2001 年《婚姻法》(修正)均明确禁止,但社会上仍然时时发生表兄弟姐妹通婚的现象。

1.案例一:中表婚

原告:臧某花,女,27 岁,汉族,农民,住武义县坦洪乡南源村。

诉讼代理人:徐某珍,女,34 岁,汉族,农民,住武义县武阳镇金星巷 7 号。

被告:泮某法,男,30 岁,汉族,农民,住武义县坦洪乡南源村。

原告诉称:原被告双方系表兄妹,于 1983 年结婚,婚后生育一子,名泮某岳,现年 11 岁。由于被告脾气暴躁,双方性格不合,婚后不久即经常争吵,使双方无法共同生活。自 1992 年 10 月始,原告外出打工度日至今。原告认为:原被告双方系婚姻法禁止结婚的旁系血亲;结婚登记时,原告仅 18 虚岁,尚未达到法定结婚年龄,虚报了年龄才领取了“结婚证”;而且双方性格不合,现夫妻感情已经完全破裂。为此诉请人民法院准予与被告离婚;婚后共同财产各半分割;子泮某岳随何方共同生活,由人民法院依法裁决,抚育费双方各半负担。

被告辩称:原被告双方系自愿登记结婚,婚后夫妻感情好。原告要求离婚的主要原因是由于原告于 1992 年年初外出做工与他人关系暧昧而变心。被告虽脾气不大好,但只要原告回心转意、回家共同生活,夫妻双方是能和好的。原被告双方虽系表兄妹,但婚姻关系已成事实,故不同意与原告离婚。

武义县人民法院经调查、审理查明:原告之父与被告之母系亲兄妹,原被告为姑表兄妹,属三代以内旁系血亲。原告不满 17 周岁时即与被告按传统习惯订了婚。次年,即 1983 年 2 月 4 日,原告尚不满 18 周岁,双方到当地婚姻登记机关办理了结婚登记手续,领取了“结婚证”。婚后感情尚好。1984 年正月,生育一子,名泮某岳。1991 年以后,双方常为家庭琐事争吵。因被告脾气暴躁,原告感到无法共同生活,自 1992 年 10 月始即离家外出做工至今。1994 年 2 月,原告诉至人民法院,请求与被告离婚。

另查明,原被告双方结婚后,翻建了土木结构的牛栏屋 1 间,购置了“蝴蝶”牌缝纫机 1 架。无债务。

受诉法院征求了原被告之子泮某岳的意见,泮某岳要求随父亲泮某法共同生活。

上述事实有下列证据证明:

(1)原被告双方关于双方系姑表兄妹,原告虚报年龄领取“结婚证”及家庭财产状况的一致陈述;

(2)原武义县坦洪人民公社颁发给原被告的“结婚证”;

(3)证人泮某祖、泮某宝、泮某法关于原被告双方系姑表兄妹,婚后夫妻关系及家庭财产状况的证言。

根据上述事实,浙江省武义县人民法院认为:

(1)原告臧某花与被告某雷法之间的婚姻关系不受法律保护。首先,原被告双方间存在禁止结婚的法定条件。《中华人民共和国婚姻法》第6条规定,直系血亲和三代以内的旁系血亲禁止结婚。原被告双方系姑表兄妹,属于三代以内的旁系血亲,故双方依法不得结婚。其次,原被告双方登记结婚时,尚不完全具备结婚的必备条件。《中华人民共和国婚姻法》第5条规定,“结婚年龄,男不得早于二十二周岁,女不得早于二十周岁”。原告在与被告登记结婚时,不满18周岁,尚未达到法定婚龄。原被告双方申请结婚登记时,弄虚作假,隐瞒了双方系三代以内旁系血亲的事实真相,虚报了年龄,系骗取“结婚证”。

(2)原被告双方登记结婚后共同生活期间,翻建了土木结构牛栏屋1间、购置缝纫机1架,系双方共同财产,享有平等权利,应依照《中华人民共和国婚姻法》第31条“离婚时,夫妻的共同财产由双方协议处理;协议不成时,由人民法院根据财产的具体情况,照顾女方和子女权益的原则判决”之规定进行分割。

(3)泮某岳已满10周岁,具备了限制民事行为能力,故应尊重其本人意愿,允许其随被告共同生活。依照《中华人民共和国婚姻法》第30条关于“离婚后,一方抚养的子女,另一方应负担必要的生活费和教育费的一部或全部,负担费用的多少和期限的长短,由双方协议;协议不成时,由人民法院判决”之规定,由原告负担适当的生活费和教育费,具体数额要考虑当地的实际生活水平和原告的负担能力。

浙江省武义县人民法院依照《中华人民共和国婚姻法》第5条、第6条第1项、第25条第2款、第29条、第30条、第31条之规定,作出了如下判决:

(1)准予原告臧某花与被告泮某法离婚。

(2)儿子泮某岳随被告共同生活,由原告臧某花一次性付给儿子抚育费人民币3000元。

(3)原被告婚后置办的共同财产中:“蝴蝶”牌缝纫机1架归原告臧某花所有,坐落在坦洪乡南源村的土木结构牛栏屋1间归被告泮某法所有。

上述给付内容限本判决生效后7日内履行完毕。

案件受理费50元,其他诉讼费用250元,由原告负担。

2.案例二:表兄妹骗取登记结婚　法院宣告婚姻无效

表兄妹骗取结婚登记后,因琐事关系不睦,男方遂诉至法院要求宣告婚姻无效。近日,云南省镇雄县人民法院对该案作出判决,宣告双方婚姻无效,并对财产分割问题作出处理。

原告张某之母与被告吴某之母属于同胞姊妹。2008年原、被告经双方的外公李某介绍订婚,2009年2月25日,原告改大年龄与被告办理了结婚证。2010年10月,被告生一男孩,由于受近亲遗传因素的影响,该男孩先天体质虚弱,刚出生4天就死亡。同月双方就一起外出到广东打工。此间双方经常为生活琐事发生吵打。原告遂以双方系婚姻法禁止结婚的三代以内近亲而骗取结婚登记为由诉至法院,要求宣告婚姻无效,并明确放弃彩礼返还。

审理中被告提出,婚后其打工所得40000元钱是交给原告的父亲存放的,要求原告返还。

法院经审理认为,原告之母与被告之母系同胞姊妹,原、被告系近亲结婚,属于我国婚姻法禁止结婚的情形,应依法宣告双方的婚姻关系无效。遂依照《中华人民共和国婚姻法》及相关司法解释的规定,判决宣告原告张某与被告吴某的婚姻关系无效,并对财产分割问题依法另行作出了判决。

3.案例三:表兄妹结婚逾十年　法院判决婚姻无效

原告汪细凤与被告钟美富系表兄妹关系。1987年2月9日,原、被告按农村习俗举行了婚礼,之后双方补办了结婚证。1989年1月20日,原、被告生育一子。婚后因原、被告双方缺少沟通,经常发生争吵。2002年至今,双方一直分居。后原告汪细凤向法院起诉,要求判决其与被告的婚姻无效。

江西省弋阳县人民法院审理后认为,原、被告属三代以内旁系血亲,两人结婚违反了法律的禁止结婚情形,其婚姻自始无效。对原、被告共同生活期间的财产分割及子女抚养纠纷,法院另行审理。

4.案例四:表兄妹登记结婚无效　依协议女方返还彩礼

覃某与张某系姨表兄妹,自幼相识。2007年2月"看门户"时,覃某按照习俗给付张某部分"彩礼"。2007年6月13日,双方在未向婚姻登记管理机关讲明两人系姨表兄妹关系的情况下申请了结婚登记。之后,双方外出务工。2007 年 9 月 17 日，张某向法院提起确认婚姻无效之诉，覃某在答辩中同意宣告婚姻无效，同时要求张某返还“彩礼”款 2100 元。

湖北省咸丰县人民法院认为，覃某与张某系三代以内的旁系血亲关系，属法律禁止结婚的情形，双方虽办理了结婚登记手续，但其婚姻关系自始无效，覃某请求返还按照习俗给付的彩礼，法院应当予以支持，“彩礼”应予返还。于是，在法庭的主持下，双方自愿达成了由张某返还覃某“彩礼”款 1500 元的协议，双方结束了无效婚姻关系。

5.案例五：表兄表妹结婚　婚姻无效索赔无据

李某与王某是姑表兄妹，2002 年 10 月双方办理了结婚登记，生有一女。2004 年 2 月王某外出打工，李某在家照顾女儿，双方感情逐渐冷淡。2007 年 2 月 3 日，王某向法院提出申请，要求判决与李某的婚姻关系无效。李某在答辩中对其与王某系姑表兄妹不持异议，但认为王某外出打工期间与他人同居，严重伤害了她的感情，要求王某给予损害赔偿。

湖北省孝昌县人民法院认为，王某与李某系姑表兄妹，属婚姻法禁止结婚的三代以内旁系血亲，故作出了无效婚姻判决，收缴了双方的结婚证。由于婚姻法规定的离婚损害赔偿是以合法婚姻为前提的，故法院驳回了李某提出的离婚损害赔偿请求。

6.案例六：结婚应符合法定条件才有效

现年 52 岁的刘女士与同龄李先生是姨兄妹关系，1968 年经双方家长介绍确立了两人的恋爱关系，之后于 1977 年 1 月登记结婚。

2003 年 2 月 5 日，李某与另一异性在一家宾馆开房间时，被跟踪的妻子发现并当场拍摄了照片，缠打中，原告刘女士的脚被扭伤今年 5 月 4 日原告诉至法院，以夫妻感情被裂为由，要求与被告李先生离婚。

法院受理案件后，经查实发现原、被告系姨表兄妹，双方同源于外祖父母，具有三代以内旁系血亲关系，时间虽过去已近 30 年，依据法律规定，双方婚姻应仍属无效，故收缴了结婚证。

法院最终判决驳回其离婚诉讼请求。

7.案例七：北京市首例因属三代以内旁系血亲结婚而被宣布婚姻关系无效案

喃喃的父亲刘某与王某是表兄妹，有三代以内的旁系血亲关系。而她的家庭原本是一个平静、幸福的三口之家，从小她就感受着家庭的亲情和关爱。但自 1998 年年底，王某开始与父亲有不正当关系后，导致父母于 2002

年4月离婚。今年1月,父亲经检查发现患有肝癌,随即做了手术。3月下旬,她父亲癌细胞扩散,在无法站立和说话的情况下,王某隐瞒血亲关系,要求丰台区婚姻登记处到病房办理了结婚登记。婚后仅4个多月,喃喃的父亲去世。为维护自己的合法继承权利和法律的尊严,喃喃请求法院确认并宣告王某与父亲的婚姻无效。被告认为,刘某与其前妻婚后不久即因性格不合经常为一些琐事产生矛盾以致离婚,并无所谓“第三者”问题。刘某患病后,她日夜守候、精心照料,使刘某对她产生强烈依恋。王某说,自己虽是刘某的表妹,但为了能以妻子的身份请假照顾他,也为了满足亲朋好友的愿望,她与刘某办理了结婚登记。其婚姻关系已经因刘某的去世而自然消失,法定的无效婚姻情形已经消失,法院应依法驳回喃喃的诉讼请求。

法院认为:刘某与王某是表兄妹,双方同源于外祖父母,具有三代以内的旁系血亲关系,属法律禁止结婚的情形,他们婚姻登记时隐瞒了真实情况,喃喃作为刘某的女儿申请宣告婚姻无效,应予准许。王某的配偶关系虽因刘某死亡而终止,但双方三代以内旁系血亲的亲属关系永远不会改变,所以王某“法定的无效婚姻情形已经消失”的辩称不能成立。法院一纸判决支持了喃喃的主张。

表兄弟姐妹通婚的现象,在经济相对落后的山区或农村居多,但也有少数纯粹出于感情等原因的表兄弟姐妹通婚的现象。

(三)禁止疾病结婚现象

我国1980年《婚姻法》第6条第2款规定了禁止结婚的疾病条件:“患麻风病未经治愈或患其他在医学上认为不应当结婚的疾病。”2001年《婚姻法》(修正)第7条第2款修改了禁止结婚的疾病条件“患有医学上认为不应当结婚的疾病”,而根据我国《母婴保健法》第38条的规定,禁止结婚的疾病一般包括三类:一是严重遗传性疾病;二是指定传染病;三是有关精神病。

案例:2015年2月,原告林某(男)与被告曾某(女)经他人介绍认识,当时介绍人告知林某,曾某有一点精神类疾病,但是能治好,林某当时不懂,也没在意。林某与曾某于2016年生育一子,取名为林某某,双方于2017年到民政局婚姻登记处办理结婚登记手续。后林某发现曾某有精神疾病,虽然一直服药,但是未见好转,甚至小孩也遗传有精神类疾病。林某向法院提出诉讼请求:(1)认定林某与曾某的婚姻无效;(2)婚生子林某某可由林某抚养,曾某应每月支付抚养费、康复费等费用共6000元,直至小孩有独立生活能力;(3)案件受理费由曾某负担。

曾某的委托诉讼代理人辩称:第一,林某与曾某办理结婚登记是双方自愿的,双方的婚姻关系合法有效,不存在无效的情形;第二,曾某婚后没有精神疾病,没有长期服药,婚生子林某某也没有精神疾病;第三,曾某没有患有医学上不应当结婚的疾病,双方婚后感情和睦,曾某婚后精神也正常;第四,林某认为曾某有精神疾病,但是双方结婚时曾某精神状况良好,同时精神疾病也不属于禁止结婚的情形。

法院审理查明:2005 年 3 月至 4 月曾某在医院住院治疗 21 天,其中出院时情况:“意识清晰,精神症状基本消失……”2013 年 9 月至 12 月曾某再次在医院住院治疗 96 天,其中入院拟定诊断“精神分裂症”。住院后病情及治疗经过:“常规检查未见明显异常,三级查房确诊为精神分裂症,服用精神病药物治疗病情良好。”林某的法定代理人一致认为曾某的精神分裂症尚未治愈。再查明,对林某曾某所生之子林某某的抚养问题及林某和曾某夫妻关系存续期间添置的共同财产,双方已达成调解协议。

法院认为:《中华人民共和国母婴保健法》第 9 条规定“经婚前医学检查,对患指定传染病在传染期内或者有关精神病在发病期内的,医师应当提出医学意见;准备结婚的男女双方应当暂缓结婚”。第七章附则规定“有关精神病是指精神分裂症、躁狂抑郁精神病以及其他重型精神病”。从立法精神可看出,当事人如患有精神分裂症疾病的,在医学上不宜结婚或应当暂缓结婚。其立法的目的,旨在保护当事人的婚姻质量。因此,婚姻当事人如患有精神分裂症疾病且尚未治愈的,应属于不应当结婚的疾病。本案曾某婚前患有精神分裂症,婚后虽经治疗,至今尚未治愈,林某曾某的婚姻应属无效婚姻,当事人不具有夫妻的权利和义务。因此林某请求认定其曾某的婚姻无效,于法有据,应予支持。

法院最终判决林某与曾某的婚姻无效。

第二节　当代中国婚姻禁制之完善建议

鉴于当代中国之婚姻乱象,我国目前应该有批判地借鉴传统的婚姻伦理道德理念,有批判地吸收西方国家有关婚姻立法,完善我国现行《婚姻法》中的婚姻禁制,加快我国婚姻法现代化步伐。

一、大力限制“包二奶”，保障一夫一妻制

对“包二奶”的行为是否应以重婚罪论处，是社会各界长期关注和争论的一个问题。在修改《婚姻法》时，全国妇联就提出，由于“包二奶”现象严重违背社会主义伦理道德，影响家庭稳定，引发大量刑事案件和治安案件，因此建议放宽重婚罪的认定标准。也有学者建议，将有配偶者与他人的符合一定条件的同居行为认定为重婚行为，即有配偶者与第三者虽未以夫妻相称，但有稳定的同居关系，在固定住所共同生活一定时间（6 个月）以上的可视为重婚行为。

“包二奶”等婚外同居现象一直是法学界的争论热点。2007 年 6 月，广东省送交省人大审议的《广东省实施〈中华人民共和国妇女权益保障法〉办法（修改稿）》中规定，禁止有配偶者与他人同居或者明知他人有配偶而与其同居，构成违反治安管理的将由公安机关进行治安处罚。最终，此条规定在省人大表决通过的实施办法中被删除。这条规定之所以被删除，是因为“公安机关介入有配偶者与他人同居，这是一件不可能完成的立法任务。它不可能被通过，因为完全缺乏上位法上的根据”。在婚姻法、妇女权益保障法以及刑法等法律文件中，我们确实没有看到有关“包二奶”的字样，但笔者认为，并不能因此就断言处罚“包二奶”缺乏法律根据。

按照现行的司法解释，新的《婚姻登记管理条例》发布施行后，有配偶的人与他人以夫妻名义同居生活的，或者明知他人有配偶而与之以夫妻名义同居生活的，仍应按重婚罪定罪处罚。我国《刑法》第 258 条也明文规定：有配偶而重婚的，或者明知他人有配偶而与之结婚的，处二年以下有期徒刑或者拘役。

一般来看，虽然“包二奶”在形式上并没有经过婚姻机关登记，没有领取结婚证，但不可否认，它已经具备了构成重婚罪的基本要素：有配偶而与他人实际同居；有配偶而与他人以夫妻名义长期共同生活；有配偶而与他人有较稳定同居关系且生儿育女与他人虽未夫妻相称，但有稳定的同居关系，有相对固定的住所；有配偶而与他人的关系为周围群众公认是夫妻关系。

一般来说，重婚有两种情况：一是法律上重婚（法学理论上称为“法律婚”），指有配偶的人与他人登记结婚；二是事实上重婚（法学理论上称为“事实婚”），即有配偶的人与他人长期同居生活。

由于我国法律承认了事实婚姻，最高人民法院于 1994 年 12 月 14 日颁

布的《关于〈婚姻登记管理条例〉施行后发生的以夫妻名义非法同居的重婚案件是否以重婚罪定罪处罚的批复》中规定，“新的《婚姻登记管理条例》(1994 年 1 月 12 日国务院批准，1994 年 2 月 1 日民政部发布)发布后，有配偶的人与他人以夫妻名义同居生活的，或者明知他人有配偶而与之以夫妻名义同居生活的，仍应按重婚罪定罪处罚”。可见，“包二奶”在很多情况下虽然不是以公开的夫妻名义存在，但实质上不过是重婚的另一件“马甲”，同样侵犯了事实婚姻中的一夫一妻制，构成了法律意义上的重婚罪，已经触犯了国家法律。

尽管“包二奶”情况很复杂，但也不可否认，“包二奶”在有的情况下只是婚外同居，在有的情况下，确实已经构成重婚。重婚并不要求双方一定是以夫妻名义同居，一定要有如以夫妻名义申报户口、购买住房、举行婚礼等外在表象特征，也不意味着只要不以夫妻名义对外，就不构成重婚。固然，对重婚要缩小打击面，但我们既不能对所有的“包二奶”都予以刑罚处罚，同样，也不能对所有的“包二奶”都不予以刑法打击。

2001 年《中华人民共和国婚姻法》(修正)第 3 条第 2 款规定，“禁止重婚。禁止有配偶者与他人同居”。在具体法律制度规定中，又进一步落实了总则的精神。比如，新《婚姻法》第 32 条明确将“包二奶”行为作为配偶一方诉请离婚的法定理由；再如，新《婚姻法》第 46 条明确规定“包二奶”者应承担民事赔偿责任。因为法律调整的是人们生活规范的最低限，不宜过于细化；而且，将“包二奶”问题用详尽的法律条文固定下来也是不现实的。新婚姻法规定了重婚可以自诉，可以公诉，使得涉嫌构成重婚的“包二奶”问题的受害人可以向公安机关请求立案侦查，避免受害人个人查证困难而使犯罪嫌疑人逍遥法外。“包二奶”问题不能单靠扩大刑法的打击范围来遏制，虽然运用刑罚手段最具威慑力，也最为有效，因为刑法是对危害社会行为最严厉的处罚；但是，“包二奶”的情况较为复杂，宜通过法律、党纪、政纪等多种手段综合运用解决。当然，受害人举证过错一方“包二奶”时举证难的问题的确存在。不少受害配偶盼望出台强有力的法律手段惩罚第三者或有婚外情的当事人，以捍卫家庭，维护自身的合法权益。但新婚姻法作为一部全国性的婚姻法，在保护合法婚姻的前提下，要考虑法律对策的效益、立法技术、世界婚姻立法的趋势等多种因素，避免打击面过宽、累及无辜，诱发更多家庭破裂。

笔者认为“包二奶”的行为表现形式多样，处理时应根据情况具体分析区别对待。如果当事人的行为符合刑法规定的重婚罪的主客观构成要件，则以重婚罪论处。对不符合重婚罪构成要件的其他行为,则不能一味地扩张解释,不能认定为重婚罪。因为这些行为尽管违反了一夫一妻制原则,但毕竟还没有对一夫一妻制形成公开的挑战。对这种行为主要还是应当通过党纪、政纪处理以及道德规范约束,而不宜一律采用刑罚的制裁措施,而且我国《婚姻法》已建立了离婚损害赔偿制度,加强了对过错方的民事制裁,所以刑法不应该也无必要再对这些行为进行制裁。

国外也都通过婚姻立法维护一夫一妻制,《日本民法典》第732条规定,“有配偶者不能重复结婚”。《德国民法典》第1306条规定,“在愿意相互缔结婚姻的二人中之一人和第三人之间,存在婚姻或同性生活伴侣关系的,不得缔结婚姻”。《法国民法典》第147条规定,“第一次婚姻解除前不得再婚”。

因此,为了更好地贯彻一夫一妻制的基本原则,应该将一夫一妻制原则直接体现在结婚条件中,即严格限制“包二奶”,并将“禁止已有配偶者重复结婚”作为结婚禁止条件在“结婚”一章中单列出来。

二、严厉打击“性贿赂”,保证国家机关的廉洁性

“性贿赂”在社会主义市场经济条件下,有日益蔓延之势,不仅腐蚀国家机关工作人员,而且严重破坏社会经济秩序。多年来的无数事实证明,仅靠道德规范约束“性贿赂”显得软弱无力,而现行刑法对“性贿赂”又无能为力。美国法理学家博登海默指出:“法律和道德代表着不同的规范性命令,然而它们控制的领域都在部分上是重叠的。从另一角度来看,道德中有些领域是位于法律管辖范围之外的,而法律中也有些部门在很大程度上是不受道德判断影响的。但是,实质性的法律规范制度仍然是存在的,其目的就在于强化和使人们对一个健全的社会所必不可少的道德规则的遵守。”①如何在法律与道德之间寻找合适的尺度以有效打击“性贿赂”,是目前法律界和社会学界共同关注的一个热点问题。

笔者认为,将“性贿赂”入罪立法,才能有效打击“性贿赂”。

(一)将“性贿赂”入罪立法的必要性

1.“性贿赂”具有严重的社会危害性

(1)“性贿赂”侵犯的客体具有复杂性。它侵犯的不仅是国家公务的廉

---

① [美]E.博登海默:《法理学——法哲学及其方法》,邓正来译,中国政法大学出版社1999年版,第379页。

洁性，而且还破坏了社会经济秩序，破坏了良好的社会风尚，妨害了社会管理秩序。

(2)“性贿赂”具有很强的隐蔽性。贿赂过程往往隐蔽，不留痕迹，也没有任何实物证据，实施完毕之后，司法机关往往很难取得证据。

(3)“性贿赂”具有长期性和持续性。“性贿赂”一旦成功，受贿的官员就会因为“乐此不疲”或因为受到“曝光”的威胁后，长期地、持续地为行贿者谋取不正当利益，这种恶性循环必然给国家造成严重损失。例如，某走私集团头目沈某，为达到其目的，曾试图用金钱收买在某海关工作的娄某，“金钱贿赂”遭拒后，沈某改用“美人计”诱惑娄某，娄某多次与“美女”发生关系后，利用值班之机，先后让该集团走私价值近2000万元的私货入境。这种“性贿赂”具有的长期性和持续性是其他任何财物贿赂所达不到的效果。

2.“性贿赂”蔓延，“性贿赂”案件呈逐年上升趋势。随着我国改革开放的进一步深化，国内外交流活动日益频繁，一些资产阶级的道德观念和生活方式接踵而至，“性贿赂”也不断蔓延扩大。据统计，我国党员干部的贪污腐败案件每年以高于20%的速度增长，而这些贪污腐败案件中有90%以上的案件涉及“性贿赂”。

3.道德规范对“性贿赂”无力惩治。“性贿赂”在官场腐败中尤显突出，在如此严峻的形势面前，靠个人自觉遵守的道德规范已经显得苍白无力，必须用法律来规范，将“性贿赂”入罪立法。

(二)将“性贿赂”入罪立法的可行性

1.将“性贿赂”入罪立法有历史传统和现实借鉴。我国历史上的唐代、清代都有过关于“性贿赂”的犯罪及处罚，前文提到的“禁止以妻女行求”就是对这类行为的规范。

我国台湾地区刑法理论将行贿的客体规定为贿赂或其他不当利益，贿赂是指金钱或其他可以用金钱折算的财物，其他不当利益是指贿赂以外一切可以供人需要或满足欲望之有形或无形的不正当利益，包括物质利益及非物质利益。前者是指设定债权、免除债务、给予无息或低息贷款；后者诸如给予性贿赂、允许性交或其他性行为等。[①] 日本刑法对贿赂罪规定得相当完备，能够成为贿赂的利益，既有金钱、物质，又有包括“性”利益的非物质利益。英美刑法中都规定有“性贿赂罪”。

① 林山田：《刑法特论》(下册)，中国台湾三民书局1979年版，第851页。

2.将“性贿赂”入罪立法并不违背刑法的谦抑性。有学者认为,从刑法的谦抑性来看,我国不适宜将“性贿赂”入罪立法。其实不然,刑法的谦抑性是要求少用刑法,慎用刑法,只有在国家运用民事的、行政的法律方法和手段不足以治理时才运用刑法。将“性贿赂”入罪立法正是出于其严重的社会危害性以及其他手段无法治理的情况下,对刑法的一种适当运用,是符合刑法的谦抑性原则的。

除此之外,将“性贿赂”入罪立法还具有广泛的群众基础,中国社会调查所(SSIC)的一项专项调查显示,84%以上的公众认为应该增加“性贿赂罪”。

三、适当调整禁婚亲属范围,维护传统伦理道德

现行《婚姻法》主要从优生学角度禁止两类亲属结婚,一类是直系血亲,另一类是三代以内的旁系血亲,对其他种类的亲属能否结婚未予以明确规定。现实生活中,有的亲属关系虽然不是法律明文禁止结婚的情形,但可能因为违反道德、有碍风化而为社会所不容,还有可能这些亲属关系被法律理论推定为禁止结婚的范围,诸如此类,我国《婚姻法》有必要对禁止结婚的亲属范围作出适当调整。

(一)禁止法律拟制直系血亲结婚

在亲属关系的分类中,养父母与养子女、继父母与受其抚养教育的继子女,是法律拟制直系血亲。法律拟制直系血亲一般情况下,都是一起生活了很长时间,外人已经视他们为自然直系血亲。如果允许他们通婚,有悖于我国传统伦理道德的要求,而且也与社会舆论严重冲突。

根据《婚姻法》第 26 条的规定,养父母与养子女之间的权利和义务,适用法律对父母子女关系的规定。我国《收养法》第 23 条规定:“自收养关系成立之日起,养父母与养子女间的权利义务关系,适用法律关于父母子女关系的规定,养子女与养父母的近亲属间的权利义务关系,适用法律关于子女与父母的近亲属关系的规定。”可见,拟制血亲的父母子女与自然血亲的父母子女具有相同的法律地位,因此,学者们建议,应该明文禁止养父母与养子女结婚。他们认为这样不但符合我国的传统伦理道德的要求,也符合世界上大多数国家和地区明确禁止收养人与被收养人结婚的立法通例,如德国、日本、瑞士、意大利、墨西哥、罗马尼亚、保加利亚等国以及台湾地区都有此类禁止性规定。《德国民法典》规定收养他人为养子女者,在因收养而产生的法律关系存续期间,不得与养子女或卑亲属结婚。《日本民法典》第

736条规定："养子女及其配偶、养子女的直系卑亲属及其配偶，与养父母及其直系尊亲属之间，即使在第729条规定的亲属关系（收养关系）终了之后，亦不能结婚。"《法国民法典》第366条甚至根据收养的不同类型把禁婚亲属范围扩大到因收养而发生的其他特定种类的亲属：收养人与被收养人之间以及收养人与被收养人的直系卑血亲间，被收养人与收养人的配偶，收养人与被收养人的配偶，同一人的收养子女相互之间，被收养人与收养人的子女之间，禁止结婚。《瑞士民法典》第100条规定：继父与继女、继母与继子间，不问其建立亲属关系的婚姻是否已被宣告无效，或因死亡、离婚已被解除，均不得结婚。《意大利民法典》规定得更为详尽，第87条规定：收养人、被收养人以及他们的子女之间，被同一人收养的子女之间，被收养人与收养人的子女之间，被收养人与收养人的配偶之间，收养人与被收养人的配偶之间。台湾地区的民法典也有此类禁止性规定，因收养成立的直系亲属间，在收养关系终止后亦属禁婚之列。

我国《婚姻法》应该明文禁止养父母与养子女结婚，禁止因再婚关系形成的继父母与有抚养教育关系的继子女结婚，即使在拟制直系血亲关系解除后，也不得结婚。

（二）禁止直系姻亲结婚

直系姻亲是指己身的晚辈直系血亲的配偶或己身配偶的长辈直系血亲，如公公与儿媳、岳母与女婿以及未形成抚养权利义务的继父母与继子女之间。具有直系姻亲关系的男女能否结婚，一直都是现行《婚姻法》修改前后引起激烈争论的一个问题。

直系姻亲间虽然没有血缘关系，但却是除了直系血亲和兄弟姊妹关系之外的最亲近的亲属。直系姻亲结婚，虽然不妨碍子女的优生优育，但严重违背传统伦理道德，会引起一系列重大伦理关系的紊乱，如"翁媳婚"，会造成儿媳与其前夫的夫妻关系变为后来的名义上的母子关系，原来的祖孙关系变为后来的继父子关系。"岳婿婚"同样会造成当事人之间的伦理关系的错乱。这样，当事人各方虽然没有法律上的责任，但却遭受着严重的心理压力与社会压力。如果《婚姻法》不顾及人类社会的伦理道德，肆意破坏人类社会共同的价值观，就会导致人类社会的混乱，甚至导致整个社会体制的崩溃。从这个意义上讲，我国《婚姻法》应该禁止直系姻亲结婚。

另外，禁止直系姻亲结婚是从罗马法时代到近现代许多国家和地区的立法通例。

罗马法上初无构成婚姻障碍的规定，到帝政以后，规定婚姻关系消灭后直系姻亲间不得结婚。因此，任何人不得与其前配偶的父母结婚，也不得与其前配偶同第三者再婚后所生子女联姻。在旁系姻亲方面，君士坦斯禁止原配偶的一方与原对方之兄弟姊妹的婚姻，即丈夫与前妻的姊妹，或妻子与前夫的兄弟间不得结婚，此项禁令一直维持到优帝一世时仍有效力。至于和父母前配偶与他人所生的子女，既无血缘关系又非姻亲，则不在此限。

世界上许多国家和地区都有此婚姻禁制，如《日本民法典》第735条规定：直系姻亲间不得结婚，即便在第728条或第817条规定的姻亲关系终了之后，亦同。《瑞士民法典》第100条规定："下述情况不得结婚：岳母与女婿间，公公与儿媳间，继父与继女间、继母与继子间，不问其建立亲属关系的婚姻是否已被宣告无效，或因死亡、离婚已被解除。"《意大利民法典》第87条规定，直系姻亲以及二等旁系姻亲禁止结婚，"直系姻亲之间，而且在婚姻被宣告无效、婚姻关系解除、婚姻的民法效力终止的情况下，这一禁止性规定仍然有效"。《法国民法典》第161条规定，"直系尊血亲与卑血亲间，不问其为婚生或非婚生，禁止结婚。直系姻亲间亦同"。"台湾地区民法典"第983条也将直系姻亲列入禁婚范围，并规定姻亲不因婚姻关系消灭而终止。《香港婚姻条例》则禁止两代直系姻亲结婚。

出于维护传统伦理道德的需要，结合世界各国立法惯例，我国《婚姻法》应该禁止直系姻亲结婚。更重要的是，在我国，禁止直系姻亲结婚有一定的群众基础，来自全国妇联的一项调查显示：32.5%的人认为直系姻亲结婚只存在伦理道德上的障碍，不会引起优生方面的不良后果，法律应该允许直系姻亲结婚；而40.1%的人认为直系姻亲结婚会造成乱伦、辈分紊乱，贻害社会，应该禁止直系姻亲结婚。

四、合理限定特殊婚姻关系，维护国家和社会管理秩序

（一）禁止监护人与被监护人结婚

在我国，设立监护制度的主要目的是保护无民事行为能力的人或限制民事行为能力的人的人身和财产的合法权益。根据《民法通则》的规定，无民事行为能力的人或限制民事行为能力的人的监护人主要有近亲属或其他亲属、朋友。

在古罗马，监护和保佐被视为一种公务，出于对社会身份的限制，罗马法对监护人与被监护人的通婚作了明确禁止，"监护人和保佐人及其子孙，

不得与被监护人或不满25岁的被保佐人结婚”。我国《婚姻法》已经明确规定近亲属以及其他三代以内的旁系血亲关系的亲属，不得通婚；但是对于非三代以内的旁系血亲的亲属或朋友，监护人与被监护人能否结婚未作明文规定。

从监护制度设立的目的以及维护社会主义伦理道德来讲，我国《婚姻法》应该明确禁止监护人与被监护人结婚。首先，在监护关系存续期间，被监护人意志往往受到监护人的影响，无法正确判断和真实表达自己的独立意思；其次，达到法定婚龄的被监护人往往是无民事行为能力的精神病人或限制民事行为能力的间歇性精神病人，其本身就属于禁止结婚之人；更重要的是，监护人往往会利用监护权，出于占有监护人的人身、财产或其他权益等目的，强迫被监护人与自己结婚。这样的婚姻关系，必然会损害被监护人的利益，妨害国家和社会管理秩序。

（二）部分禁止表兄弟姐妹之间通婚

依据我国《婚姻法》第7条第1款的规定“直系血亲和三代以内的旁系血亲禁止结婚”，表兄弟姐妹是禁止结婚的亲属范围之一。而从上一节的诸多案例中，我们可以看到禁止表兄弟姐妹结婚在实践中遭遇的困境。在几起表兄妹做绝育手术后要求民政部门办理结婚登记遭拒事件之后，我国禁止表兄弟姐妹结婚的禁制就遭到质疑。

在我国历史上，由于表兄弟姐妹通婚与同姓不婚的禁制并不矛盾，并且由于农耕社会的封闭性，人们活动范围和接触的空间有限，再加上“亲上加亲”等伦理观念的影响，表兄弟姐妹通婚在民间已相沿成习。我国1980年《婚姻法》明确禁止表兄弟姐妹通婚，但旧的习惯和观念的影响在一些比较封闭的地区仍然存在，表兄弟姐妹通婚时有发生。我国《婚姻法》禁止表兄弟姐妹结婚主要是出于优生的目的，而不是出于伦理上的理由。所以，有学者主张，在结婚与生育逐渐分离的当代社会，法律没有充足理由也没有必要纯粹出于生育的需要而禁止表兄弟姐妹结婚。表兄弟姐妹的结合，无外乎两种情况，一种是不准备生育、纯粹以爱情为基础的表兄弟姐妹的结合，这种于他人、于社会都无害的情形，法律不应禁止；另一种情况是准备结婚生子的表兄弟姐妹的结合，出于对民族后代繁衍质量的考虑，对于这种情况，可以采取教育劝阻的方式，况且随着当今计划生育制度的不断完善和医疗技术的不断进步，表兄弟姐妹的结合所生后代的缺陷儿的风险完全可以控制。当今世界上许多国家和地区不禁表兄弟姐妹结婚的立法经验可资借鉴。在美国,有十九个州不禁表兄弟姐妹结婚,日本、以色列、巴基斯坦、土耳其等国家及大部分阿拉伯国家也均不禁止,中国香港、台湾地区也没有规定表兄弟姐妹禁止结婚,台湾地区"民法"第983条规定"旁系血亲之辈分相同而在八等亲以内禁止结婚,但表兄弟姊妹不在此限"。

我国《婚姻法》应该区别不同情形,没必要对表兄弟姐妹结婚一律禁止。出于尊重传统和社会风俗的角度,对于无生育能力的表兄弟姐妹,可以允许结婚;出于优生学角度和维护社会管理秩序的需要,对于有生育能力的表兄弟姐妹,则禁止结婚。

正如日本法学家川岛武宜所说:"从社会学的角度来看,伦理与法共同构成社会的统一秩序,伦理与法同样存在于规范、强制和秩序之中。"①在社会主义法治进程日益加快的当今中国,我们应该将传统的伦理道德理念与法律规范有效地结合,维护国家和社会管理秩序,合理修改婚姻禁制,进一步完善婚姻法,加快我国婚姻法的现代化进程。

2017年3月15日,十二届全国人大五次会议表决通过《民法总则》;2020年5月28日,十三届全国人大三次会议表决通过《中华人民共和国民法典》。这是党的十八大明确提出"坚定不移沿着中国特色社会主义道路前进"以来,社会主义法治体系不断完善的里程碑式立法举措。

《中华人民共和国民法典》第五编"婚姻家庭编",第1041条增加"婚姻家庭受国家保护"这项基本原则,第1042条第2款仍规定"禁止重婚,禁止有配偶者与他人同居"。而且,第1048条对禁止结婚的情形予以明确规定,仍保留现行《婚姻法》中"直系血亲或者三代以内旁系血亲禁止结婚",但不再将"患有医学上认为不应当结婚的疾病"作为禁止结婚情形。可见,"婚姻家庭编"的原则及条文的增删,依然体现国家对婚姻家庭相当重视与关注,而且也有适当修改,但在婚姻家庭法领域,比如婚姻禁制的设立,需要更好地结合我国法律传统与具体国情,尚有进一步修改与完善的空间。

根据中纪委国家监委网站的公开信息统计(截至2020年4月),自党的十九大(2017年10月)以来,中央累计查处严重腐败的省部级以上官员有60位,平均每年近30位,而这些巨贪的"落马"大多都与色、赌、洗钱三大基本方式有关,60%以上官员包养情妇,与地产商"权钱交易"以及"权色交易"

① [日]川岛武宜:《现代化与法》,申政武等译,中国政法大学出版社1994年版,第5页。

最为突出。“为色而贪”成为官员犯罪的主要动力之一,在对这些巨贪的通报处理中,多人被提到违反生活纪律,“生活腐化堕落”,有的甚至拥有多名情妇,如财政部原党组副书记、副部长张少春,大搞权色交易,甘于被“围猎”;原国家质量监督检验检疫总局党组成员、副局长魏传忠,大搞钱色交易,道德败坏;中共中央原副部长鲁炜被中央定性用词“最狠”的大老虎,“以权谋色,毫无廉耻”,如此等等。可见,损害国家机关廉洁性的“性贿赂”现象依然存在。

另据人民法院报(7 月 13 日)报道,2020 年 6 月,湖南长沙县黄花镇机场改扩建工程征地拆迁安置建设协调指挥部,接到群众匿名举报,黄花镇村民李爱凤的家庭成员,为了村里的那笔拆迁款,再现“公公娶儿媳,婆婆嫁岳父”的混乱丑剧。黄花镇“三控”负责人表示,“这样谋取非法占有征收补偿利益的做法,不只是有违伦理,更涉嫌诈骗”。

2020 年 4 月 11 日,烟台警方通报关于“高管被指控性侵养女”案件事实,该案件涉案高管鲍某明 43 岁时,收养年满 14 岁女孩李星星,据李星星称自 2015 年以来,她多次遭受养父鲍某明性侵,曾于 2019 年 4 月立案又撤案,今年 4 月再次立案,烟台警方成立专案组全面调查,最高人民检察院、公安部派出联合督导组奔赴山东。

可见,妨害传统伦理道德的“翁媳婚”“收养婚”等现象依然存在,虽然“翁媳婚”又是为了一笔“拆迁款”,虽然“收养婚”中双方当事人各执一词。

以上种种乱象,虽不是婚姻关系本身产生的现象,但它们的存在,严重破坏了一桩桩正常婚姻,妨碍了国家的正常管理秩序,也暴露了现行婚姻家庭领域中相关立法的一些不足。但是值得欣喜的是,《中华人民共和国民法典》“婚姻家庭编”废除了禁止结婚的疾病条件,适应了我国日益发达的医疗技术水平,赋予了婚姻当事人更大的意识自治空间。

总而言之,随着社会主义法治现代化的进程日益加快,期待婚姻家庭领域的一些立法与司法,比如婚姻禁制的完善,能够在密切结合我国法律传统的基础上,不断加速现代化进程。

参考文献

一、文献资料

[1]《孟子》,万丽华、蓝旭译注,中华书局 2006 年版。
[2]《荀子》,安小兰译注,中华书局 2007 年版。
[3]《周礼》,钱玄等译,岳麓书社 2001 年版。
[4]左丘明:《国语》,上海古籍出版社 1994 年版。
[5]《诗经》,周振甫译注,中华书局 2002 年版。
[6](汉)刘向:《战国策》,上海古籍出版社 1995 年版。
[7]《管子》,房玄龄注,上海古籍出版社 1989 年版。
[8]《商君书》,石磊译注,中华书局 2009 年版。
[9]刘安等:《淮南子》,翟江月等译,广西师范大学出版社 2010 年版。
[10]吕不韦:《吕氏春秋》,张双棣等译注,中华书局 2007 年版。
[11]《周易》,郭彧译注,中华书局 2006 年版。
[12]杨伯峻:《春秋左传注》(修订本),中华书局 1990 年版。
[13](汉)司马迁:《史记》,中华书局 1959 年版。
[14](汉)班固:《汉书》,中华书局 1964 年版。
[15](清)陈立:《白虎通疏证》,中华书局 1994 年版。
[16](南朝宋)范晔:《后汉书》,中华书局 1965 年版。
[17](梁)萧统:《昭明文选》,(唐)李善注,上海古籍出版社 1986 年版。
[18](晋)陈寿:《三国志》,(宋)裴松之注,中华书局 1959 年版。
[19](北齐)魏收:《魏书》,中华书局 1974 年版。
[20](明)董说:《七国考》,中华书局 1956 年版。
[21](汉)许慎:《说文解字注》,(清)段玉裁注,上海古籍出版社 1981 年版。
[22](唐)李延寿:《北史》,中华书局 1974 年版。
[23](唐)令狐德棻等:《周书》,中华书局 1971 年版。
[24](唐)长孙无忌:《唐律疏议》,中华书局 1983 年版。
[25](唐)杜佑:《通典》,刘俊文等点校,中华书局 1982 年版。
[26](唐)张鷟:《朝野佥载》,中华书局 1979 年版。
[27](后晋)刘昫等:《旧唐书》,中华书局 1975 年版。
[28](宋)欧阳修、宋祁:《新唐书》,中华书局 1975 年版。
[29](宋)王溥:《唐会要》,株式会社中文出版社 1978 年版。

[30](宋)薛居正等:《旧五代史》,中华书局1976年版。
[31]《宋刑统》,薛梅卿点校,法律出版社1999年版。
[32](元)脱脱等:《宋史》,中华书局1981年版。
[33](宋)王钦若等:《册府元龟》,中华书局1988年版。
[34](宋)李昉等:《太平广记》,华飞等校点,团结出版社1994年版。
[35](宋)吕陶:《净德集》,商务印书馆1986年版。
[36](宋)宇文懋昭:《大金国志》,广文书局1992年版。
[37](元)脱脱等:《金史》,中华书局1975年版。
[38](宋)黎靖德:《朱子语类》,中华书局1986年版。
[39](宋)李心传:《建炎以来系年要录》,中华书局1956年版。
[40]曾枣庄:《二十四史全译·辽史》,汉语大词典出版社2004年版。
[41](宋)李焘:《续资治通鉴长编》,中华书局1985年版。
[42](宋)谢深甫:《庆元条法事类》,戴建国点校,黑龙江人民出版社2002年版。
[43](宋)郑樵:《通志》,浙江古籍出版社2000年版。
[44](宋)朱熹:《诗集传》,中华书局1958年版。
[45]《元典章》,陈高华等点校,中华书局、天津古籍出版社2011年版。
[46](清)徐松:《宋会要辑稿》,中华书局1957年版。
[47](元)马端临:《文献通考》,中华书局1986年版。
[48]向南:《辽代石刻文编》,河北教育出版社1995年版。
[49]佚名:《名公书判清明集》,中华书局1987年版。
[50](明)宋濂等:《元史》,中华书局1976年版。
[51](明)黄淮、杨士奇:《历代名臣奏议》,上海古籍出版社1989年版。
[52](明)沈德符:《万历野获编》,中华书局1959年版。
[53](明)皇甫录:《皇明纪略》,商务印书馆1995年版。
[54](清)张廷玉等:《明史》,中华书局1974年版。
[55](清)傅维鳞:《明书》,商务印书馆1936年版。
[56](清)贺长龄、魏源:《皇朝经世文编》,中华书局1992年版。
[57](清)赵尔巽等:《清史稿》,吉林人民出版社1995年版。
[58](清)爱新觉罗·福临:《御制资政要览》,凤凰出版社2003年版。
[59]杨一凡:《中国法制史考证》(第1—10卷),中国社会科学出版社2003年版。
[60]方慧:《二十五史中的少数民族法律史料辑要》,民族出版社2004年版。

二、学术著作类

[61]陶希圣:《婚姻与家族》,商务印书馆1934年版。
[62]吕思勉:《中国婚姻制度小史》,龙虎书店1935年版。
[63]张绅:《中国婚姻法综论》,商务印书馆1936年版。

[64]陈顾远:《中国婚姻史》,商务印书馆1936年版。

[65]李宜琛:《婚姻法与婚姻问题》,正中书局1946年版。

[66]李亚农:《欣然斋史论集》,上海人民出版社1962年版。

[67]程树德:《九朝律考》,中华书局1963年版。

[68][美]摩尔根:《古代社会》(全三册),杨东莼等译,商务印书馆1971年版。

[69]戴炎辉:《中国法制史》,三民书局1979年版。

[70]瞿同祖:《中国法律与中国社会》,中华书局1981年版。

[71][苏]谢苗诺夫:《婚姻和家庭的起源》,中国社会科学出版社1983年版。

[72][英]梅因:《古代法》,沈景一译,商务印书馆1984年版。

[73]连横:《台湾通史》,中国台湾大通书局1984年版。

[74]乔伟:《唐律研究》,山东人民出版社1985年版。

[75]徐志锐:《周易大传新注》,齐鲁书社1986年版。

[76]史凤仪:《中国古代婚姻与家庭》,湖北人民出版社1987年版。

[77]刘英、薛素珍:《中国婚姻家庭研究》,社会科学文献出版社1987年版。

[78][芬兰]E.A.韦斯特马克:《人类婚姻史》,王亚南译,上海文艺出版社1988年版(影印本)。

[79]赵建伟:《人世的"禁区"——中国古代禁忌风俗》,陕西人民教育出版社1988年版。

[80]李志敏:《中国古代民法》,法律出版社1988年版。

[81][日]仁井田陞:《唐令拾遗》,栗劲等编译,长春出版社1989年版。

[82]陈鹏:《中国婚姻史稿》,中华书局1990年版。

[83]张树栋、李秀领:《中国婚姻家庭的嬗变》,浙江人民出版社1990年版。

[84]樊静:《中国婚姻的历史与现状》,中国国际广播出版社1990年版。

[85]鲍宗豪:《婚俗文化:中国婚俗的轨迹》,上海人民出版社1990年版。

[86]李衡眉:《中国古代婚姻史论集》,吉林文史出版社1992年版。

[87]叶孝信:《中国民法史》,上海人民出版社1993年版。

[88]陶毅、明欣:《中国婚姻家庭制度史》,东方出版社1994年版。

[89]盛义:《中国婚俗文化》,上海文艺出版社1994年版。

[90]董家道:《中国古代婚姻史研究》,卞恩才整理,广东人民出版社1995年版。

[91]范文澜:《中国通史》,人民出版社1995年版。

[92]周楠:《罗马法原论》,商务印书馆1996年版。

[93]梁治平:《清代习惯法——社会与国家》,中国政法大学出版社1996年版。

[94]孔庆明等:《中国民法史》,吉林人民出版社1996年版。

[95]薛梅卿:《宋刑统研究》,法律出版社1997年版。

[96][意]安东尼奥·阿马萨里:《中国古代文明——从商朝甲骨刻辞看中国上古史》,刘儒庭等译,社会科学文献出版社1997年版。

[97]费成康:《中国的家法族规》,上海社会科学出版社1998年版。

[98]费孝通:《乡土中国——生育制度》,北京大学出版社 1998 年版。

[99]岳庆平:《中华文化通志:婚姻志》,上海人民出版社 1999 年版。

[100]史凤仪:《中国古代的家族与身份》,社会科学文献出版社 1999 年版。

[101]祝瑞开:《中国婚姻家庭史》,学林出版社 1999 年版。

[102]恩格斯:《家庭、私有制和国家的起源》,人民出版社 1999 年版。

[103]张晋藩:《中国法制通史》,法律出版社 1999 年版。

[104]俞荣根:《道统与法统》,法律出版社 1999 年版。

[105]陈苇:《中国婚姻家庭立法研究》,群众出版社 2000 年版。

[106]郭松义:《伦理与生活——清代的婚姻关系》,商务印书馆 2000 年版。

[107]汪玢玲:《中国婚姻史》,上海人民出版社 2001 年版。

[108]王海明:《伦理学原则》,北京大学出版社 2001 年版。

[109]李桂梅:《冲突与融合——中国传统家庭伦理的现代转向及现代价值》,中南大学出版社 2002 年版。

[110]林端:《儒家伦理与法律文化》,中国政法大学出版社 2002 年版。

[111]巫昌祯:《婚姻家庭法新论》,中国政法大学出版社 2002 年版。

[112]张中秋:《唐代经济民事法律述论》,法律出版社 2002 年版。

[113]宋豫、陈苇:《中国大陆与港澳台婚姻家庭法比较研究》,重庆出版社 2002 年版。

[114]张邦炜:《宋代婚姻家族史论》,人民出版社 2003 年版。

[115][日]滋贺秀三:《中国家族法原理》,张建国、李力译,法律出版社 2003 年版。

[116][日]栗生武夫:《婚姻法之近代化》,胡长清译,中国政法大学出版社 2003 年版。

[117]徐旭生:《中国古史的传说时代》,广西师范大学出版社 2003 年版。

[118]汪受宽:《孝经译注》,上海古籍出版社 2004 年版。

[119]崔明德:《先秦政治婚姻史》,山东人民出版社 2004 年版。

[120]杨鸿烈:《中国法律思想史》,中国政法大学出版社 2004 年版。

[121]张希坡:《中国婚姻立法史》,人民出版社 2004 年版。

[122]叶英萍:《婚姻法学新探》,法律出版社 2004 年版。

[123]王立萍:《婚姻家庭法律制度研究》,山东人民出版社 2004 年版。

[124][美]博登海默:《法理学、法哲学与法律方法》,邓正来译,中国政法大学出版社 2004 年版。

[125][美]加里·斯坦利·贝克尔:《家庭论》,王献生等译,商务印书馆 2005 年版。

[126][法]爱弥尔·涂尔干:《乱伦禁忌及其起源》,付德银、渠东译,上海人民出版社 2006 年版。

[127]陈苇:《外国婚姻家庭法比较研究》,群众出版社 2006 年版。

[128]张志永:《婚姻制度从传统向现代的过渡》,中国社会科学出版社 2000 年版。

[129][法]孟德斯鸠:《论法的精神》,张雁深译,商务印书馆 2007 年版。

[130]冯友兰:《中国哲学史》,商务印书馆 2007 年版。

[131]王歌雅:《中国婚姻伦理嬗变研究》,中国社会科学出版社2008年版。

[132][法]让-克洛德·布洛涅:《西方婚姻史》,赵克非译,中国人民大学出版社2008年版。

[133]高其才:《中国习惯法论》,法制出版社2008年版。

[134]张中秋:《中西法律文化比较研究》,法律出版社2009年版。

[135]张迎秀:《结婚制度研究》,山东人民出版社2009年版。

[136]罗贤佑:《中国民族史纲要》,中国社会科学出版社2009年版。

[137]金眉:《中国亲属法的近现代转型——从〈大清民律草案·亲属编〉到〈中华人民共和国婚姻法〉》,法律出版社2010年版。

[138][日]仁井田陞:《中国法制史》,牟发松译,上海古籍出版社2011年版。

[139]郭沫若:《中国古代社会研究》,商务印书馆2011年版。

三、学术论文类

[140]戴炎辉:《同姓不婚》,载《法学协会杂志》第53卷7、8号,1935年。

[141]胡厚宣:《殷代婚姻家族宗法生育制度考》,载《甲骨学商史论丛·初集》,成都齐鲁大学国学研究所专刊,1944年。

[142]金眉:《同姓不婚到同宗共姓不婚的历史考察》,载《南京大学学报》1988年第3期。

[143]肖淑惠:《进一步完善我国婚姻法之我见》,载《安徽大学学报》1996年第2期。

[144]王歌雅:《中国古代近亲嫁娶禁例略论》,载《求是学刊》1996年第4期。

[145]邓宏碧:《完善我国婚姻家庭制度的法律思考》,载《现代法学》1997年第1期。

[146]方文晖:《论我国婚姻障碍立法》,载《南京大学法律评论》1998年第1期。

[147]张莹:《对完善婚姻制度的几点建议》,载《中华女子学院山东分院学报》1998年第4期。

[148]王歌雅:《婚姻家庭立法的价值取向与制度重构》,载《黑龙江省政法管理干部学院学报》2000年第3期。

[149]信春鹰:《婚姻法修改:情感冲突与理性选择》,载《读书》2001年第1期。

[150]张迎秀:《完善我国禁止结婚的立法建议》,载《山东省政法管理干部学院学报》2001年第6期。

[151]宋从越:《现行婚姻法结婚制度的几点思考》,载《阴山学刊》2002年第3期。

[152]孙明先:《不适法婚姻条件的比较研究》,载《河北法学》2002年第4期。

[153]叶英萍:《关于结婚条件的几点立法思考》,载《海南大学学报》2003年第4期。

[154]张毅辉:《论禁婚亲》,载《法学论坛》2003年第5期。

[155]林建军:《瑞士家庭法及其对我国的启示》,载《中华女子学院学报》2003年第5期。

[156]马云迟:《婚姻法的变迁与社会价值观念的演变》,载《当代法学》2003年第8期。

[157]李霞:《论我国婚姻障碍立法》,载《河南财经大学学报》2004 年第 6 期。

[158]王玮:《关于我国结婚条件构成的法律思考》,载《河北法学》2005 年第 9 期。

[159]岳纯之:《关于唐代婚姻成立禁止条件的探讨》,载《烟台大学学报》(哲学社会科学版)2006 年第 1 期。

[160]覃晚萍:《祖国大陆与台湾地区婚姻法律制度的几点比较》,载《广西警官高等专科学校学报》2006 年第 5 期。

[161]刘余香:《我国〈婚姻法〉规定的结婚禁止条件质疑》,载《法学杂志》2009 年第 1 期。

[162]吴国平:《完善我国结婚实质要件法律规定的思考》,载《行政与法》2009 年第 3 期。

[163]张金枝:《对"结婚禁止条件"条款的重新检视》,载《山西省政法管理干部学院学报》2010 年第 1 期。

[164]张迎秀:《禁婚亲范围再思考》,载《今日南国:理论创新版刊》2010 年第 4 期。

[165]刘玉堂:《唐代关于婚姻禁止条件的法律规范》,载《江汉论坛》2010 年第 4 期。

[166]张文胜:《唐代婚姻法律制度评析》,载《安徽史学》2010 年第 6 期。

[167]魏明杰:《由"公公娶前儿媳"引发的法律思考》,载《河南科技大学学报》(社科版)2014 年第 4 期。

[168]金眉:《论直系姻亲的发生、终止及其法律效力》,载《江苏社会科学》2018 年第 6 期。

四、外文资料

[169]仁井田陞:《中国の法制史を研究している・奴隷農奴法家族の集落法》,东京大学出版会 1981 年(补订版)。

[170]仁井田陞:《中国の农村家族》,东京大学出版会 1983 年版。

[171]牧野巽:《东亚における氏族外婚制》,《户田博士还历祝贺纪念论文集》1949 年版。

[172]中根千枝:《家族の構造》,东京大学出版会 1970 年版。

[173]冈野诚:《唐代における禁婚親の範囲について(——外婚无服尊卑为婚的场合)》,《法制史研究》25,1976 年版。

[174]冈野诚:《中表婚にっいて(——有关〈元史・刑法志〉所收的一条资料)》,《明治大学大学院纪要》13,1976 年版。

[175]千种达夫:《同姓同本未婚——满洲の习惯で調查を根拠にをつた》,《時の法令》556、557,1966 年。

后　记

本书是2020年春节以来，笔者利用居家网上教学之余以及2020年暑假时间，以2013年11月的博士毕业论文为基础，认真修改而成。

2020年春节，一个非同寻常的春节！一场突如其来的新冠病毒疫情，打乱本应热闹祥和的春节！值得庆幸的是，自疫情发生以来，全国人民紧密团结在党中央周围，举国上下，众志成城，同心防疫抗疫，国内抗疫已取得较大的阶段性胜利，我们坚信中国抗疫战争必将取得全面胜利！

2020年5月28日，意义非凡的一天！十三届全国人大三次会议表决通过被称为“社会生活的百科全书”的《中华人民共和国民法典》，这是新中国成立以来第一部以“法典”命名的法律，在我国社会主义法律体系中居于基础性地位，也是我国社会主义市场经济的一部基本法。

在2020年年初几个月的非常的日子里，笔者在尽力参与各种形式的防疫抗疫公益活动的同时，积极摸索、掌握各种新型的网络教学方式，认真学习《中华人民共和国民法典》，尤其是《民法典》“婚姻家庭编”的内容，这些客观与主观因素触发笔者修改、出版博士论文的激情。

书稿交付之际，笔者心存无限感恩与感谢！感恩恩师范忠信、陈景良、萧伯符、郑祝君、武乾以及李艳华等老师，多年来的引导与鼓励，让笔者有机会在母校——中南财经政法大学持续地学习与成长；感谢家人们对笔者的支持与陪伴，让笔者能够安心于学习与工作；感谢三峡大学法学与公共管理学院的领导与同事对笔者的关心与帮助，让笔者得以不断地学习与前行。

博士毕业转眼已逾七年，尽管笔者此段时间专注于论文修改工作，但由于个人理论功底有限，仍深感心有余而力不足。此书在论文的基础上仅进行了局部性修改，肯定尚存在许多缺憾与不足之处，敬请学界前辈及同仁们批评与指正！

“路漫漫其修远兮，吾将上下而求索。”谨以此言自勉！